PATH SELECTION FOR
HIGH-QUALITY DEVELOPMENT
OF THE BELT AND ROAD

共建"一带一路"
高质量发展的路径选择

李向阳 等 著

社会科学文献出版社
SOCIAL SCIENCES ACADEMIC PRESS (CHINA)

序言：推动共建"一带一路"高质量发展的路径选择

李向阳[*]

自2018年8月习近平总书记在"一带一路"建设五周年座谈会上提出高质量发展的战略思路以来，"一带一路"建设围绕高标准、可持续、惠民生的发展目标取得了明显成效，标志着"一带一路"建设已经进入新的发展阶段。与此同时，中国学术界围绕高质量发展的路径选择取得了一大批重要的研究成果。然而，理论研究指导实践的功能并未真正发挥出来，路径选择的研究清单呈现无限延长之势：平台建设高质量、功能定位高质量、内生性特征高质量、适应新发展格局需要的高质量、规避风险的高质量等，不一而足。在高质量发展目标业已明晰的前提下，为何还会出现这样的现象？究其原因在于中国学术界对"'一带一路'是什么"这一最根本的问题缺乏共识。换言之，不同作者对"一带一路"的治理结构都有自己的界定，即使目标清楚，路径选择也是千差万别的。

事实上，本书的内容也存在类似的问题。作为序言，笔者试图在以往研究的基础上，通过为"一带一路"引入一个明确的定义，来探讨高质量发展路径选择的理论分析框架。在笔者看来，"一带一路"是一种发展导向型的区域合作机制，即以丝路精神为纽带、以互联互通为基础、以多元化合作机制为特征、以正确义利观为指导原则、以实现人类命运共同体为目标。① 以此为前提，解读高质量发展目标的具体内涵，分析新时期所面临的

---

[*] 李向阳，中国社会科学院学部委员，中国社会科学院亚太与全球战略研究院院长，中国亚太学会会长，研究员，主要研究领域：国际经济学、中国对外关系。

① 李向阳：《"一带一路"的经济学分析》，中国社会科学出版社，2020，第98~103页。

内外部环境，提出需要解决的优先问题、需要遵循的原则，最终提出推动共建"一带一路"高质量发展的两大驱动力。

一 推动共建"一带一路"高质量发展目标的内涵

高标准、可持续与惠民生是高质量发展的三大目标。这既是"一带一路"建设不断深化的内在要求，也是适应国际经济环境的变化和应对外部挑战的必然选择。

第一，高标准是相对于国际通行的标准而言的。"一带一路"不是中国一家的独奏，而是国际社会的协奏，因此遵从国际标准和规则是自然选择，但对于其内涵是什么，中外则有不同的认知。在"一带一路"建设的第一阶段，以基础设施为主的互联互通总体上呈现"硬联通"的特征，标准与规则尚未提上议事日程。西方国家恰恰把这一点视为"一带一路"的软肋。2015年时任日本首相安倍晋三就正式启动了"高质量基础设施伙伴关系"（Partnership for Quality Infrastructure），并在2016年日本主办的"七国集团"峰会上发布了"高质量基础设施"原则，即安全、可持续性与可靠性。2019年，二十国集团峰会批准了日本倡议的《G20高质量基础设施投资原则》，强调将反腐、公开透明、资金可持续性、受援国偿债能力等作为基础设施援助的主要原则。2021年6月七国集团提出的"重建更美好世界"（"B3W"）强调要推行价值观导向（value-driven）、高标准且透明的基础设施伙伴投资计划。在全球层面，联合国《关于工业、创新与基础设施的可持续发展目标9》（SDG9）对高质量基础设施的内涵做了更详细的界定。[①]通过对比可以发现，由西方大国倡导的所谓国际标准通常会附加价值观导向，而由二十国集团和联合国制定的标准更具有务实性和可行性。事实上，围绕"一带一路"的高标准，作为倡导国，中国已经迈出了具体的步伐。2017年5月在首届"一带一路"国际合作高峰论坛期间包括中国在内的27个国家共同核准了《"一带一路"融资指导原则》；2021年4月中国政府发布了《关于推进共建"一带一路"绿色发展的意见》，承诺不再对化石能源项目投资。此外，倡导绿色丝绸之路、创新丝绸之路、廉洁丝绸之路理念客观上为"一带一路"建设赋予了高标准：绿色丝绸之路强调的是环境领

---

① K. Cordell and C. Li, "Building on International Consensus for Quality Infrastructure: Moving toward Implementation of Sustainable Development Goal 9," *CSIS BRIEFS*, 2021.

域的高标准,创新丝绸之路强调的是科技进步和应用领域的高标准,廉洁丝绸之路强调的是反腐与透明度领域的高标准。

第二,可持续是一个涵盖内容极为广泛的目标。它不仅要求对"一带一路"的倡导国(中国)是可持续的,而且对共建国也是可持续的;不仅要求经济上的可持续,而且还要求政治、安全、社会、文化、环境层面的可持续。近年来,一些西方学者试图从多角度质疑"一带一路"的可持续性。比如,"债务陷阱说"把某些发展中国家出现的债务危机或风险与"一带一路"人为地联系起来①;"降低环境标准说"认为"一带一路"建设项目没有达到国际通行的环境保护标准②;"机制失灵说"认为现有的机制不能保证把资金投到具有商业盈利价值的项目上③。面对这些质疑,我们不能简单地一概否定,而应该做区别对待和分析:有些是在刻意抹黑"一带一路"(如"债务陷阱说");有些在一定程度上是客观存在的(如"降低环境标准说"),为此中国政府已经在做出调整;有些则属于国际经济合作中的固有难题(如"机制失灵说"),需要探索新的合作机制。④

第三,惠民生的核心是要让共建国的民众获得"一带一路"建设所带来的实实在在的收益。这是实现民心相通和构建人类命运共同体的必然要求。在"一带一路"建设的第一阶段,以基础设施为主的互联互通客观上难以对东道国的税收和就业改善带来直接的拉动效果。究其原因,在不发达国家中从基础设施与互联互通项目投资到贸易、就业、税收的增加存在较长的时滞,普通民众短期内难以感受到"一带一路"项目所带来的收益。对于那些不发达国家而言,只有在第一阶段的基础上扩展后续的产业合作才能在经济增长、税收、出口、贸易收支平衡、就业层面形成良性循环,"加快过境速度""降低优惠关税"的拉动效应才能显现出来。相反,在某些情况下,因受项目布局、债务、土地征用、雇用外来技术工人等因素的制约,反而会受到当地民众质疑。为此,在加快产业合作步伐的同时,"一带一路"建设正在从多层面入手惠及民生。如,为应对新冠疫情的冲击,

---

① L. Bandiera and V. Tsiropoulos, "A Framework to Assess Debt Sustainability and Fiscal Risks under the Belt and Road Initiative," *Policy Research Working Paper*, No. 8891, 2019.
② K. S. Gallagher and Q. Qi, "Polices Governing China's Overseas Development Finance: Implications for Climate Change," *The Center for International Environment & Resource Policy*, No. 016, 2018.
③ J. E. Hillman, "China's Belt and Road Initiative: Five Years Later," 2018, https://www.csis.org/analysis/chinas-belt-and-road-initiative-five-years-later-0.
④ 比如本书第三章有关"撒玛利亚人的困境"的研究就是这方面的一项尝试。

中国政府倡导建设健康丝绸之路；为应对减贫压力，中国政府开始致力于把"一带一路"建设与联合国2030年可持续发展目标进行对接；为了尽快惠及民生，中国政府承诺加快推进"小而美"项目的建设；等等。

二 推动共建"一带一路"高质量发展面临的内外部环境

新时期推动共建"一带一路"高质量发展面临的内外部机遇和挑战并存。

第一，全球格局的"东升西降"趋势不可阻挡。目前，西方发达国家在全球政治、经济、科技、军事领域仍然占据优势地位，但这种优势正持续缩小。以新兴经济体为代表的发展中国家在全球经济中的地位持续提升。许多国际组织预测2030年将是一个转折点：发展中国家的经济总量将超越发达国家。近年来，以"金砖国家""全球南方"为代表的发展中国家开始明确表达自身的诉求，这必然导致国际格局与秩序的改变。"一带一路"共建国的主体是发展中国家。在这个意义上，它代表了世界发展的未来。

第二，我国将成为全球最大的最终消费市场。拥有规模巨大的最终消费市场是大国崛起的必要条件之一。长期以来，我国国内消费需求增速慢于国内生产总值的增速，实施出口导向模式成为必然选择。伴随经济规模越来越大，外部世界难以为我国提供足够大的出口市场，适时调整发展模式势在必行。加快构建新发展格局的一项主要任务，就是要把实施扩大内需战略同深化供给侧结构性改革相结合，增强国内大循环内生动力和可靠性，提升国际循环质量和水平。鉴于未来十年我国经济增速仍将高于美欧，2035年我国或将成为全球最大的最终消费市场，这将为共建"一带一路"高质量发展奠定坚实的基础。①

第三，全球债务风险上升与经济增速放慢。自2022年起，为遏制通胀，美欧步入加息通道，货币管理当局甚至不惜以牺牲经济增长为代价。②进入后疫情时期，全球经济增速放慢将成为大概率事件。世界银行前行长戴维·马尔帕斯在2023年春季会议上称，本世纪20年代的全球经济增长率将

---

① McKinsey Global Institute, *China and the World: Inside the Dynamics of a Changing Relationship*, 2019.
② 即便主要发达国家央行即将停止加息进程，国际资本市场在可预见的将来也很难再回到新冠疫情之前的超低利率或负利率阶段。

会比上一个十年降低1/3，因此世界可能面临一个失去的十年。① 利率上升与经济增速放慢无疑会加重广大发展中国家的债务负担，这对"一带一路"共建国的冲击将是非常直接的。

第四，国际经济合作的安全化趋势凸显。以2008年国际金融危机为分水岭，经济全球化步入周期性退潮阶段，未来一个相当长时期内，"反全球化"与"再全球化"的趋势难以改变。与此相对应，安全考量对国际经济合作的影响越来越大：在企业层面，供应链决策目标从效率优先转向韧性优先；在国家层面，经济民族主义向全球蔓延；在国际层面，价值观驱动的合作成为主流。尽管西方发达国家是"反全球化"与国际经济合作安全化的推动者，但其背后存在客观的必然性。以此为背景，全球价值链重塑日趋明显，新冠疫情和俄乌冲突进一步加速了重塑进程，西方国家将借势加快推进"去中国化"或"选择性脱钩"。这将对我国推动共建"一带一路"高质量发展构成重大挑战。

第五，西方国家的污名化和机制化对冲。自"一带一路"倡议提出以来，西方大国对其污名化从未停止过：从"中国版马歇尔计划"到"新殖民主义"，从"转移过剩产能论"到"债务陷阱论"，不一而足。与此同时，西方大国近年来还推出一系列机制化安排，试图对冲"一带一路"，如美国提出的"蓝点网络"（BND）计划和"重建更美好世界"计划，七国集团提出的"全球基础设施和投资伙伴关系"（PGII）计划，欧盟推出的"全球门户"（Global Gateway）计划，等等。上述战略对冲举措对于推动共建"一带一路"高质量发展形成了一定的冲击。

第六，新冠疫情和俄乌冲突的冲击。尽管新冠疫情趋于终结，但其"疤痕效应"短期内难以完全消除。俄乌冲突无论以何种方式结束，其对大国关系、地缘政治乃至全球格局的影响都将是深远的。比如，"17+1"是我国在"一带一路"框架下与中东欧国家之间的一个重要合作机制，但受俄乌冲突的影响，该机制已经严重受损，未来走势存在高度不确定性。此外，俄乌冲突还将影响到区域外国家，尤其是中国周边国家的安全认知与战略选择，进而使"一带一路"建设面临更多不确定不稳定因素。

---

① 《世界银行最新报告：全球经济速度或降至30年低位》，光明网，2023年4月4日，https://m.gmw.cn/2023-04/04/content_1303331265.htm。

三 推动共建"一带一路"高质量发展需要优先解决的问题

与高质量发展相对应的是数量的扩张。逻辑上，不可能在数量快速扩张的前提下推动高质量发展。同时，"一带一路"建设高质量发展离不开国际社会的认同和参与。因此，短期而言，需要完成两大任务：聚焦重点与讲好"一带一路"故事。

1. 聚焦重点，循序渐进

从"一带一路"的开放性与实现人类命运共同体目标出发，中国学术界的主流观点认为，"一带一路"具有多边主义属性，进而不仅得出"一带一路"无边界的结论，而且也暗含地假定"一带一路"可以在全球同步推进。这种观点在理论上和实践中都难以自洽。其一，把"一带一路"等同于多边合作机制将无法协调它与现有多边合作机制的关系，更谈不上与之对接，其结果只能是非此即彼的替代关系。其二，开放性不等同于无边界。比如，世界贸易组织的前身关税与贸易总协定从一开始就宣称奉行开放的多边主义，但在起步阶段也只涵盖一部分国家。即便是世界贸易组织目前也没有涵盖全世界所有国家和地区。可见多边合作机制也是一个不断扩大的过程。其三，实现人类命运共同体目标意味着"一带一路"必须涵盖所有国家，但这是一个终极目标。人类命运共同体的构建是一个长期的过程，需要从双边命运共同体、区域命运共同体逐渐过渡到人类命运共同体。其四，区域经济一体化理论告诉我们，区域主义的开放性能够保证其成为多边主义的"垫脚石"，只有封闭的区域主义才会成为多边主义的"绊脚石"。其五，如果把"一带一路"看成一个全球性的公共产品，其本身就有供给不足特性。

撇开上述理论上的约束，"一带一路"建设高质量发展还面临诸多现实的内外部约束。从内部约束来看，作为"一带一路"的倡导者，与其他共建国相比，中国承担了更多的责任和义务。尤其是在与不发达国家的合作中，中国奉行多予少取甚至只予不取的正确义利观原则。在这种意义上，中国承担着"一带一路"供给者的角色，其推进的速度和范围将受制于自身的国力。① 而进行超越自身国力的投入可能会导致中国陷入大国崛起中常见的"战略透支"困境。

---

① 对于中方在"一带一路"项目上的投资规模，国内外一直有不同的猜测。按照2022年7月4日外交部发言人的说法，中国在"一带一路"上的投资达到了近一万亿美元。这是官方首次公布投资规模数据。《外交部：欢迎更多的地区国家参与"一带一路"合作》，http://ydyl.china.com.cn/2022 - 07/06/content_78307464.htm。

从外部约束来看，西方大国对冲"一带一路"，乃至整个对华遏制战略也是有选择的，而非全方位的。以美国"印太战略"为例，其战略重点就是中国周边。正如 2022 年 6 月 1 日美国国务卿布林肯所言，美国对华战略的核心是联合其盟友共同"改造中国周边的战略环境"。白宫国家安全委员会中国事务主任杜如松在其《长期博弈》一书中明确提出，美国与中国未来的竞争要避免美元对美元、舰船对舰船、贷款对贷款的竞争策略，而需要采取不对称竞争策略。① 因此，为对抗"一带一路"，西方大国提出的各种替代方案在地域上大多集中于所谓的印太地区，因为"丝绸之路经济带"（陆路丝绸之路）的六大经济走廊与"21 世纪海上丝绸之路"（"海上丝绸之路"）的重点都在这一地区；在产业上集中于数字丝绸之路、绿色丝绸之路、健康丝绸之路、廉洁丝绸之路、创新丝绸之路等。

正是从共建"一带一路"高质量发展的可行性与可持续出发，习近平总书记反复强调"一带一路"建设要聚焦重点。② 只有聚焦重点、循序渐进，"一带一路"建设才能形成示范效应，避免大国崛起中的战略透支风险。需要说明的是，聚焦重点并非否定"一带一路"的开放性，而是把重心聚焦于高标准、可持续、惠民生的目标上。

2. 推动国内外话语体系统一，讲好"一带一路"故事

"一带一路"建设所取得的成就得到了国际社会的广泛认同，但同时我们也必须认识到，国际社会对"一带一路"还有很多误解和猜疑，尤其是对"一带一路"最基本问题（是什么、做什么与如何做）的误解和猜疑无疑是推进"一带一路"高质量发展的重要障碍。究其原因在于存在国内外两种话语体系。③ 围绕"一带一路"是什么，中国学术界迄今并没有给出一个明确统一的定义。"一带一路"是一个新生事物，让国际社会接受本身就

---

① R. Doshi, *The Long Game: China's Grand Strategy to Displace American Order*, Oxford University Press, 2021.

② 2018 年 8 月习近平总书记在推进"一带一路"建设工作 5 周年座谈会上强调，过去几年共建"一带一路"完成了总体布局，绘就了一幅"大写意"，今后要聚焦重点、精雕细琢，共同绘制好精谨细腻的"工笔画"，推动这项工作不断走深走实（http://www.gov.cn/xinwen/2018-08/27/content_5316913.htm）。2019 年 4 月在第二届"一带一路"高峰合作论坛上他再次强调，面向未来，我们要聚焦重点、深耕细作，共同绘制精谨细腻的"工笔画"，推动共建"一带一路"沿着高质量发展方向不断前进（http://www.xinhuanet.com/politics/leaders/2019-04/26/c_1124420187.htm）。

③ 李向阳：《"一带一路"的研究现状评估》，《经济学动态》2019 年第 11 期，第 27~37 页。

是一件比较困难的事情。在没有明确统一定义的前提下，国际社会对其误解和猜疑是不可避免的。比如，一些外国学者提出：在"一带一路"提出之前中国与其他国家就有经贸合作与基础设施建设项目合作，那么提出之前与提出之后的合作有什么区别？中国学者对这类问题的回答经常会陷入难以自圆其说的困境。一些媒体把其归结为与共建国的合作增速快，这显然是缺乏说服力的。某些西方智库还批评我们在"一带一路"的对外宣传中习惯于使用"大而空的语言和理论"（in big but empty words and theories），致使外界无法了解中国的真正意图。① 围绕"一带一路"要做什么，中国学术界给出的目标清单可以罗列出数十个，但这些目标大多是基于中国的需要提出的，并且这些目标之间缺乏理论自洽。比如，如果把国际产能合作（还有学者干脆称之为转移过剩产能）、获取海外能源资源、拓展海外市场、推进人民币国际化这些目标结合起来，那么"一带一路"与早期的西方殖民主义到底有何区别？如何回应西方对"一带一路"是"新殖民主义"的污名化质疑？围绕"一带一路"如何做，尤其是高质量发展的路径选择，如上所述摊大饼式的研究显然不是出路。

中国是"一带一路"的倡导者，摆脱国内外两种话语体系所引发的困境是学术界义不容辞的责任。首先要以发展导向为核心讲清楚"一带一路"是什么。正是这种发展导向构成了"一带一路"与现行全球治理的区别，同时它在理论上有助于弥补规则导向的弊端。一些最不发达国家难以跨越规则导向所设置的门槛，致使其无法参与国际经济合作，而"一带一路"的开放性则为它们参与国际经济合作提供了机遇。"一带一路"建设起步阶段的区域主义特性与最终的多边主义特性意味着它的边界具有动态性，从而保证了它能够与现行的全球治理体系有效对接，而非挑战现行的国际秩序。其次，要以最大公约数为标准，围绕三大定位讲清楚"一带一路"要做什么。中国学者按照中国的利益诉求提出"一带一路"的目标和定位并无不妥，但它们并不必然是其他"一带一路"共建国所追求的目标，只有满足共建国共同诉求的目标才是"一带一路"的目标。以人民币国际化为例，它是中国追求的目标，但不是其他共建国追求的目标。类似这样的目标有很多，它们应该是"一带一路"顺利实施的结果，而不应是预设的目

---

① Fang Jin, "The Belt and Road Initiative: Progress, Problems and Prospects," 2017, https://www.csis.org/belt-and-road-initiative-progress-problems-and-prospects.

标。比如，战后美国提出布雷顿森林体系时，并未把确立美元的世界货币地位作为其目标，但大家都知道，一旦"双挂钩"付诸实施，这将是必然的结果。依照最大公约数原则，"一带一路"的定位和目标有三个：扩大开放的重大战略举措、经济外交的顶层设计与推动构建人类命运共同体的重要实践平台。这三个定位满足了中国与其他共建国共同的利益诉求。最后，以高质量发展为导向讲清楚共建"一带一路"如何做。

四 推动共建"一带一路"高质量发展需要遵循的原则

基于"一带一路"的治理结构、高质量发展的目标及面临的内外部环境，推动共建"一带一路"高质量发展需要遵循下述基本原则。

1. 共商共建共享原则

共商共建共享是中国对全球治理的基本理念，也是指导"一带一路"建设的基本原则。"一带一路"建设第一阶段的主体是以基础设施为核心的互联互通，该领域的发展滞后不仅是发展中国家面临的共同难题，也是一些发达国家（如中东欧国家）经济发展亟须解决的难题。因此，中国倡议围绕这一领域开展合作得到了广泛的认同。步入新发展阶段，伴随"一带一路"合作不断扩大和加深，各国的需求差异性增大，对共商共建共享的要求进一步提高。比如，在"一带一路"的多元化合作机制背景下，既有具备国际条约性质的自由贸易区，也有属于非国际条约性质的次区域合作与经济走廊合作，究竟选择哪一种合作方式必须尊重共建国的意愿。而不同的合作方式对共建国的责任要求和利益分配也各不相同。现实中，我们已经看到一些国家在共商领域需求较高，在共建领域动力不足，在共享领域存在道德风险现象。如何把共商共建共享有机结合起来是"一带一路"建设高质量发展的基本要求。

2. 渐进性原则

发展导向决定了"一带一路"建设的高质量发展需要遵循渐进性原则。现行全球治理的主流模式是规则导向。简单地说，就是先定规则后做事。无论是多边贸易体制还是区域经济一体化都要求预先确定哪些国家有资格加入、成员的权利与义务、成员之间的争端解决机制，甚至还包括成员的退出机制。而发展导向则不需要预先制定类似的规则。在"一带一路"的起步阶段，没有呈现规则先行特征，以至于国内外学术界一些人误以为它不需要规则。2014年11月习近平总书记就指出，"互联互通是一条规则之路,多一些协调合作,少一些规则障碍,我们的物流就会更畅通,交往就会更便捷"。①"一带一路"的发展导向决定了其奉行的是先做事后定规则。换言之,规则是根据合作深化的需要来制定的。与现行全球治理奉行一揽子式的谈判模式不同,"一带一路"框架下的规则制定更像是自助餐模式,不同国家基于合作的需要选择参与不同领域的规则制定。伴随合作领域的扩大与合作程度的加深,规则所涵盖的成员会不断增加,规则所涵盖的领域会不断扩展,规则的约束力会不断增强。

3. 正确义利观原则

正确义利观是与"一带一路"的经济外交定位联系在一起的。早在2015 年 10 月,习近平总书记就明确提出,"一带一路"建设是经济外交的顶层设计。② 所谓经济外交通常是指一国运用经济手段服务于外交目标的行为或运用外交手段服务于经济目标的行为。"一带一路"的目标和内容决定了它具有经济外交属性。西方国家的经济外交奉行"价值观前提下的胡萝卜加大棒"原则,而中国特色经济外交奉行的则是正确义利观原则。义利观是中国儒家有关义利关系的一种伦理概念。中国领导人在继承传统义利观理念的基础上,赋予其新的时代内涵,如以义为先、义利相兼、予与取的统一、长期利益与短期利益的统一、国家目标与企业目标的统一等。因此,正确义利观决定了"一带一路"框架下中国与其他共建国之间的利益分配模式。其核心要义是把国家层面的目标("义")与企业层面的目标("利")有机结合起来,从而真正落实"一带一路"经济外交顶层设计的定位。③

4. 市场化原则

"一带一路"尽管具有经济外交的属性,但其基础是经济合作,因此它不是中国的对外援助项目,更不是所谓"中国版马歇尔计划"。遵从市场化原则首要以"一带一路"建设的经济主体多元化为基础。在"一带一路"建设的第一阶段,中国政府充当了倡导者和推动者的角色,中资国有企业(包括中资开发性金融机构)成为市场的主体,中资民营企业与外资企业的参与度并不高,这在很大程度上是由基础设施投资的高风险性决定的。市

---

① 习近平:《习近平谈"一带一路"》,中央文献出版社,2018,第 53~57 页。
② 习近平:《习近平谈"一带一路"》,中央文献出版社,2018,第 83~84 页。
③ 李向阳:《"一带一路"建设中的义利观》,《世界经济与政治》2017 年第 9 期,第 4~14 页。

场主体的单一性导致了某些西方国家学者质疑中国推动"一带一路"建设的动机与可持续性。① 步入新发展阶段,不仅需要更多的中资民营企业参与,而且需要更多的东道国企业与第三方国家的企业参与,市场主体多元化是必然趋势。即便考虑到"一带一路"的经济外交属性,遵从市场化原则也是一个基本要求。按照正确义利观原则,中方秉承以义为先、义利相兼、注重长期利益、多予少取甚至只予不取等理念,但这些理念是国家追求"义"的体现,并不能要求企业放弃利润最大化目标,去实现上述目标。即使对中资国有企业,政府也不能这样要求,更不要说对民营企业和外资企业。理论上,政府需要运用市场经济手段引导企业履行正确的义利观,如税收、融资、保险等。在这种意义上,秉承正确义利观原则与遵从市场化原则是能够实现统一的。

五 深化经济走廊建设,为高质量发展奠定微观基础

在经济学意义上,经济走廊是"一带一路"的核心载体,而构建区域价值链则是经济走廊建设未来的核心任务。"陆路丝绸之路"是由六大经济走廊组成的,除了中蒙俄经济走廊与新欧亚大陆桥经济走廊之外,中巴经济走廊、中国-中南半岛经济走廊、孟中印缅经济走廊、中国-中亚-西亚经济走廊分别又和"海上丝绸之路"交叉。如果把港口和与之相联系的临港产业园纳入进来,"海上丝绸之路"将成为另一种形式的经济走廊。② 因此,经济走廊建设的成效在某种程度上将决定"一带一路"建设的成败。③

经济走廊并非"一带一路"所独创,无论是在一国之内还是区域内的不同国家之间,经济走廊建设都已经积累了大量经验。所谓经济走廊并无一个普遍认同的定义,我们姑且把它称为通过特定的地理标识(如河流、山脉、区域)和运输线把沿途经济体联系起来的机制,其主要功能是解决

---

① J. E. Hillman, "China's Belt and Road Initiative: Five Years Later," 2018, https://www.csis.org/analysis/chinas-belt-and-road-initiative-five-years-later-0.

② 比如,亚洲开发银行就把印度尼西亚-马来西亚-泰国增长三角洲(IMT - GT)称为经济走廊,尽管它们没有陆路相连。

③ 联合国亚洲及太平洋经济社会委员会的一项研究则直接把"一带一路"定义为以经济走廊为基础的跨洲长期发展战略。参见 United Nations ESCAP, "The Belt and Road Initiative for Seamless Connectivity and Sustainable Development in the Asia-Pacific Region," 2021, https://repository.unescap.org/handle/20.500.12870/409。

区域间发展的不平衡问题。具体地说，经济走廊为不同的经济节点或枢纽提供了一个联系渠道，这些经济节点通常以城市为依托，是经济资源和人口的聚集地；同时，它也为市场的供给与需求提供了联系渠道。[1] 尽管现有经济走廊并无统一的模式，但依它们的形成过程一般可划分为四个阶段：一是运输走廊，即以交通运输为主体的基础设施投资所形成的狭义经济走廊；二是通过城镇化、更新城乡基础设施、促进工业发展、改善中小企业投资环境、增加旅游经济基础设施投资等方式，实现"地区发展规划"，拓宽经济走廊；三是以贸易便利化为核心，促进跨境商品、服务、人员的流动，夯实经济走廊；四是协调不同国家区域发展计划与政策，形成广义的跨境经济走廊。[2]

对比"一带一路"业已取得的进展，绝大多数经济走廊还停留在狭义经济走廊阶段。从经济走廊建设的四个发展阶段来看，它所需要的不仅是设施联通，还有贸易畅通、资金融通、政策沟通与民心相通。同时，经济走廊建设必须要体现高标准、可持续与惠民生的目标要求。由于每个经济走廊所辐射经济体的差异性巨大，既有发达国家（如新欧亚大陆桥经济走廊所连接的欧洲国家）、新兴经济体（如中国-中南半岛经济走廊所连接的一批东南亚国家），又有相当多的不发达国家，因此围绕经济走廊所构建的价值链或供应链不可能是相同的。在这种意义上，未来"一带一路"经济走廊建设的核心任务就是要构建以中国为核心的区域价值链或供应链。

首先，构建"一带一路"框架下的区域价值链是实现惠民生目标的要求。狭义经济走廊的收益主要体现为降低运输时间和运输成本，且具有很强的正外部性，既可使走廊国有收益，也会惠及走廊以外的国家。广义经济走廊的收益最终体现为拉动贸易和经济增长。相对于发达国家与新兴经济体而言，经济走廊对内陆国和不发达国家经济的拉动作用更大，前者体现为比较优势的提升，后者则体现为创造了新的比较优势。世界银行针对"一带一路"基础设施的一组研究显示，以交通运输线为核心的互联互通一旦完成能够使全球运输时间和运输成本分别降低 1.2% ~ 2.5% 和 1.1% ~

---

[1] Hans-Peter Brunner, "What Is Economic Corridor Development and What Can It Achieve in Asia's Subregions?" *ADB Working Paper Series on Regional Economic Integration*, No. 117, 2013.

[2] P. Srivastava, "Regional Corridors Development in Regional Cooperation," *ADB Economics Working Paper Series*, No. 258, 2011.

2.2%；其中，对经济走廊国家的降低幅度分别为 11.9% 和 10.2%。① 如果在此基础上增加通关程序改进（border improvement）和关税改进（tariffs improvement）措施，其收益（折合为贸易促进与经济增长）会提升 4~5 倍，其中低收入国家的收益是高收入国家收益的 2.8 倍。② 这种巨大的潜在收益是实现惠民生目标的基础。

需要指出的是，从狭义经济走廊升级到广义经济走廊是一个长期的过程。对投资者而言，这是一个巨大的障碍。长期以来无论是发达国家政府还是企业对发展中国家的基础设施投资都缺乏足够的动力，原因就在于基础设施投资的风险大、回收周期长，短期内难以产生商业收益，反而可能在一定时期内形成东道国的债务负担，成为经济发展的障碍。

以发展为导向的"一带一路"建设奉行正确义利观原则，注重短期利益和长期利益的统一，从而有助于解决这一难题。在"一带一路"共建国中有相当一部分属于不发达国家，它们不仅缺少经济发展所需的基础设施，而且缺少参与国际分工所需的生产与消费能力，长期处于低水平的封闭循环状态。因此，中国与这些国家的合作既需要奉行比较优势原则，还需要为这些国家创造新的比较优势。对这些国家而言，只有构建新的价值链或产业链才有可能实现罗斯托意义上的经济"起飞"。

其次，构建以中国为核心的区域价值链是应对"一带一路"外部挑战的必然选择。在"一带一路"框架下构建区域价值链不仅需要考虑其必要性，还要考虑其可行性。在这方面，国内学术界一种代表性的观点是构建双向"嵌套型"全球价值链分工新体系。③ 具体说，就是顺应比较优势规律，将中国过剩产能转移到发展水平低的国家，在实现自身产业结构优化升级的同时，构建以中国为核心的区域价值链分工体系，并整体嵌入到现行全球价值链分工体系之中，实现从发达国家引领中国融入全球价值链到中国引领其他发展中国家融入全球价值链的转变。这是一种理论上有创建的观点，但它忽略了一个重要的约束条件：以美国为主的发达国家正在试

---

① F. D. Soyres et al., "How Much Will the Belt and Road Initiative Reduce Trade Costs?" *Policy Research Working Paper*, No. 8614, World Bank, 2018.
② F. D. Soyres et al., "Common Transport Infrastructure: A Quantitative Model and Estimates from the Belt and Road Initiative," *Policy Research Working Paper*, No. 8810, World Bank, 2019.
③ 刘志彪、吴福象：《"一带一路"倡议下全球价值链的双重嵌入》，《中国社会科学》2018 年第 8 期，第 17~32 页；黄先海、余骁：《"一带一路"建设重塑全球价值链》，《经济学家》2017 年第 3 期，第 32~39 页。

图利用全球价值链重塑推动对华"脱钩"或"去中国化"。

过去十余年来，全球价值链重塑突出表现为价值链的"缩短"与布局的本地化或区域化。价值链"缩短"的直接驱动力来自企业从追求效率优先转向追求韧性优先。在这种转向的背后既有技术进步、自然灾害与战争等客观因素的影响，也有贸易战、经济制裁的影响。拜登政府执政伊始在评估美国供应链安全时就明确提出，美国只和那些具有共同利益与共同价值观的国家开展合作。随之推出的"印太战略"及"印太经济框架"（IPEF）都体现出了这一指导原则。与特朗普政府的对华贸易摩擦和全面"脱钩"战略相比，拜登政府的对华贸易政策突出表现为，通过构筑同盟体系实现在供应链领域的对华选择性"脱钩"。之所以称之为选择性"脱钩"，是因为美国力图在供应链的高科技领域和战略性原材料领域实现对华"脱钩"，而在其他领域继续保持对华合作。在"印太经济框架"的四大支柱中，供应链安全或有韧性的供应链被置于最优先的地位。在其14个创始成员中，东亚、东南亚与南亚地区国家占了多数，未来可能还有更多国家，包括区域外国家（如欧洲国家）参与进来。这对中国在全球价值链中的地位构成了重大挑战。

面对选择性"脱钩"或"去中国化"，寄希望于在"一带一路"框架内构建双向"嵌套型"全球价值链分工新体系至少短期内是缺少可行性的。以此为前提，可行的选择是利用全球价值链的本地化或区域化趋势构建以中国为核心的区域价值链。所谓本地化或区域化趋势是指全球价值链的布局将围绕最终消费市场展开。鉴于中国巨大的消费市场，在可预见的将来，无论是美国、欧洲还是印太地区国家都不可能与中国全面"脱钩"。中美两国的竞争有可能在亚洲地区形成两个平行的区域价值链：以美欧为最终消费市场的区域价值链和以中国为最终消费市场的区域价值链。当然，选择性"脱钩"本身就决定了这种平行的区域价值链并非相互隔离的。

最后，新发展格局为构建以中国为核心的区域价值链提供了前提条件。全球价值链的布局的本地化或区域化趋势要求价值链的主导者能够为价值链的参与者提供不断扩大的最终消费市场。对于共建国中的不发达国家来说，其不仅缺少参与价值链的供给能力，也缺少相应的消费能力。为此，它们希望中资企业在当地生产的产品未来能够出口到中国市场。而以国内大循环为主体、国内国际双循环相互促进的新发展格局有助于从多层面为构建以中国为核心的区域价值链提供前提条件，如推进产业基础高级化，提高产业链稳定性和竞争力；坚持实施扩大内需战略，释放国内需求潜力；推进更高水平对外开放，重塑国际合作和竞争新优势；等等。[①] 其中，不断扩大的国内消费需求最为重要。中国提供最终消费市场适应了全球价值链重塑的本地化或区域化发展趋势，进而为"一带一路"框架下区域价值链的可持续发展奠定了基础。

构建以中国为核心的区域价值链实为经济走廊建设从狭义向广义的升级过程，从而把中国经济与其他共建国经济有机联系起来。没有区域价值链与经济走廊做支撑，共建"一带一路"高质量发展将失去微观基础。

六 稳妥推动"一带一路"的机制化建设，为高质量发展提供制度保障

"一带一路"的发展导向并不意味着不需要规则，只是它不以规则为进入门槛。伴随共建国经济合作的深化，规则制定或机制化建设是"一带一路"高质量发展的必然趋势。

第一，机制化建设是"一带一路"的内生要求。在"一带一路"建设的第一阶段，作为倡导者，中国并未强调其机制化建设。究其原因，一是中资企业，尤其是中资国有企业承担了"一带一路"建设的主要任务，东道国企业与第三方国家企业只是辅助性参与者，自然对机制化的需求并不迫切。二是"一带一路"建设聚焦于以基础设施为核心的互联互通，即"硬联通"，这种合作本身对机制化的要求并不高。三是"一带一路"的发展方向与建设路径处于探索阶段，需要何种形式的机制化并不清晰。

步入高质量发展阶段后，"一带一路"建设对机制化要求形成了内在的驱动力。以经济走廊建设为例，狭义的经济走廊建设只需在国家层面达成共识即可展开，但广义经济走廊的建设客观上需要从"硬联通"发展为"软联通"。在其所包含的三个阶段中，建设主体将趋于多元化，中资民营企业、东道国企业、第三方国家企业、东道国地方政府及其他非政府组织的作用会越来越大。机制化是协调它们的利益关系的保障。同时，广义经济走廊建设本身就是构建区域价值链的过程，消除或降低

[①] 王一鸣：《百年大变局、高质量发展与构建新发展格局》，《管理世界》2020年第12期，第1~13页。

供应链壁垒是其发挥经济效益的必要条件。根据世界经济论坛的研究，供应链壁垒包括市场准入、边境管理、通信与运输基础设施、商业环境四大领域的九类指标。这些壁垒绝大多数属于"软联通"的范围，如通信与运输基础设施包括运输基础设施的可得性与质量、运输服务的可得性与质量、信息与通信服务的可得性与质量等。更重要的是，消除供应链壁垒的潜在收益远高于消除传统贸易壁垒（关税）的潜在收益：前者是后者的 6 倍以上。①

"一带一路"作为一种全方位的经济合作方式具有合作主体多元、合作方式多元、合作周期长、利益分配复杂等多重特征，其内生风险也极为复杂。与正常的国际商业合作相比，"一带一路"一方面具有普遍性的商业风险，如大型基础设施项目的额外风险、东道国营商环境风险、争端解决机制风险等；另一方面又有自身特定的风险，如偏离"一带一路"目标定位风险、与经济外交相联系的道德风险与目标"定价"风险、无法惠及东道国民众的风险、东道国中央政府与地方政府的目标差异风险等。防范化解"一带一路"的这些内生风险必须在国家层面、产业层面、企业层面制定相应的规则和机制。

第二，机制化建设是"一带一路"对接现行全球治理体系的要求。对接是"一带一路"与现行全球治理体系相处的基本形式，同时也是为国际社会所接受的必要条件之一。一些西方学者基于"一带一路"的特殊性指责它会挑战现行的国际秩序。② 中国学者在大量使用"对接"概念的时候却往往忽略"一带一路"与现行全球治理体系的对接方式，因而对两者间究竟是互补还是替代关系无法在理论上给出令人信服的回应。在现行全球治理体系中，无论是多边层面的合作机制，如世界贸易组织，还是区域层面的自由贸易区协定、关税同盟、经济一体化等都是以规则为导向的。它们不仅包含明确的贸易投资自由化条款，还包含经济行为体的约束条款，甚至还包含统一货币条款。"一带一路"如果没有规则和机制化安排，其对接方式将无从谈起。例如，针对"16＋1"合作机制下中国与中东欧国家的合作，由于一部分国家属于欧盟成员国，欧盟就要求合作必须遵守欧盟规则。

---

① World Economic Forum, "Enabling Trade: Value Growth Opportunities," 2013, https://media.bain.com/Images/WEF_Enabling_trade_valuing_growth_opportunities_.pdf.

② J. E. Hillman, "China's Belt and Road Initiative: Five Years Later," 2018, https://www.csis.org/analysis/chinas-belt-and-road-initiative-five-years-later-0.

这等于说是"欧盟点菜，中国买单"。显然这不是"一带一路"与现行全球治理体系对接的应有之义。在这种意义上，机制化已成为"一带一路"对接现行全球治理体系的必要条件。

第三，机制化建设是"一带一路"应对外部挑战的必然选择。除了其内生风险，来自外部的对冲正在构成"一带一路"高质量发展的重大挑战。为了对抗"一带一路"，在特朗普执政时期，美国国会于2018年10月通过了《更好利用投资促进发展法》（BUILD）；2019年美国国防部发布的《印太战略报告》明确提出了对抗"一带一路"的策略；2019年11月美国联合日本和澳大利亚提出"蓝点网络"计划，以推动所谓的"高质量基础设施"建设。[①] 拜登执政后继续寻求对抗"一带一路"，于2021年6月在七国集团峰会期间提出了"重建更美好世界"计划；2022年6月在七国集团峰会期间又提出了"全球基础设施和投资伙伴关系"计划，宣称作为务实版的B3W，向寄希望摆脱对中国依赖的国家提供有竞争力的替代选择。与美国相呼应，2021年12月欧盟推出"全球门户"计划，并明确强调这为中国的全球基础设施建设计划提供了一个"真正的替代方案"。日本与印度在2016年正式提出建立亚非增长走廊的倡议，其范围涵盖海上亚洲（maritime Asia）和非洲，其核心内容包括发展与合作项目、高质量基础设施与制度互联互通、促进能力与技能提高以及人员往来的伙伴关系。即便是俄罗斯也在打造应对"一带一路"的合作机制。俄罗斯一方面强调要以欧亚经济联盟与"一带一路"对接的方式开展合作（而不是融入"一带一路"之中），另一方面又提出要以欧亚经济联盟为基础构建一个把中国包括在内的大欧亚伙伴关系。大国针对"一带一路"所提出的这些方案有一个共性，那就是规则导向。换言之，它们都把"一带一路"缺少规则或机制化作为软肋加以应对。面对如此众多以规则为导向的基础设施合作机制，"一带一路"的机制化建设势在必行。

国际社会对"一带一路"存在一个普遍的错误认知，就是把它看成只是以基础设施为主的互联互通。作为一种发展导向型的合作倡议，设施联通固然是"一带一路"的重要组成部分，但它并非"一带一路"的全部。

---

① 据相关专家解读，其名称之所以选择"蓝色"，就是为了对抗中国"一带一路"的"红色"。M. P. Goodman et al., "Connecting the Blue Dots," 2020, https://www.csis.org/analysis/connecting-blue-dots.

资金融通、贸易畅通、政策沟通、民心相通与设施联通共同构成了"一带一路"的内容。如果寻找一个统一的载体，经济走廊更能反映"一带一路"建设的方向。因此，"一带一路"的机制化建设将是一项复杂的系统工程。按照其功能，其机制化建设可分为三大领域。①

其一，"一带一路"可持续发展的合作机制。"一带一路"既涉及国家层面的合作，又涉及企业层面的合作。同时，"一带一路"的发展导向决定了要尊重不同国家的合作意愿，允许选择不同的合作方式。在这种背景下，构建可持续的合作机制没有可借鉴的路径。以国家层面的合作机制为例，截至2023年6月中国已经与150余个国家、30多个国际组织签署200多份共建"一带一路"合作文件。然而，这些合作文件都是双边性质的，而非多边或区域性质的，它们的简单加总不会构成"一带一路"共建国的合作机制。更重要的是，绝大多数合作文件在国际法意义上属于软法的范畴，除了表达双方的合作意愿外并无实际约束力。② 这一方面体现了"一带一路"合作机制多元化的要求，另一方面反映了"一带一路"的机制化建设还处于起步阶段。从软法向硬法的渐进式过渡应该是国家层面合作机制化的发展方向。至于构建以硬法为主导的合作机制，则需要共建国的共同努力。

其二，"一带一路"可持续发展的利益分配机制。利益分配是合作共建的基础。与现有全球治理体系不同，"一带一路"的发展导向与经济外交定位决定了，它既不是纯粹的商业合作，也不是对外援助项目。在这种新型合作机制下，协调与共建国的利益分配既要坚持市场化原则又要秉承正确的义利观。按照利益分配的原则，"一带一路"框架下的合作可划分为三种形态：一是予取相等型合作，意味着按照市场原则分配利益；二是多予少取型合作，意味着中方要把一部分利益让渡给合作者；三是只予不取型合作，意味着把所有利益都让渡给对方。第一种形态是正常的商业合作模式，属于企业行为；第三种形态是对外援助模式，属于政府行为；而第二种形

---

① 李向阳：《"一带一路"的高质量发展与机制化建设》，《世界经济与政治》2020年第5期，第51～79页。
② 软法是与传统的依靠国家强制力保障实施的硬法相对应的。它是指那些效力结构未必完整、无须依靠国家强制力保障实施，却能产生社会实效的法律规范。它具有制定主体多元、形式多样、欠缺国家强制力、依靠主体的自愿参与和共识产生约束力的特征。龙长海：《信任困局的破解路径：中蒙俄经济走廊建设的非正式制度供给与软法合作》，《求是学刊》2019年第4期，第90～102页。

态则是一种特殊的合作模式,是企业行为与政府行为的结合。① 当然,这只是一种理论上的划分,现实中它们是交织在一起的。比如,不同于发达国家的对外援助以官方发展援助(ODA)为主,中国对外援助由无偿援助、无息贷款与优惠贷款三种形式组成:无偿援助意味着只予不取,大致相当于国际通行的官方发展援助;无息贷款与优惠贷款相当于多予少取。在这三种形式中,又以优惠贷款所占比例最大。② 更重要的是,中国的对外援助通常和对外贸易、对外投资相结合,形成了所谓的"经贸大战略"。这种模式把"输血"与"造血"结合在一起,真正体现了发展导向。反过来,"一带一路"框架下正常的商业合作模式通过融入绿色丝绸之路、廉洁丝绸之路理念也会给东道国带来正外部性,客观上发挥了多予少取的功能。总之,要把以发展为导向的"一带一路"合作所带来的收益进行合理的分配就需要在与共建国政策沟通方面推动机制化建设。需要指出的是,为贯彻多予少取、只予不取的正确义利观所做的机制化建设将会超越经济学的研究范围。

其三,"一带一路"可持续发展的支持体系。政府是"一带一路"的倡导者、企业是"一带一路"的实施者。两者的角色定位相互补充,但不能相互替代。政府最重要的职能是基于市场化原则设置一套规则体系引导企业服务于国家的战略目标。为此,"一带一路"建设的高质量发展需要共建国政府共同制定相应的支持体系,如国内层面的融资体系、税收体系、资本流动监管体系、法律服务体系等;国际层面的贸易便利化机制、跨国融资机制、跨国税收机制、陆路或海上运输安全保护机制、投资保障机制、争端解决机制、安全保障机制、企业社会责任跨国协调机制、人员跨国流动机制等。

推动共建"一带一路"高质量发展的路径选择是一项系统工程。"一带一路"的治理结构与高质量发展的目标共同决定了路径的选择方向;内外部环境是路径选择的约束条件;聚焦重点与国内外话语体系统一是高质

---

① 李向阳:《"一带一路":区域主义还是多边主义?》,《世界经济与政治》2018 年第 3 期,第 34~46 页。
② 按照《中国的对外援助(2014)》白皮书公布的信息,2010~2012 年中国对外援助金额为 893.4 亿元人民币,其中无偿援助占 36.2%,无息贷款占 8.1%,优惠贷款占 55.7%。中华人民共和国国务院新闻办公室:《〈中国的对外援助(2014)〉白皮书(全文)》,http://www.scio.gov.cn/zfbps/ndhf/2014/document/1375013/1375013.Htm。

量发展的必要条件；共商共建共享等是推动共建"一带一路"高质量发展需要遵循的基本原则；深化经济走廊与机制化建设构成了高质量发展的两大驱动力。同时，我们也必须意识到，推动共建"一带一路"高质量发展是一项前无古人的事业，实践中的边干边学与理论上的创新探索是必由之路。

目 录

第一章 "一带一路"框架下的国际产能合作：正确义利观的视角 ……… 1
    第一节 "一带一路"产能合作与企业社会责任 ……………………… 2
    第二节 以正确义利观指引企业社会责任的重构 ……………………… 8
    第三节 产能合作中正确义利观的治理 ………………………………… 16
    第四节 结语 ………………………………………………………………… 24

第二章 "一带一路"框架下的发展合作：机制供给的视角 ……………… 25
    第一节 国际发展合作回顾 ………………………………………………… 27
    第二节 传统国际发展合作的不足及其改进 …………………………… 32
    第三节 "一带一路"发展合作的机制供给模式 ……………………… 35
    第四节 "一带一路"高质量发展合作的挑战与对策 ………………… 40
    第五节 结语 ………………………………………………………………… 43

第三章 "一带一路"框架下的国际合作：道德风险的视角 ……………… 44
    第一节 导语 ………………………………………………………………… 44
    第二节 文献中的四种观点 ………………………………………………… 45
    第三节 理解"一带一路"国际合作关系的一个理论框架 …………… 51
    第四节 案例比较 …………………………………………………………… 56
    第五节 走出困境的路径 …………………………………………………… 63
    第六节 结语 ………………………………………………………………… 64

第四章 "一带一路"建设中的债务可持续问题 ……………………………… 66
    第一节 三种"债务陷阱"说与中国学者的回应 ……………………… 70
    第二节 中国的融资模式与"一带一路"债务问题的复杂性 ……… 76

第三节 地区竞争、选举政治与"债务陷阱外交" …………… 85
第四节 结语 ……………………………………………………… 92

第五章 "一带一路"建设中的民生问题 …………………………… 95
第一节 转变经济发展方式与转向高质量发展 ………………… 97
第二节 推动共建"一带一路"向高质量发展转变 …………… 104
第三节 "一带一路"建设中的民生问题与高质量发展 ……… 112
第四节 结语 …………………………………………………… 117

第六章 "一带一路"框架下实现环境可持续发展的机制与路径 …… 119
第一节 实现"一带一路"环境可持续发展的挑战 …………… 119
第二节 实现"一带一路"环境可持续发展的机制 …………… 122
第三节 新形势下机制化建设绿色"一带一路"的路径 ……… 132
第四节 结语 …………………………………………………… 138

第七章 "一带一路"机制化建设中的透明度规则 ……………… 140
第一节 透明度的概念、理论与实践 …………………………… 141
第二节 "一带一路"透明度问题的成因分析：以美、澳、
新为例 …………………………………………………… 153
第三节 中国如何化解对"一带一路"透明度的质疑 ………… 164
第四节 结语 …………………………………………………… 170

第八章 "一带一路"建设的差异化分层路径探析：以东南亚地区
为例 ……………………………………………………………… 171
第一节 文献综述 ………………………………………………… 172
第二节 基于东南亚国家类别归属的项目分层分析框架 ……… 178
第三节 案例分析：项目分层推进策略的具体实践 …………… 184
第四节 结语 …………………………………………………… 191

第九章 以多边主义应对"塔西佗陷阱"："一带一路"高质量发展
中的共建国家认知问题研究 ………………………………… 193
第一节 多边主义理念与"一带一路"高质量发展 …………… 194

第二节　当前学术界对"一带一路"高质量发展认知风险的研究 ………………………………………………………………… 199
第三节　"一带一路"共建国家的认知变化及其根源 …………… 202
第四节　以多边主义降低"一带一路"高质量发展阶段共建国认知风险 ………………………………………………………… 206
第五节　结语 ………………………………………………………… 210

第十章　"一带一路"建设中的安全保障 ………………………… 212

第一节　安全维度的"一带一路" ………………………………… 212
第二节　"一带一路"安全保障的主要方式 ……………………… 218
第三节　建立、发展和完善"一带一路"的安全保障体系 ……… 228
第四节　结语 ………………………………………………………… 234

第一章 "一带一路"框架下的国际产能合作：正确义利观的视角

张中元[*]

国家间产业通过互通有无、优势互补进行国际产能合作，已成为推动"一带一路"建设的关键。中国与共建国家的产能合作重视可持续、包容性增长理念，注重推进共建国家的工业化进程、技术进步及产业结构升级，增强共建国家经济发展的自生能力。在"一带一路"产能合作中，中国企业更深入地参与全球价值链和区域价值链，构建"一带一路"价值链成为加强共建国家企业之间经济技术联系和利益的纽带，产能合作通过满足各参与方的利益诉求，能够提高人民生活质量，更好应对技术与收入分配的两极分化问题，支持"一带一路"建设的可持续发展，这使部分发展中国家实现跨越式发展成为可能。

但"一带一路"产能合作也面临众多挑战，促进共建国家能力建设、使经济发展惠及更多民众，推动企业履行企业社会责任将发挥重要作用。长期以来，西方文化模式主导的传统企业社会责任行为失范，主要原因是以竞争效率为核心的伦理价值观长期占据主流地位。在此背景下，中国对企业行为选择背后的伦理价值观进行了深度思考，在坚持义利关系辩证统一的价值内核基础上，从建设人类命运共同体出发，提出了正确义利观。正确义利观强调取之有义、以义统利、见利思义、义利统一等价值理念，对现代企业管理伦理价值观与现代企业社会责任的重塑具有极其重要的

---

[*] 张中元，经济学博士，中国社会科学院亚太与全球战略研究院国际经济关系研究室主任、研究员，主要研究领域：国际经济学。

价值。

为了破解企业社会责任实践和发展的困境，正确义利观超越了传统西方全球价值链治理中"非义即利"的义与利的简单对立，强调平等基础上的利益交汇和共同参与中的利益分享，引导企业在实现自身利益、促进自身发展的同时，兼顾东道国本地利益，既保持了对本国核心利益的关切，又强调人类整体利益和互利共赢的重要性。正确义利观为"一带一路"产能合作提供了价值引领，有助于中国企业打破西方国家主导的全球价值链治理给中国和共建国家带来的不利影响。

第一节 "一带一路"产能合作与企业社会责任

随着国际组织和主要国家对跨国公司履行社会责任的重视程度不断提高，海外投资企业面临着较大社会责任压力。中国企业在"一带一路"产能合作经营中，积极履行环境保护、社区建设、互惠合作等多项社会责任，一方面带动共建国家人民就业和当地企业发展，创造了显著的社会效益；另一方面，企业在履行社会责任时形成了自己独特的竞争优势，为企业创造了经济价值。

一 "一带一路"产能合作中的企业社会责任实践

将基础设施重大项目建设作为"一带一路"产能合作的优先领域，在融资等方面给予必要照顾。基础设施公共物品和服务的投资对共建国家的可持续发展和经济起飞至关重要，是"一带一路"高质量发展的重点所在，推动基础设施重大项目顺利完工能够更好惠及共建国家和人民。但基础设施建设投资额大、回收周期长，投资面临很高的不确定性和风险，因此商业资本往往不愿涉足，加上大部分"一带一路"共建国家缺乏财政资源来提供经济发展所需的这些公共物品，共建国家在基础设施建设上存在较大缺口。基础设施互联互通作为"一带一路"建设的优先领域，对共建国家的能力建设与经济起飞具有非常重要的意义。一些企业主动提供基础设施，改善当地民众生活条件，减少经营活动的负面影响。一些企业提供基本基础设施，参与社区发展计划，并化解当地矛盾冲突，从而保障其业务在当地的正常开展。在"一带一路"基础设施重大项目建设过程中，中国政府引导企业算好"政治账"和"经济账"，在合作中尽可能考虑到"一带一路"共建国家的实际困难,对那些既有战略意义又有经济价值的项目建设给予优先支持。

"一带一路"产能合作优先支持能够有效拉动当地就业、增加当地民众收入的民生产能合作项目。"一带一路"共建国家现代化需求旺盛、城镇化建设步伐加快,给国际产能合作带来了难得的机遇。国际产能合作推动中国企业走出国门,在支持"一带一路"共建国家经济建设中发挥着积极的作用。随着越来越多的发展中国家以可持续性发展理念来指导自己的发展政策,"一带一路"产能合作聚焦于国家的可持续发展,高度重视实现各国获得平等的增长机会。"一带一路"倡议下的产能合作更着眼于长期利益,注重国家实现能力建设导向的可持续性产业合作。中国企业不只局限于自身盈利,还注重当地民众的利益需求;企业立足主业优势,加速融入当地产业链,为东道国经济发展与社会进步提供助力;在共建国家开展业务的同时,对当地员工开展技术培训,培养当地管理人员,给当地民众带去发展机会、协助其提升技能和创造就业等,让其切实得到实惠与尊重。履行企业社会责任有助于中国企业在"一带一路"共建国家获得更好的声誉,赢得客户和投资者的信任,与供应商和员工建立稳定的关系,在促进中国企业成长的同时,也促进了共建国家进行自生能力建设,使经济增长惠及更多的国家、更多的民众,使共建国家分享经济发展成果。

企业注重保护生态环境,坚持可持续发展和共赢理念。"一带一路"产能合作中需要开发利用资源和能源、加工和运输原材料、施工以及生产运营,环境和生态系统受这些活动的影响,履行企业社会责任已成为解决公众关注问题和遵守日益增多的环境法规的主要管理方法。[1] 中国企业在"一带一路"建设过程中,依靠企业重大工程和优势产业追求环境可持续发展。[2] 在稳步推进工程建设的同时,采取相应措施为当地环境保护贡献力量,获得了当地社会和媒体的认可。[3] 中国政府鼓励企业在项目建设中积极回应当地社会诉求,注重保护环境等社会责任,实现与"一带一路"共建国家产能合作的

---

[1] Ayokunle Olubunmi Olanipekun, Olalekan Shamsideen Oshodi, Amos Darko and Temitope Omotayo, "The State of Corporate Social Responsibility Practice in the Construction Sector," *Smart and Sustainable Built Environment*, Vol. 9, No. 2, 2020, pp. 91 – 111.

[2] 《中交集团发布中国企业首份"一带一路"专题社会责任报告》,国务院资产管理委员会网站,2018年5月28日,http://www.sasac.gov.cn/n2588025/n2588124/c9056819/content.html。

[3] 《土耳其"一带一路"建设项目积极履行海外社会责任》,中国网,2020年9月30日,http://ydyl.china.com.cn/2020 – 09/30/content_76766780.htm。

各方共赢、共同发展。2017年5月,环保部发布了《"一带一路"生态环境保护合作规划》,提出到2030年,推动实现可持续发展议程环境目标,并对落实一系列生态环保合作支持政策进行了系统规划,全面提升了"一带一路"建设中的生态环保合作水平。中国"走出去"的企业在追求经济利益的同时,注重环境保护,主动构建资源节约型、环境友好型绿色企业。[①]

中国企业在"一带一路"产能合作中,把企业社会责任纳入企业战略和日常经营管理中,通过设立公益基金、捐资当地基金会等方式,积极参与海外公益事业。例如,斯里兰卡科伦坡港口城是由中国港湾投资建设运营的大型城市综合体开发项目,其与斯里兰卡政府协商,推出"渔民生计改善计划",分期总计提供5.5亿卢比(约330万美元)用于帮助当地渔民改善医疗、教育、卫生等方面的生活条件。为了配合计划实施,斯里兰卡政府也专门成立了"渔民生计改善协会"并提供专门款项。这一计划得到了尼甘布当地渔民的强烈拥护,他们对项目的态度也从最初的抵触转变为理解和支持。[②] 中国企业还在"一带一路"产能合作中开始逐步建立完善的企业社会责任机制。据《中央企业海外社会责任蓝皮书(2018)》调查,85%的中央企业已建立或正在计划建立海外捐赠管理制度,中央企业海外捐赠越来越趋向制度化、常态化。[③] 2019年,83%的中央企业已要求海外业务开展环境评估,其中,23%的中央企业正在制定相应的机制,60%的中央企业已建立相应机制;89%的中央企业积极参与当地生态系统保护,48%的中央企业支持物种迁地保护,10%的中央企业推动构建生物多样性法律体系。[④]

二 中国企业履行企业社会责任面临的困境

参与"一带一路"产能合作的中国企业越来越认识到,企业社会责任实践能够为企业树立正面形象和品牌声誉,增加企业价值。但是我们还应

[①] 《央企"一带一路"履责情况分析》,国务院资产管理委员会网站,2019年3月25日,http://www.sasac.gov.cn/n2588025/n4423279/n4517386/n10745109/c10803539/content.html。

[②] 《中国交通建设集团有限公司:在斯里兰卡讲好"一带一路"履责故事》,国务院资产管理委员会网站,2021年1月12日,http://www.sasac.gov.cn/n4470048/n13461446/n14398052/n16460319/n16460417/c16495887/content.html。

[③] 《央企"一带一路"履责情况分析》,国务院资产管理委员会网站,2019年3月25日,http://www.sasac.gov.cn/n2588025/n4423279/n4517386/n10745109/c10803539/content.html。

[④] 《海外履行社会责任,央企是这么干的》,中国一带一路网,2019年12月24日,https://baijiahao.baidu.com/s?id=1653774178366302098&wfr=spider&for=pc。

第一章 "一带一路"框架下的国际产能合作：正确义利观的视角

注意到，一些中国企业对社会责任不够重视，降低了东道国社会的信任感、认可度和接受度，面临较严重的形象和声誉危机。① 除了给企业投资带来不利影响，还严重损害了中国"走出去"企业的整体形象。尽管中国企业意识到履行企业社会责任的重要性，但如何有效地制订相关计划、实施企业社会责任实践并取得积极成果，仍然是参与"一带一路"产能合作企业面临的挑战。

在企业层面，发达国家的跨国公司在全球价值链中占据主导地位，并使用多种工具来管理其全球供应链和价值链，包括但不限于行为准则、合同和旨在监督其内部社会和环境状况的监督审查等。在生产全球化中，价值链中的主导企业占据垄断地位，这种市场结构使主导企业能够依据其优势进行全球生产布局，并利用其与供应商之间的权力不对称，在供应链上转移商业压力。例如，主导企业是在全球价值链中能够通过分派订单来发挥"买方权力"的企业，主导企业可能会变更订单条款和支付价格，迫使供应商满足一些额外的要求和条件。尤其是在较低层次的价值链中，这些商业压力在很大程度上被转移给了小生产商，导致全球价值链中的不平等特别是分配不平等成为全球价值链的"缺陷"和内在特征，给全球供应链治理带来了新的挑战。

一些跨国公司（特别是那些受到严格监督审查的跨国公司）将企业制定市场战略和履行其对利益相关者的道德义务结合起来，② 全球价值链中企业之间的正式、非正式联系不仅推动了企业在传统的承接大额订单、建立战略联盟、共同进行技术创新和流程改造等生产贸易领域的合作，也影响企业共同治理、履行社会责任等社会公益事项。在传统的价值链治理中，国家、社会和全球机构在制定适用于全球市场的规则方面能力有限，③ 治理责任转移

---

① 葛顺奇、陈江滢：《中国企业对外直接投资面对疫情危机新挑战》，《国际经济合作》2020年第4期。
② Shawn L. Berman, Andrew C. Wicks, Suresh Kotha, Thomas M. Jones, "Does Stakeholder Orientation Matter? The Relationship between Stakeholder Management Models and Firm Financial Performance," *Academy of Management Journal*, Vol. 42, No. 5, 1999, pp. 488–506.
③ William SLaufer, "Social Accountability and Corporate Greenwashing," *Journal of Business Ethics*, Vol. 43, No. 3, 2003, pp. 253–261; Marina Prieto-Carrón, Peter Lund-Thomsen, Anita Chan, Ana Muro, Chandra Bhushan, "Critical Perspectives on CSR and Development: What We Know, What We Don't Know, and What We Need to Know," *International Affairs*, Vol. 82, No. 5, 2006, pp. 977–987.

到了跨国公司身上。跨国公司受利益驱动，利用其在价值链中的支配地位，在其供应链内执行企业社会责任实践行为准则，往往强调保护财产收益，以加强发达国家主导企业的地位，并限制发展中国家供应商转向高附加值生产的能力，从而剥夺了发展中国家获取价值的机会，导致中国与共建国家企业在产能合作中受到极大挤压。

在国家层面，一些"一带一路"共建国家处于地缘政治分裂地带，中资企业面临地区复杂政治经济环境诱发的政治不稳定、政治审查等风险，[①]导致中国企业的潜在投资风险也随之增加。企业经营的政治背景是国家广泛干预经济生活，法律实施和执行的不确定性相对较高，企业通常需要有形或无形的国家资源来确保企业的生存或减少监管的不确定性。但部分国家的立法具有不确定性，东道国政府为了应对来自社会、民众的压力，不愿或无法兑现政府的政策承诺，从原先支持项目投资发展，到支持力度减弱甚至限制项目投资，随意采取规制措施使得政策支持投资项目极易横生变故。

对"一带一路"共建国家或地区来说，监管执法存在问题，虽然其民间组织的能力在不断增强但依然薄弱，国家对企业的非监管（如资源控制、行政要求或规范/意识形态影响）影响至关重要，非监管流程在决定企业社会责任形式方面可能比监管的作用更为重要。如何应对和管理这些非监管权力关系到企业的生存和发展，企业利用各种途径寻求与国家的合作，履行企业社会责任以满足东道国的期望，是企业影响国家议程或寻求国家资源的重要途径，企业可以通过企业社会责任在新兴市场获得政治合法性、加强与东道国的关系。[②]对于企业来说，履行企业社会责任具有明确的功能，即企业将履行企业社会责任作为开拓新市场、产品或服务的机会。

后疫情时期全球保护主义的进一步升温，成为推动"一带一路"产能合作持续健康发展的主要挑战。目前，"一带一路"框架下的产能合作领域主要集中于矿产、能源、基础设施建设等极易对当地环境造成影响的行业。"一带一路"共建国家大多正处于发展阶段，法律尚不健全，因而生态破坏和环境污染事件时有发生，从而造成共建国家愿意降低标准、牺牲环境吸

[①] 金刚、沈坤荣：《中国企业对"一带一路"沿线国家的交通投资效应：发展效应还是债务陷阱》，《中国工业经济》2019年第9期。

[②] 基于企业社会责任的政治合法性是指一家企业通过社会环境活动建立、维持或提高国家所认为的适当性和可取性所采取的战略行动（不受国家法规或行政要求的约束），企业期望以此为基础获得各种形式的国家资源和认可。

引中国企业投资的表象。而且，一些产业（如采矿业）的经营活动可能会强化一个国家现有的权力不对称，加剧冲突。

在社会层面，一些西方主导的社会组织利用话语优势抹黑"一带一路"产能合作。越来越多的跨国公司和全球非国家机构在制定全球商品可持续生产、贸易跨国规则方面也发挥了重要作用。国家通过公共政策，以明示或默示的授权方式，将各种治理职能和权力下放给非国家行为体，加强了非国家行为体权力的重要性。除了大型主导企业、全球贸易商、分销商等参与者群体，其他行为体诸如环境和社会非政府组织、行业标准制定者、媒体和社团的影响也与日俱增，多元行为体对全球产能合作的治理规则和互动方式的塑造能力也大大增强。① 在"一带一路"产能合作过程中，中国"走出去"企业除了面对来自东道国的制度压力外，还面对来自第三方（如发达国家主导的国际组织）的规则、标准等方面的压力。这些非政府组织、工会、媒体对企业施加压力，要求企业制定企业行为准则或遵守预先确定的道德准则/基准。

一些西方社会组织凭借自身的专业性以及相对独立的立场，在塑造和引领产能合作规则、规范方面具有较大的优势。但一些社会组织将参与企业社会责任治理作为一种技术手段，在构建与其他社会行为体的关系时运用自身的优势，把推进企业社会责任作为自己获得表达权和话语权的过程，试图通过表述、构建自己与他人的身份，垄断企业社会责任的界定和内涵解释以谋取私利。例如，由于中国以国企为主的投资主体结构，企业的正常投资行为常常被一些社会组织误导为背后有国家力量支持，是反映中国政府意志和意图的战略行为。少数西方大国为维护、巩固和扩大自己的利益，利用其国际话语权肆意挑拨中国与共建国家的关系，抹黑"一带一路"建设，煽动部分共建国家的民族主义、民粹主义思潮。一些外媒肆意给"一带一路"投资项目贴各种标签，当地民众在媒体的宣传攻势之下，往往很容易接受媒体宣传中的诱导性观点，并把媒体的观点不自觉地转化为自己的观点。中国企业能否成功应对产能合作过程中面临的社会、制度压力，关系到跨国企业经营能否融入当地社会，甚至决定"一带一路"产

---

① Stefano Ponte and Timothy Sturgeon, "Explaining Governance in Global Value Chains: A Modular Theory-building Effort," *Review of International Political Economy*, Vol. 21, No. 1, 2014, pp. 195 – 223.

能合作的成败。

第二节 以正确义利观指引企业社会责任的重构

企业为了维持其社会合法性，需要努力满足公众对更具社会责任感的商业实践的需求。从20世纪50年代现代企业社会责任（Corporate Social Responsibility, CSR）发端开始，企业社责任出现了很多的衍生概念和理论，如企业社会绩效（corporate social performance）、三重底线战略、商业伦理（business ethics）、利益相关者理论（stakeholder theory）、战略性企业社会责任（strategic corporate social responsibility）、企业公民（corporate citizenship）、社会企业（social corporate）等。[①] 企业社会责任作为一种有争议的治理，成为企业权力竞争的主要领域；从实践结果来看，虽然企业为履行社会责任而付出大量努力，却没有取得良好的效果。[②] 当前企业社会责任的包容性不足，降低了企业社会责任的合法性，进一步加深了全球治理的治理鸿沟和治理赤字。

一 履行企业社会责任存在的问题和缺陷

首先，全球价值链中企业社会责任实践缺乏包容性，带来了治理赤字。为了填补全球经济中部分国家治理缺失所造成的空白以及公共监管的不足，企业特别是跨国公司在全球价值链治理中扮演着越来越重要的角色。在全球价值链中占主导地位的发达国家企业垄断了企业社会责任标准的制定，给发展中国家企业的经营活动带来了较强的限制。在履行企业社会责任过程中，主导企业通过塑造竞争的话语领域，使用企业社会责任的修辞和工具，避免治理权力从主导企业转移到其他参与者，以保持其相对于其他参与者的优势。发达国家的大多数企业社会责任监管和立法对企业不遵守规定的行为缺乏明确的制裁措施，这种治理形式还是更多地依赖私人标准，即该标准由企业自己定义，这一发展趋势并未朝着管制私人标准的方向发

[①] Archie B. Carroll, "Corporate Social Responsibility: Evolution of a Definitional Construct," *Business and Society*, Vol. 38, No. 3, 1999, pp. 268–295.

[②] 肖红军、李伟阳：《国外企业社会责任研究新进展》，《经济管理》2013年第9期。

展，只是朝着强制性披露的方向发展。① 披露立法中设想的对话不是企业与政府之间的对话，而是企业与消费者或民间社会之间的对话，企业社会责任的实践是从企业自愿方式向"政府授权的企业社会责任"方向发展。②

以上这些发展变化成为全球价值链中权力和报酬分配不均的重要因素，导致经济权力过度掌控在主导企业手中。③ 尽管价值链中的主导企业宣称其制定标准是为了提升消费者福利、保护劳工权益、实现可持续发展等，但对发展中国家的企业特别是中小企业而言，履行社会责任会增加供应成本，在许多情况下，小规模供应商根本无力承担这些成本。全球价值链中的合规审计（compliance auditing）通常被认为是全球经济中非国家行为体治理优越的例证④，跨国公司希望其供应商遵守一套预定的标准。⑤ 合规审计目的是确保供应商达到最低的社会和环境标准，降低企业的声誉风险。然而，大量研究表明，合规审计在很大程度上并未使发展中国家的员工从全球供应链中受益⑥；全球价值链、供应链参与者虽然在表面上承诺某些标准，但最终未能遵守这些标准⑦，其治理也没有产生持续性的改进。

其次，企业社会责任的多方利益相关者存在利益冲突，难以协调利益相关者求同存异，导致企业社会责任实践面临越来越大的难度。企业社会责任的利益相关者试图超越将利润作为管理的主要目标，扩大了企业履行社会责任的范围，企业社会责任并不局限于一个利益相关者（即股东），

---

① Spencer Henson and John Humphrey, "Understanding the Complexities of Private Standards in Global Agri-food Chains," *Journal of Development Studies*, Vol. 46, No. 9, 2010, pp. 1628 – 1646.

② Jean-Pascal Gond, Nahee Kang and Jeremy Moon, "The Government of Self-regulation: On the Comparative Dynamics of Corporate Social Responsibility," *Economy and Society*, Vol. 40, No. 4, 2011, pp. 640 – 771.

③ Jennifer Bair and Florence Palpacuer, "CSR Beyond the Corporation: Contested Governance in Global Value Chains," *Global Networks*, Vol. 15, Supplemental Issue, 2015, pp. S1 – S19.

④ Khalid Nadvi, "Global Standards, Global Governance and the Organization of Global Value Chains," *Journal of Economic Geography*, Vol. 8, No. 3, 2008, pp. 323 – 343.

⑤ Richard Locke, Matthew Amengual, Akshay Mangla, "Virtue Out of Necessity? Compliance, Commitment, and the Improvement of Labor Conditions in Global Supply Chains," *Politics & Society*, Vol. 37, No. 3, 2009, pp. 319 – 351.

⑥ Tugce Bulut, Christel Lane, "The Private Regulation of Labour Standards and Rights in the Global Clothing Industry: An Evaluation of Its Effectiveness in Two Developing Countries," *New Political Economy*, Vol. 16, No. 1, 2011, pp. 41 – 71.

⑦ Sandra Moog, André Spicer, Steffen Böhm, "The Politics of Multi-stakeholder Initiatives: The Crisis of the Forest Stewardship Council," *Journal of Business Ethics*, Vol. 128, No. 3, 2015, pp. 469 – 493.

而是更广泛的利益相关者和责任群体,以应对社会和环境问题[1],强调参与者的重叠价值和共同的责任,企业被视为社会整体福利的推动者[2],甚至将企业社会责任延伸到利益相关者所能承受的范围内[3]。但随着现代企业在地理上日益扩大,其组织复杂性和企业利益相关者也随之增加,识别利益相关者并评估其在业务中的具体作用变得越来越复杂。由此带来的问题是,越来越多的利益相关者要求企业承担责任,这会进一步刺激不同的利益相关者依据自身的理解提出不同的企业社会责任价值主张。随着利益相关者的数量和多样性的扩张,企业及其他社会组织不断提出新的论点和策略来竞争和改造企业社会责任,提出不同甚至可能相互竞争的企业社会责任观点,这导致整个社会对企业社会责任难以达成一致性的目标。

实际上,越来越多的社会组织试图以相互竞争的方式为自己获取在话语意识形态结构中的主导地位,将自己、企业或其他行为体与某一议题联系起来,而不必对该议题的性质或解决问题所需的行动有统一的理解。例如,社会组织利用"可持续性"和"环境保护"等议题或概念来阐明符合自己偏好的与环境和发展问题相关的特定商业实践,主导者可以利用其来支持特定的政治立场,将议题或概念政治化,而不一定将负责任的企业社会责任实践行为作为首要目标。话语权被各种社会行为体有意识或无意识地利用,使某些立场合法化,并使其他人边缘化,实际上是在权力竞争中使用"企业社会责任"符号,以有利于自己的方式界定自己与其他社会行动者的差异。[4] 各种社会行为体不仅将企业社会责任的解释和实践作为技术机制和过程的外延,而且将其作为获得权力的载体和创造话语霸权的机会。

最后,在目前的企业社会责任中,多数只关注企业和社会的关系,或多或少地忽视了国家在企业社会责任中的作用。独立的社会组织越来越多

---

[1] Sébastien Mena, Guido Palazzo, "Input and Output Legitimacy of Multi-stakeholder Initiatives," *Business Ethics Quarterly*, 22, No. 3, 2012, pp. 527 – 556.

[2] Thomas Donaldson, Lee E. Preston, "The Stakeholder Theory of the Corporation: Concepts, Evidence, and Implications," *Academy of Management Review*, Vol. 20, No. 1, 1995, pp. 65 – 91.

[3] Andrew C Wicks, Adrian Keevil, Bobby Parmar, "Sustainable Business Development and Management Theories," *Business and Professional Ethics Journal*, Vol. 31, No. 3 – 4, 2012, pp. 375 – 398.

[4] Anna Zueva and Jenny Fairbrass, "Politicising Government Engagement with Corporate Social Responsibility: 'CSR' as an Empty Signifer," *Journal of Business Ethics*, Vol. 170, Iss. 4, May 2021, pp. 635 – 655.

地承担着产能合作治理的职能,在落实各国政府、政府间国际组织议程,拓展产能合作议题领域,以及影响国际舆论方面发挥着重要作用。[1] 在讨论企业社会责任时,更多是关注企业与社会的关系以及企业在社会中的角色与定位,认为国家无法应对日益复杂的经济和政治生活,留下监管空白。在发达国家,政府越来越多地通过私有化和市场自由化机制退出某些公共领域(如基础设施和医疗卫生),促进企业社会责任被视为政府引导商业活动、实现社会和环境目标的一种替代方法,可以帮助政府在"硬法"缺失、操作性差或受到抵制的领域实现其社会和环境目标。[2] 由于缺乏可执行的国际监管,发展中国家难以在制定全球游戏规则方面发挥主导作用。[3]

但在当前的资本主义话语中,实现经济效率比满足社会需求更为重要,许多受企业活动不利影响的社会团体根本不足以挑战这种根深蒂固的企业合法性观念。期望在制度体系薄弱的国家运营的企业自愿采取负责任的行为是不合逻辑的,因为企业选择在这样的地方运营的原因之一正是政府缺乏对不负责任行为的强制制止。因此,市场机制可能不足以确保负责任的行为,纯粹自愿的做法将无法确保企业履行负责任的行为。政府作为(或需要作为)"裁判员",其职责是监督管理企业采取负责任的行为,以制衡企业推卸"责任",避免商业利益劫持企业社会责任议程。在产能合作参与方多样化的情形下,私人治理只是解决合作中出现问题的一部分,只靠私人治理远远不能解决产能合作中实践企业社会责任出现的许多问题。私人监管不足以确保社会、劳动和环境标准的改善,为了实现这一目标,需要采取协调的公共和私人治理形式。在企业社会责任政策领域,国家是企业社会责任的主要推动者,国家对企业社会责任实践的形式和内容具有重大影响。

---

[1] Peter Lund-thomsen and Adam Lindgreen, "Corporate Social Responsibility in Global Value Chains: Where Are We Now and Where Are We Going?" *Journal of Business Ethics*, Vol. 123, No. 1, 2014, pp. 11–22.

[2] Anna Zueva and Jenny Fairbrass, "Politicising Government Engagement with Corporate Social Responsibility: 'CSR' as an Empty Signifer," *Journal of Business Ethics*, Vol. 170, No. 4, 2021, pp. 635–655.

[3] Subhabrata Bobby Banerjee, "Governing the Global Corporation: A Critical Perspective," *Business Ethics Quarterly*, Vol. 20, No. 2, 2010, pp. 265–274.

二 正确义利观理念对企业社会责任理念的超越

"一带一路"建设不仅需要利益共享,还需要价值共识。2013年10月,习近平总书记在中国周边外交工作座谈会上明确指出,处理对外关系要"找到利益的共同点和交汇点,坚持正确义利观"。① 在2014年年底,习近平总书记在中央外事工作会议上再次强调:"要坚持正确义利观,做到义利兼顾,要讲信义、重情义、扬正义、树道义。"② 2016年4月29日,习近平在中共中央政治局第31次集体学习时强调:"要坚持正确义利观,以义为先、义利并举,不急功近利,不搞短期行为。要统筹我国同沿线国家的共同利益和具有差异性的利益关切,寻找更多利益交汇点,调动沿线国家积极性。我国企业走出去既要重视投资利益,更要赢得好名声、好口碑,遵守驻在国法律,承担更多社会责任。"③

正确义利观将功利和道义有机地结合起来,主张正确认识和处理义利关系,超越狭隘功利主义和抽象道义论的局限,将义与利辩证地结合起来。"以义为先,弘义融利"突出了"义"的重要性,在国际合作中寻求道义和公平正义,坚持道义为先;"义利兼顾,义利共赢"强调了义利统一,将功利和道义有机地结合起来;"义重于利,公道正义",强调在义与利发生矛盾的情况下,坚持道义当先,不以利害义,必要时舍利取义。正确的义利观从人类命运共同体价值理念出发,为公平正义、合作共赢的新型国际产能合作提供了价值基础和道德基石。

首先,正确义利观有利于加快构建中国特色商业义利观,克服全球价值链中企业社会责任实践的治理赤字。在发达国家跨国企业主导的全球价值链中,企业自利是一切经济活动和行为的基础,企业把承担社会责任看作促进企业经济利益的有效的工具和手段,全球价值链中的主导企业出于维护自身竞争力和主导权的目的,往往限制发展中国家供应商转向高附加值生产的能力,从而剥夺了发展中国家获取更多价值的机会。有时全球价

---

① 习近平:《坚持亲、诚、惠、容的周边外交理念》,《习近平谈治国理政》(第一卷),外文出版社,2018,第299页。
② 习近平:《中国必须有自己特色的大国外交》,《习近平谈治国理政》(第二卷),外文出版社,2017,第443页。
③ 习近平:《推进"一带一路"建设,努力拓展改革发展新空间》,《习近平谈治国理政》(第二卷),外文出版社,2017,第501页。

值链中的主导企业过度强调履行高标准社会责任,借以削弱发展中国家在国际贸易中依赖低劳动成本带来的竞争力,主导企业履行社会责任实践明显增加了供应商的成本,直接导致了同一价值链内社会性升级结果的分化。全球供应链中的企业社会责任治理并不是一个简单的"利润与社会"的故事,传统的企业社会责任工具往往无法产生预期的结果,也无法在众多全球价值链参与者中获得合法性,[①] 在西方主导经济全球化的背景下,南北发展严重失衡,解决"发展赤字"带来的发展问题成为各国的根本利益所在,跨国公司的利润导向需要与向其他参与者提供价值和谐互补。

"一带一路"建设聚焦发展问题,旨在同共建国家分享中国发展机遇,实现共同繁荣,契合各国迫切需要。"一带一路"倡议提倡"授人以鱼不如授人以渔",重视推动共建国家经济发展自生能力的提升。能力建设导向对共建国家来说非常重要,共建"一带一路"为世界经济增长开辟了新空间。通过培养能力,发展中国家可避免陷入"中等收入陷阱"和"低收入陷阱",对经济增长产生持久的推动作用。[②] 正确义利观强调企业追求"利"的行为必须受"义"的约束,做到先义后利;提高了价值链中参与者的合作倾向和能力,有利于在利益相关者之间建立合理的责任结构,避免价值链中企业的"脱钩"(decoupling)或"选择性耦合"(selective coupling)。全球价值链中企业之间的耦合强度决定了企业在跨国治理中自我调节的能力,企业之间的共同价值反映了企业在创造价值方面的共同利益。正确义利观倡导的共同价值超越了单纯的自利或效用最大化,目标是构建利益共同体;共同责任产生于企业自愿选择参与的共享过程,激励企业在关系网络中建立各种合作方式,在公平规范的范围内运作,从参与中获得利益。

其次,正确义利观有利于塑造合理化的政府、企业、社会关系,克服企业社会责任治理中政治、经济和社会领域的严格分离。在当前企业和非企业参与者争相界定企业社会责任的含义和范围的背景下,公共和私人治理是否或如何能够形成一个互补的体系,关键在于企业、社会、国家是否能实现协同治理(collaborative governance)。在全球化时代严格分离社会的

[①] Patrick M. Erwin, "Corporate Codes of Conduct: The Effects of Code Content and Quality on Ethical Performance," *Journal of Business Ethics*, Vol. 99, No. 4, 2011, pp. 535-548.
[②] 李晓华:《能力建设导向的包容性国际产能合作》,《经济与管理研究》2019年第5期。

私人和公共领域可能是不成立的。① 企业和社会利益相关者共同合作,化解企业经营活动的负面影响(如东道国社区和采矿公司之间的冲突),即使在没有合同、制裁和正式授权的情况下,也能促使企业履行关键企业社会责任职责。② 特别是采掘业等劳动密集型、事故发生率高的行业,推行绿色企业社会责任,可以解决生产过程中的废物排放和污染等问题,并确保资源的有效利用,提高东道国的环境可持续性和社会福利。在"一带一路"产能合作实践中,中国企业在"走出去"和"引进来"的过程中不断合理化企业的价值诉求,按照正确义利观的指引,搭建"共享、共商、共建"的价值分配结构,能够改善东道国社会对企业的认知和评价,提高了社会对企业的形象、声誉、影响力的认知水平,从而利于其国际化行动,也减少了供应商的机会主义行为。

在企业实践义利观的动力来源中,除了企业之外还包括其他利益相关者,如非政府组织、企业协会、标准制定机构、国际政府间组织、认证机构、工会、媒体等。在国际产能合作中,正确的义利观要求企业在追求自身利益时兼顾其他相关者的合理关切,不断扩大共同利益汇合点,把自身利益和国家、社会利益有机地结合起来。正确义利观超越了"义"与"利"的简单对立,强调平等基础上的利益交汇和共同参与中的利益分享。在正确的义利观中,"义"和"利"本质上是合一的,因为实践企业社会责任是自愿和协作的(软法)原则,与硬法法规一起促进产能合作和东道国的可持续发展,合理的市场需求本来就是要符合社会公共利益的。正确义利观承认商业企业的经济价值偏好,尊重企业运行的商业逻辑和市场逻辑,不要求以道德伦理代替企业的经济价值偏好,也不用以社会逻辑替代商业逻辑和市场逻辑;而是承认企业与社会之间存在"双赢"的可能,从根本上激励企业内生出参与解决社会问题的动力,促使企业超越被动性、工具理性的企业社会责任实践,这一转变将对当前企业社会责任的工具性方法带来重大变革。

最后,正确义利观关注国家在构建企业社会责任过程中的积极作用,有利于在企业与公共利益之间形成共赢关系。企业与国家的关系对企业运

---

① Frederick W. Mayer and Nicola Phillips, "Outsourcing Governance: States and the Politics of a 'Global Value Chain World'," *New Political Economy*, Vol. 22, No. 2, 2017, pp. 134 – 152.

② Andreas Rasche, "Global Policies and Local Practice: Loose and Tight Couplings in Multistakeholder Initiatives," *Business Ethics Quarterly*, Vol. 22, No. 4, 2012, pp. 679 – 708.

营至关重要,国家在实现企业社会责任目标中发挥关键作用,并不局限于正式规则和硬性法律,也不仅仅是传统的、层级意义上的政府监管。政府参与企业社会责任构建和治理,在很大程度上发生在超越监管或立法命令的网络中,利用了许多与全球治理和民事监管相关的"软法"治理模式。国家要在促进企业履行社会责任方面发挥积极作用,实现企业的"私利"与社会的"公利"的统一,规范企业在法律规范之内追求自己的"私利",促进国家、社会"公利"的实现。在企业-企业社会责任-国家关系网络中,作为社会成员的企业有责任为改善社会条件做出积极贡献,从而有助于获得政治认可和国家支持。当然,强调国家在国际产能合作中的重要性,并不是主张放弃有益的私人治理,更不是回到传统的国家主义模式,而是强调实践正确义利观应注重发挥或调整国家的作用,以谋求更公平和可持续的发展。

正确义利观承认义与利是现代市场经济社会中企业不可回避的问题,它将企业层面的目标(重视投资收益)与国家层面的目标(赢得好名声、好口碑)有机结合起来。这一理念将"义"的思想从道德领域引入经济领域,超越了新自由主义的政治理论,用更广泛的政治、经济、社会理论来评估企业在社会中的角色,通过企业与政府、社会部门合作解决问题。正确义利观既强调企业正当利益的实现,又突出企业的政治责任维度、国家战略导向;既倡导经济发展中的广泛合作、互利共赢,又保持对民族国家核心利益的真实关切,在"经济责任"、"政治责任"与"社会责任"之间寻求动态平衡,并以此来引领国际社会的合作发展。在正确义利观导向下,既不是见利忘义,也不是单纯地强调以义制利,而是倡导企业要见利思义、义利兼顾,更是强调在不损害社会利益和国家利益的前提下弘义融利、义以生利,这是一种更加积极的义利观。

总之,企业社会责任的发展演化历程表明,工具理性企业社会责任重利轻义的狭隘功利论,以自我利益为本的利己主义,割裂企业、国家、社会的思维,无法正确认识当今世界格局中的义利关系,也无法为建构健康有序的当代国际关系伦理做出进一步的贡献。正确义利观提倡政府、企业与社会尊重与优化各自运作规律,通过平等互动释放各自积极价值创造潜能,既是对人类命运共同体理念的丰富和践行,也是推动实现构建人类命运共同体的价值追求,对解决企业社会责任由市场自发治理、政府主导型治理和社会监督调节型治理碎片化所带来的问题具有重要意义。

第三节 产能合作中正确义利观的治理

把义利观这一理念落实到国际经济合作实践中，使之具有可操作性，既需要全面把握义利观在产能合作下的具体表现形式，又需要探索符合正确义利观理念的治理结构与运行机制，让更多的国家认同中国的和平发展道路，从而提高中国的"软实力"。[①] 在"一带一路"产能合作中，企业实践企业社会责任的模式可分为主动实践和被动（或强制）实践；在考虑政府发挥引导、监管、协调作用的基础上，笔者提出三种互补的正确义利观指导下的企业社会责任治理形式：便利型治理、监管型治理和分配型治理。

一 便利型治理

在"一带一路"产能合作中，企业是主要参与者，因此基于市场原则（平等交换）的经济合作仍是国际产能合作的主要类型。在产能合作中，带动力强、国际市场需求强烈的中国企业经过技术改造升级，进行"一带一路"布局和先进产能转移，积极寻找与共建国家产业合作契合点，通过发挥比较优势形成自生能力，帮助共建国家实现产业、经济的可持续发展。在市场经营管理活动中，中国跨国企业以自愿的方式参与合作，寻求利用商业资源来补充服务国家；《中央企业海外社会责任蓝皮书（2019）》显示，83%的央企向海外经营相关方提供技术咨询服务及人员交流，84%的央企对海外员工进行内部"帮传带"培训，82%的央企积极投身当地社区文化建设。[②] 在企业主导主动践行正确义利观引导的企业社会责任过程中，企业不仅多维度构建企业海外品牌形象，获得了提升自身生产力并扩大市场的机会，而且为东道国企业和当地社会创造共享价值，树立良好国家形象和企业形象，提高了自身的合法性。

以正确义利观理念指引企业社会责任实践，不仅决定了"一带一路"建设的合法性，而且决定了它发展的可持续性，成为中国跨国企业健康发

[①] 李向阳：《"一带一路"建设中的义利观》，《世界经济与政治》2017年第9期，第4~14页。
[②] 《〈中央企业海外社会责任蓝皮书（2019）〉在京发布》，国务院国有资产管理监督委员会网站，2019年12月20日，http://www.sasac.gov.cn/n2588020/n2877938/n2879597/n30275940/c13209827/content.html。

第一章 "一带一路"框架下的国际产能合作：正确义利观的视角

展的关键支撑。在企业能够主动实践正确义利观的情形下，政府对"一带一路"产能合作中的正确义利观实践可采用便利型治理，促进企业、国家与社会形成良性互动。便利型治理的目标不是参与或推动更广泛的企业社会责任议程，也不是强迫企业承担社会责任，而是通过经济激励帮助企业解决面临的具体和紧迫的社会问题。政府参与各种规则制定以影响和引导企业对企业社会责任的观点和实践，政府参与并不破坏企业形式上的独特性和自主性。政府的行为不在于决定企业应该如何行动，而在于构建企业可能的行动领域，以塑造企业的经济和社会行为；政府可以利用主导企业的权力来规范供应商的行为，[1] 激励措施不仅关注企业履行社会义务，而且重视企业自身利益。

由于可能缺乏必要的资源、专业知识和社会合法性或权力，企业无法有效地制定和执行自愿的企业社会责任计划，可能没有能力解决整个国家广泛的系统性问题或发展需要，因此需要政府的帮助或介入。近年来，不断扩展的企业社会责任概念，使国际社会的关注点已经从单个生产商延伸到整个供应链，一些议题也扩展到广泛的社会领域，让参与产能合作的中国企业很难跟上节奏。由于部分中国企业在进入共建国家市场时对于当地文化、利益群体以及社区诉求缺乏了解，在"一带一路"产能合作中企业社会责任实践存在供需"错位"问题，在很大程度上影响了中国企业实践企业社会责任的绩效。据调查，在制约中央企业海外履责的因素中，有67%的企业认为是缺少海外履责理论指导和实践支持，75%的中央企业认为是缺乏专业组织与人才服务，43%的中央企业认为在环境和社会问题上考核机制不健全，38%的中央企业海外分支机构尚未建立社会责任相关体系。[2] 政府在促进企业履行社会责任方面可以发挥积极作用，如建立信息门户、提供技术援助和组织专业网络，提供针对中小企业的信息和培训方案，帮助资源有限的中小企业管理供应链中的社会和环境挑战；建立独立的论坛，将政府、企业和社会聚集在一起解决相关企业社会责任问题，满足社会的需求和期望。

如何激励企业在产能合作中更加主动积极地履行企业社会责任，是在

---

[1] Sandra Polaski, "Combining Global and Local Forces: The Case of Labor Rights in Cambodia," *World Development*, Vol. 34, No. 5, 2006, pp. 919 – 932.
[2] 《海外履行社会责任，央企是这么干的》，中国一带一路网，2019 年 12 月 24 日，https://baijiahao.baidu.com/s?id=1653774178366302098&wfr=spider&for=pc。

"一带一路"产能合作中实践正确义利观的关键。在国家层面则可对企业提供一些便利条件和激励措施。一些研究发现政府补贴对企业履行社会责任能够起正向调节作用，[①] 企业接受政府补贴后，会面临政治成本上升的压力，从而可能做出更多回报社会的善意举措。政府利用补助政策这一互惠措施适当干预企业履行社会责任的行为，能够提升企业履行社会责任的水平。[②] 因此，便利型治理的政策重点首先是为激励企业进一步履行企业社会责任创造有利环境，在市场环境下协调促进正确义利观实践；对产生良好社会效果，但承担高企业社会责任标准的企业，政府可以出台相关政策降低企业的经营成本，给予一定的财政、税收、优惠政策等扶持，对承担战略任务和促进公共利益项目的企业，政府需要引导企业服务于国家战略目标和提升公共福祉。

政府利用积极的激励手段，针对国有企业、具有较大影响力的企业，要求其披露在"一带一路"共建国家的企业社会责任的政策、行动方案说明以及企业社会责任实践成果。政府可将企业面临的政治风险高低作为是否给予政府补贴以及补贴力度的重要依据，通过金融手段（开发性金融）、财政手段（税收优惠、转移支付）引导企业的投资方向并承担一部分政府职能（多予少取、只予不取），甚至通过行政手段（组织项目、会谈交流）影响企业的预期和行为。通过构建相对稳定的制度安排，引导企业在参与"一带一路"建设过程中把企业的目标与国家的目标有机结合起来，通过外交手段（政府间的合作协定）规范企业的跨国行为。便利型治理所带来的包容性、凝聚力和多样性，有助于实现企业、社会和国家多赢的局面：企业获得竞争优势、树立良好的社会形象、提升品牌价值以及增强内部凝聚力；同时，社会的整体福祉得到增进，国家则因社会的和谐稳定与企业的繁荣发展而受益，形成了企业、社会与国家共同进步、互利共赢的良好局面。

二 监管型治理

在"一带一路"产能合作中实践正确义利观、履行企业社会责任，对

---

① 陈晓珊：《政府补助与民营企业社会责任》，《财贸研究》2021年第1期。
② 赵天骄、肖翔、张冰石：《利益相关者网络特征与民营企业社会责任绩效》，《管理学报》2019年第3期，第397~407页。

第一章 "一带一路"框架下的国际产能合作：正确义利观的视角

部分还处于起步阶段的"走出去"中国企业来说，是一个全新的问题。参与产能合作的中国企业面临不同经济制度，在不同国家的运营可能面临不同的本土挑战，[1] 导致企业履行企业社会责任成本加大；加上部分企业缺乏正确义利观意识等因素，导致其在履行企业社会责任上仍缺乏积极性和可行性。特别是一些企业基于市场逻辑导向，在产能合作中没有践行包容性和可持续的发展模式，为节约成本采取的排污不达标、劳动合同履约不健全等社会责任缺失行为，给其他利益相关者造成了伤害。在"一带一路"产能合作中，企业会面临当地社会组织或国际组织施加的履行企业社会责任的压力，但只有私人治理可能不足以确保社会、劳工和环境标准的改善，其标准或行为守则可能只对一些特定领域（如健康、安全等）的合规性有重大影响，而对其他领域没有显著影响，这需要政府采取行动来促进和塑造企业行为。[2]

在产能合作的监管型治理模式中，政府能够在较多的领域发挥作用，对企业进行指导或监管，帮助企业应对产能合作中的社会和环境挑战，引导企业践行正确义利观、履行企业社会责任，满足政府、行业和非政府组织的需求和期望。国家层面推动构建公司治理、商业法规、企业文化体系，形成履行企业社会责任、实践正确义利观的制度环境，通过国内母公司对共建国家的子公司施加影响，提高中国企业在共建国家实践正确义利观的意识，将当前的实践正确义利观活动转化为未来市场机遇、创新和竞争优势。通过政府间的合作，提高中国企业与共建国家企业的合作倾向和能力，提高中国企业的本地化经营水平，与当地利益相关者之间建立责任结构，促使企业主动寻求维护其在合作体系中的作用。

相关政府部门为企业制定或提供参与企业社会责任的指南或指导方针，加强对企业正确义利观的培训，引导企业履行企业社会责任。制定企业社会责任指南，为那些希望制定自己的准则或确保遵守某些行为准则的企业提供方便，使它们更容易地了解作为企业所应遵守的规则、条例和国

---

[1] Luciano Barin Cruz and Dirk Michael Boehe, "How Do Leading Retail MNCs Leverage CSR Globally? Insights from Brazil," *Journal of Business Ethics*, Vol. 91, No. S2, 2010, pp. 243–263.

[2] Tim Bartley, "Institutional Emergence in an Era of Globalization: The Rise of Transnational Private Regulation of Labor and Environmental Standards," *American Journal of Sociology*, Vol. 113, No. 2, 2007, pp. 297–351.

际指令。① 例如,2014年9月修订的《境外投资管理办法》增加了第20条有关社会责任的规定,敦促境外企业重视在东道国的环境保护,树立环境保护意识,履行环境保护责任,以及履行对股东、员工、竞争者、社会等所有利益相关者所承担的责任,这反映了中国监管部门希望引导企业积极主动实践正确义利观、履行企业社会责任的价值取向。此外,还可依托行业协会、媒体和其他社会组织,加强对企业家正确义利观思想的培育,开展企业社会责任管理体系和信息披露培训;相关政府部门可以牵头组建专家学者团队为企业提供专业咨询,开展实践正确义利观专项培训和调研活动,诊断实践正确义利观履责问题并提供管理与实践建议。

建立中国企业在共建国家履行企业社会责任、实践正确义利观的监控体系。构筑和完善保障安全生产、消费者权益、环境保护等方面的监督框架体系,把企业社会责任问题纳入法制化、规范化的管理体系之中,加强监管压力,强化企业的守法行为。对于强制性较高的社会责任,如法律责任和经济责任,应建立健全严格有效全方位的监督机制,通过行政手段的强力干预,减少企业的失责行为②;对于强制性较低的社会责任,如慈善责任等,政府主要采用税收减免、融资信贷等激励政策引导企业积极承担。充分发挥媒体、网络、社团等的监督作用,在全球范围内学习不同的经验,能够更好地实现监管目标。③ 形成多层次、多方位的全面监督体系,构建促进企业履行社会责任的生态。对企业实践正确义利观的效果进行监督和评估;将央企实践正确义利观绩效纳入对外投资管理体制,提高央企在共建国家投资的"基准"和"门槛";要求在共建国家影响力大的企业发布正确义利观实践报告,加强企业披露实践正确义利观管理和状况的主动性与时效性。

加强宣传,使积极履行企业社会责任、实践正确义利观成为共建国家企业产能合作的内生价值取向。鼓励共建国家产能合作企业制订履行企业社会责任、实践正确义利观的计划,对秉持正确义利观理念的企业和企业家加强

---

① N. Andrews, "Challenges of Corporate Social Responsibility (CSR) in Domestic Settings: An Exploration of Mining Regulation vis-à-vis CSR in Ghana," *Resources Policy*, Vol. 47, 2016, pp. 9 – 17.
② 王书柏、马力:《共同体视角下民营企业履行社会责任的机制研究》,《重庆社会科学》2021年第6期,第117~123页。
③ Paul Verbruggen, "Gorillas in the Closet? Public and Private Actors in the Enforcement of Transnational Private Regulation," *Regulation and Governance*, Vol. 7, No. 4, 2013, pp. 512 – 532.

宣传和奖励，通过示范效应使更多的企业意识到积极履行企业社会责任、实践正确义利观的必要性。正确义利观在客观上对企业披露社会责任信息施加了舆论压力，在政府、媒体和社会组织的共同作用下，提升企业对企业社会责任的关注和响应，让企业用更高的标准与规范主动约束自己的行为。[1] 鼓励企业积极与媒体交往，以树立更好履行企业社会责任的形象。[2] 以政府指导的方式建立统一的企业社会责任认证和信息披露平台，真实、及时地披露企业社会责任典型事件和失责行为，加大对企业见利忘义行为的监管力度和处罚力度，实现企业实践正确义利观的方式由借助道德自觉逐渐转化为基于理性履行社会责任，在规则制度的约束下获取自身经济利益。

三　分配型治理

随着中国海外利益的拓展以及"一带一路"建设步伐的加快，国际上出现了一些批评中国跨国企业只注重追求经济利益、忽视社会责任的声音。一方面，这些批评与中国部分企业海外经营经验不足、管理体制相对落后有关，[3] 但另一方面也与某些西方国家对于中国的迅速发展及世界影响力的扩大怀有敌意有关。与西方发达国家的跨国公司主要依靠品牌、服务和技术创新在全球运作不同，目前"一带一路""走出去"企业还有一部分是从事生产制造、粗加工、基础设施建设和资源开发业务的企业。特别是在一些国家和地区，中国企业对不同产业部门的投资存在严重失衡问题，较多的中国企业投资聚焦于当地的矿产资源开采，招致了一些国家及当地民众的质疑，有时甚至被误解为"新殖民主义""自然资源掠夺者"等。劳工的待遇与权利、环境保护和社区群体的权益等是当前全球社会责任运动较关注的主题，一些中国企业属于高风险、高污染、事故频发行业，容易成为媒体关注的焦点；特别是某些竞争对手的恶意宣传与抹黑，将企业的社会责任泛政治化并与国家意识形态相联系，影响了正确义利观实践的社会效应。

---

[1] 邹萍：《儒家文化能促进企业社会责任信息披露吗？》，《经济管理》2020年第12期，第76~93页。
[2] Ayokunle Olubunmi Olanipekun, Olalekan Shamsideen Oshodi, Amos Darko and Temitope Omotayo, "The State of Corporate Social Responsibility Practice in the Construction Sector," *Smart and Sustainable Built Environment*, Vol. 9, No. 2, 2020, pp. 91–111.
[3] 马骊：《企业社会责任与跨国公司政治风险管控》，《外交评论》2019年第4期。

企业社会责任从来没有脱离政治环境，政府为企业社会责任提供激励措施或施加压力，并根据当地政治价值观赋予企业政治合法性。[①] 在国家层面，政府有时会将推动或协调企业社会责任作为实现企业竞争力的一种手段，以帮助本国经济增长和发展。政府在很大程度上被视为以社会和/或商业为导向的行动者，而不被视为具有自身利益的政治参与者，但政府参与企业社会责任的动机也需要像商业行为体的动机一样受到严格审查，政府参与"企业社会责任"不仅是为了实现特定的技术目标（如减少环境污染），其主要动机和目标可能是满足自身的需求——选民、企业界和整个经济，也可能是争取政治合法性和与其他社会行动者进行竞争的一部分，以保持自己的地位及成功连任。共建国家对于企业社会责任履行的方式及最终目标往往与我国企业存在一定的差异，一些共建国家由于长期受到西方发达国家的影响以及国际组织的长期援助和政治影响，往往（被动）选择某些较高标准的国际规范和指南作为其落实企业社会责任的依据，而这些标准并没有考虑到当地的实际发展条件、社会背景和现实需求，加上宗教、传统等直接影响了各国对企业社会责任的理解与认知，给中国企业在共建国家实践正确义利观增加了额外的困难与障碍。

部分发达国家及非政府组织制定所谓的高企业社会责任标准，在市场逻辑主导下演变为保护自己竞争优势的工具，内嵌了一系列身份歧视、偏见等（如对国有企业），其目的就是削弱竞争对手的市场竞争力。[②] 其打造的企业社会责任相应地提高了共建国家与民众对企业社会责任的期望，在东道国承担某些社会职能的能力较弱的情况下，跨国企业几乎被认为是类似于国家的行为者或"准政府"行为者，因为它们不仅具有塑造司法条件的能力，而且实际上承担了在全球经济中的管理角色。[③] 这实际上是盲目追求企业的社会价值，赋予了企业过度的社会元素，但这种无限扩展的社会期望最终能否实现取决于企业自身的资源与能力，特别是企业的盈利能力

[①] Meng Zhao, "CSR-Based Political Legitimacy Strategy: Managing the State by Doing Good in China and Russia," *Journal of Business Ethics*, Vol. 111, No. 4, 2012, pp. 439 – 460.

[②] 仰海锐、皮建才:《企业社会责任标准差异下我国企业"走出去"策略分析》,《西安交通大学学报》（社会科学版）2020 年第 1 期。

[③] Andreas Scherer and Guido Palazzo, "Toward a Political Conception of Corporate Social Responsibility: Business and Society Seen from a Habermasian Perspective," *Academy of Management Review*, Vol. 32, No. 4, 2007, pp. 96 – 120.

和利润水平。① 而一般的企业社会责任实践往往给社会公众带来极大的心理落差,并加剧公众对企业社会责任的质疑,导致企业社会压力不断加大,最终难以实现综合价值创造的可持续性。②

正确义利观实践基于可持续发展的理念,其中也包括了企业自身的可持续发展能力。尽管社会对企业的期望是多层次的、变动的、不断扩展的,在产能合作中实践正确义利观的分配型治理中,正确义利观不是强迫企业承担过度的"企业办社会"职能或企业"为政府买单",而是通过适当调整政府、企业、社会的分工,解决企业行为脱嵌于政府、社会监管之外的问题,纠正企业的原子化倾向,使企业在追求自身利益与社会利益共同增加的同时,最终形成企业、政府与社会螺旋上升式的共同演化。如果企业不顾自身经济利益和生存发展,过度承担社会责任,将会影响企业的市场竞争力,最终会被太多的责任拖累,从而被市场淘汰。③ 中国政府和企业需要因地制宜,在紧密结合共建国家社会需求、经济特点及发展阶段的国别特征基础上,参考国际惯例、指南与规范,指导企业根据自己的发展能力分别践行不同义务水平的正确义利观。那些盈利能力弱,但已合规经营的企业,在面对部分国家、国际组织制定的过分苛刻或明显不合理的企业社会责任标准时,不能一味地迎合,而是需要积极沟通并根据自身的能力履行力所能及的社会责任,保障企业的合法利益。

总之,在正确义利观实践中,便利型治理、监管型治理和分配型治理的背景大不相同。国家政策对培育企业正确义利观产生重大影响,便利型和监管型治理主要通过制定和实施国家政策来实现,特别是在国家有能力通过监管约束企业,并通过便利措施提供政策优惠的情况下,这类政策能够发挥积极的作用。这些政策在国际产能合作背景下,包括经济范围内的"横向"政策、行业特定的"选择性"或"纵向"政策,以及以促进产能合作为导向的政策,通过这些政策促进或限制企业的活动,达到履行正确义利观的目的。分配型治理涉及分配结果,重在限制和减轻市场、社会导致的不公平。

---

① 张世明:《义利之和:企业社会责任与并购》,《政法论丛》2019 年第 4 期。
② 肖红军、阳镇、商慧辰:《从理想主义到合意性:企业社会责任多重悖论的破解》,《财贸研究》2021 年第 5 期。
③ 靳小翠、郑宝红:《国有企业董事长的自恋性与企业社会责任研究》,《管理评论》2020 年第 10 期,第 229~244 页。

第四节 结语

"一带一路"建设聚焦发展这个根本利益问题，通过开展产能合作让各共建国家分享中国的发展机遇。由于"一带一路"共建国家在政治制度、文化、宗教信仰等方面的差异，以及大国博弈、地缘政治竞争和意识形态差异等因素的影响，一些共建国家对"一带一路"产能合作存在认知赤字、误读误判，阻碍了一些"一带一路"产能合作项目的推进。当前"一带一路"下的国际产能合作较多依靠政府间合作机制来推动企业承担项目，尤其是基于国家间良好的政治及经贸关系。正确义利观实践意味着政府、企业、社会组织和公众等所有主体针对产能合作过程中出现的公共问题进行持续的互动，这是一个多元主体互动协商的过程，其实践效果有赖于政府、企业和社会的合力与协同。以正确义利观为原则开展"一带一路"产能合作，强调义利统一、义利并重和先义后利、以义制利等，既顺应时代发展潮流，规范企业在产能合作中的行为和价值取向，也为建构新型国际产能合作提供了价值基础和伦理指南。

正确义利观独具中国特色、中国智慧，其在国际社会的扩散将是一个长期而曲折的过程。在科学认识和把握义利关系的基础上实践正确义利观，能够在道义上为世界树立标准和典范，为国家聚拢软实力，对中国在新时期推进高质量"一带一路"建设也具有重要意义。让正确义利观成为世界共识，成为构建人类命运共同体的重要抓手和价值追求，要求中国企业、政府在参与产能合作过程中切实做到义利兼顾、实现义利统一；"走出去"企业要身体力行，减少失责事件的发生，充分发挥率先垂范作用，塑造国家良好形象。因此，要在"一带一路"建设中围绕正确义利观凝聚价值共识，既要把正确义利观的精神要义融于各大工程、项目的产能合作执行过程中，让共建国人民能够有实实在在的获得感，也要将其融入贯彻到"民心相通"工作中，增进共建国人民对正确义利观的认同与共识，从而为"一带一路"建设夯实民意基础。

第二章 "一带一路"框架下的发展合作：
机制供给的视角

沈铭辉 沈 陈[*]

第二次世界大战以后，美国主导的布雷顿森林体系将恢复经济和国际发展作为主要目标之一，构建了国际货币基金组织、世界银行、关贸总协定等国际机制。在此过程中，国际发展合作逐步得以发展，合作参与方呈现多元化特征，大体包括：一是多边金融机构，包括世界银行和其他区域、跨区域开发银行；二是从事发展合作项目的政府间国际组织和非政府国际组织，例如联合国开发计划署、联合国粮食及农业组织、国际劳工组织、世界贸易组织、世界卫生组织、联合国儿童基金会等；三是经合组织发展援助委员会（DAC）24个成员国的官方发展援助机构，DAC体系的官方发展援助包含无偿援助、准无偿援助、双边贷款和向多边机构的赠款等，其中赠款至少占援助总额的25%；四是尚未加入DAC的国家，其中既有发达国家，也有中国、俄罗斯、沙特、土耳其等新兴经济体。

从合作方式上看，传统国际发展合作是指发达国家或国际组织向发展中国家提供援助，属于自上而下的"垂直范式"，多边金融机构、国际组织、DAC和非DAC发达国家的发展合作基本属于这一类型。新型发展合作则产生于发展中国家和新兴经济体之间，表现出与"垂直范式"截然不同的新型范式，即更多地体现出南南合作框架下基于"互助团结""共同发

---

[*] 沈铭辉，中国社会科学院亚太与全球战略研究院研究员，主要研究领域：区域经济一体化、FTA、国际贸易政策。沈陈，中国社会科学院世界经济与政治研究所副研究员，主要研究领域：国际政治经济学、全球治理、南南合作。

展""不干涉内政原则"的"水平范式"特征。① 新型发展合作致力于增强发展中国家的自主发展能力,涉及贸易、投资、基础设施建设等广泛内容,而援助只是其中的一小部分。从中国实践来看,新型国际发展合作可定义为促进双方共同发展、互利共赢和推动南南合作,以无偿援助、无息贷款和优惠贷款等方式向发展中国家或多边机构提供资金、设施、物资和人员支持。② 但是,目前中国的发展合作既未实现高比例的赠予和援助,又不完全类似基于商业规则的企业对外投资。

新型发展合作的兴起主要有两个原因。一是已经实施了70余年的传统发展合作或者说发展援助未能有效减少全球贫困人口,无偿援助和减免债务并未有效提升落后国家自主解决贫困问题的能力。二是改革开放以来,中国已经使8亿多人摆脱了贫困。按照世界银行的基准衡量,中国贫困率从1981年的90%降至2018年的1.7%,中国对全球减贫事业的贡献率超过70%。2016年,"非洲晴雨表"发布有关非洲人如何看待中国影响力的调查,调查结果显示中国发展模式的受欢迎程度为24%,大约2/3的非洲人认为中国的影响力是"多少是积极的"或"非常积极的"。③ 在此背景下,"一带一路"建设得到了广大发展中国家的积极支持和踊跃参加。

在机制化程度上,新型发展合作与传统发展合作存在明显差别。发达国家构建了一系列与发展相关的国际组织、法律和规则,例如世界银行、DAC等。由于起步较晚,"一带一路"和其他新兴经济体主导的发展合作的机制化程度较低。④ 随着中国等新兴经济体逐渐在国际发展议程中占据重要地位,某些发达国家对"一带一路"发展合作的批评和质疑也在增加,例

---

① 庞珣:《新兴援助国的"兴"与"新"——垂直范式与水平范式的实证比较研究》,《世界经济与政治》2013年第5期,第31~54页。
② 史育龙、卢伟、滕飞、孙伟:《支撑"一带一路"建设的我国对外援助和开发合作体系》,《中国软科学》2018年第1期,第2页。
③ 《中国在非洲获得正面评价 2/3 非洲人积极评价中国影响力》,环球网,2016年10月26日,https://world.huanqiu.com/article/9CaKrnJYhnZ。
④ 约翰·鲁杰(John Ruggie)首先提出国际机制的概念,用以指代一部分国家所接受的一系列相互期望、原则和规定、计划、组织能量和财政义务。斯蒂芬·克拉斯纳(Stephen Krasner)的定义是特定国际关系领域的一整套明示或暗示的原则、规范、规则和决策程序。笔者在此基础上扩大国际机制的内涵,将推动国际合作的组织协会、成文规则、指导性原则、不成文规定等都视为机制化的表现形式。参见 John Gerard Ruggie, "International Responses to Technology: Concepts and Trends," *International Organization*, Vol. 29, No. 3, 1975, p. 570; Stephen Krasner, "Structural Cause and Regime Consequences: Regimes as Intervening Variables," *International Organization*, Vol. 36, No. 2, 1982, p. 186。

如顶层设计不足、现实操作层面的无序等。这些批评很多是污蔑抹黑，有些则反映了"一带一路"发展合作在机制建设方面的不足，易遭受外界质疑和攻讦，不利于达成"高标准""可持续"的合作目标。[①]

"一带一路"合作伙伴众多，特别是在经济社会发展相对落后的国家和地区，东道国不同的国情往往给发展合作带来不确定性。面对这些风险与挑战，中国与"一带一路"共建国家加强风险防控和安全政策对接刻不容缓。"一带一路"发展合作有必要进一步打造发展合作示范项目，提供务实高效的合作平台，促进共建国家可持续发展。

第一节　国际发展合作回顾

关于传统国际发展合作的研究由来已久，在机制研究方面大体可分为国内机制改革和国家间机制互动两个方面。近年来，随着新兴经济体的群体性崛起，特别是"一带一路"倡议提出以后，国际发展合作机制研究更加丰富。

一　国际发展合作中的机制研究

学界关于一国经济发展与该国内部机制关系的研究不少，从国际发展角度探究这一关系则兴起于20世纪60年代。例如现代化理论主张向发展中国家提供政治和经济援助。[②] 随着反殖民运动的发展，更多发展中国家获得政治独立，催生了依附理论、世界体系理论等批判理论。批判理论不仅反对模仿发达国家的机制体制，而且主张发展中国家在经济上与发达国家"脱钩"，实行进口替代战略。[③] 20世纪80年代以后，一些采取"进口替代战略"的发展中国家开始陷入困境，发达国家主导的国际金融机构趁机提出所谓的"华盛顿共识"，鼓吹政府减少管制，实现资源的有效配置。[④] 与此同时，另一种以东亚发展经验为基础的理论则指出，发展中国家需要政府有意识地扶植某些战略产业，实行出口导向战略，以提升国际竞争力和

[①] 武芳：《推进"一带一路"高质量发展的若干思考》，《中国远洋海运》2020年第2期，第58~59页。

[②] Walt Whitman Rostow, *The Stages of Economic Growth*, Cambridge University Press, 1962.

[③] 〔德〕安德烈·冈德·弗兰克：《依附性积累与不发达》，高铦译，译林出版社，1999。

[④] John Williamson, "A Short History of The Washington Consensus," in Narcis Serra and Joseph E. Stiglitz, eds, *The Washington Consensus Reconsidered: Towards a New Global Governance*, Oxford University Press, 2008, pp. 14-30.

实现经济赶超。[1]

上述理论各自在当时具有一定的合理性，但同时也能找出诸多反例。上述理论的意义在于强调了发展中国家机制建设的重要性，即在提升发展中国家的交通、水利和电力等硬件设施的同时，还需关注金融、贸易等软件机制的建设。在政治经济环境不佳的情况下，发展合作很可能变成沉没成本，不仅无法促进发展中国家的经济增长，甚至还会阻碍其经济改革，延续效率不佳的机制体制。在机制体制方面向发展中国家提供援助，使其能够自主吸引发展所需要的人力、财力和物力，无疑是一种低成本的发展合作模式。[2] 值得注意的是，尽管上述理论对"良治"（good governance）概念的理解存在很大差别，但都承认发展中国家的机制建设与经济效率之间存在正相关关系。发展合作的机制建设有利于打破发展瓶颈，降低广义贸易成本，推进境外产业园区建设，实现生产-消费的完整循环。[3] 通过进一步开放国内国际市场，东道国能够更容易地融入地区产业链，从而实现自主发展。

受援国国内的机制变革并非仅限于南北合作，在南南合作中同样如此。一般来说，发达援助国往往在援助中附加政治条件，强调援助过程的规范性和有效性，属于过程驱动型的援助模式。新兴经济体的发展合作通常不附加政治条件，更加强调互利双赢和促进受援国经济增长，属于增长驱动型的援助模式。[4] 然而，不附加政治条件不等于发展中国家无须进行经济体制改革，在一国的要素禀赋给定的情况下，机制建设和改革能够成为提升该国竞争力的可变因素，对资源、资本相对缺乏的发展中国家来说尤为重要。[5] 发展合作的机制建设致力于维护市场在资源配置过程中的基础地位，同时发挥政府因势利导的作用，这一理念在经济增长论、贸易促进论、能力建

---

[1] 〔美〕查默斯·约翰逊：《通产省与日本奇迹——产业政策的成长（1925~1975）》，戴汉笠等译，中央党校出版社，1992。

[2] Craig Burnside and David Dollar, "Aid, Policies and Growth," *The American Economic Review*, Vol. 90, No. 4, 2000, pp. 847-868.

[3] 沈铭辉：《"一带一路"、贸易成本与新型国际发展合作——构建区域经济发展条件的视角》，《外交评论》2019年第2期，第1~28页。

[4] 王小林、刘倩倩：《中非合作：提高发展有效性的新方式》，《国际问题研究》2012年第5期，第69页；黄梅波、唐露萍：《南南合作与南北援助——动机、模式与效果比较》，《国际展望》2013年第3期，第8页。

[5] 林毅夫：《新结构经济学——重构发展经济学的框架》，《经济学》（季刊）2010年第10期，第3页。

设论以及良治论等国际发展理论中都有所体现。

发展合作是一种双向互动,提升发展合作效率不仅需要受援国的机制建设,也离不开援助国的机制调整,以及国际发展机制的协调与对接。① 随着发展合作的内容和领域日趋多元化,国际发展合作呈现"碎片化"现象。发展合作碎片化在国内层面表现为援助国内部参与的部门增加,多头并举、缺乏协调,形成一系列部分重叠的、非等级关系的机制复合体。机制复合体可通过政策、规章、服务和监督等加以消除,实现政府内同一层级或不同层级之间、不同功能之间,以及公共部门之间或者公共部门与非营利机构之间的整合,并通过碎片化的责任机制和信息系统的整体联动,最终达成目标与手段相互促进,增强政府的整体性。② 由于现实情况是主要援助国和国际组织的机制协调远远滞后于机制构建,国际机制间的协调进展非常有限。③ 另一种可行路径是主要援助国之间进行宏观经济协调,实现大型政府投资规划的相互衔接,④ 而这正是"一带一路"与其他国家发展规划对接的基本逻辑。

二 "一带一路"发展合作的机制建设

"一带一路"不谋求构建整体的、强制性的组织或条约,而是致力于推动中国与共建国家的灵活互动,因此,"一带一路"中的合作机制以多元化和自愿性为特征。从合作对象角度看,"一带一路"框架下发展合作的机制建设存在三种模式。一是加强"一带一路"与多边发展合作机制的联系。"一带一路"建设在取得举世瞩目成绩的同时,时有来自少数西方国家的质疑声音,成为其进一步推进的阻力。《2030 年可持续发展议程》是联合国可持续发展事业的最新成果与世界各国的重要共识,具有广泛的权威性和认

---

① François Bourguignon and Mark Sundberg, "Aid Effectiveness: Opening the Black Box," *The American Economic Review*, Vol. 97, Issue 2, 2007, pp. 316 – 321.
② 赵剑治、敬乂嘉、欧阳喆:《新兴援助国对外发展援助的治理结构研究:基于部分金砖国家的比较分析》,《中国行政管理》2018 年第 2 期, 第 131 页。
③ Martin C. Steinwand, "Compete or Coordinate? Aid Fragmentation and Lead Donorship," *International organization*, Vol. 69, Issue 2, 2015, pp. 443 – 472.
④ Paul N. Rosenstein-Rodan, "How to Industrialize an Underdeveloped Area," Walter Isard and John H. Cumberland, eds., *Regional Economic Planning: Techniques of Analysis for Less Developed Areas*, Paris: Organization for European Economic Co-operation, European Productivity Agency, 1961, pp. 205 – 211.

同度。"一带一路"倡议与《2030年可持续发展议程》进行对接有助于化解部分国家的顾虑和质疑、提升参与国和友善群体的国际站位和道义高度，对把"一带一路"推向世界具有重要意义。[1] 与规则导向型区域合作机制相比，"一带一路"呈现发展导向型特征，这是由中国实现和平发展和参与经济全球化的内外部环境所决定的，也是贯彻正确义利观的必然要求。[2] 在"一带一路"合作推进过程中，中国倡导成立了亚洲基础设施投资银行（AIIB）、丝路基金等新型金融机构，但在规则上更多借鉴和学习国际通行做法，[3] 而非选择另起炉灶。在合作内容上，"一带一路"建设将重点放在多边金融机构忽视的基础设施建设等领域，还向一些多边金融机构忽视的国家提供资金和其他援助，[4] 从而与传统发展合作形成相互补充、相互促进的关系。

二是推动"一带一路"与地区合作机制的对接。"一带一路"本质上是中国与共建国家基于特定地缘空间环境开展的经济合作，推动共建国家发展战略的对接与耦合，具有区域性或区域间公共产品的属性。[5] 一方面，"一带一路"以基础设施和产能合作等功能性合作为主要内容；另一方面，功能性合作反过来也正在缓慢重塑欧亚大陆的地缘空间版图，推动欧亚大陆形成强连通的地理版图和平衡发展的贸易版图。[6] 为避免与已有地区机制形成冲突，"一带一路"采取灵活多元、错位发展的建设策略以实现与已有机制的对接，并寻求更广阔的空间和更切实可行的路径。[7] 例如，中国根据欧盟对外政策的双层特性，推进对应的"一带一路"双层对接战略。[8] 中欧

---

[1] 朱磊、陈迎：《"一带一路"倡议对2030年可持续发展议程——内涵、目标与路径》，《世界经济与政治》2019年第4期，第79~100页。

[2] 李向阳：《"一带一路"：区域主义还是多边主义？》，《世界经济与政治》2018年第3期，第34~46页。

[3] Jingyuan Zhou, "A New Multilateralism? A Case Study of the Belt and Road Initiative," *The Chinese Journal of Comparative Law*, Vol. 8, Issue 2, 2020, pp. 384–413.

[4] Shannon Tiezzi, "The New Silk Road: China's Marshall Plan?" https://thediplomat.com/2014/11/the-new-silk-road-chinas-marshall-plan/.

[5] 黄河：《公共产品视角下的"一带一路"》，《世界经济与政治》2015年第6期，第138~155页。

[6] 吴泽林：《"一带一路"倡议的功能性逻辑——基于地缘经济学视角的阐释》，《世界经济与政治》2018年第9期，第128~153页。

[7] 展妍男：《丝绸之路经济带与欧亚经济联盟的差异与对接》，《国际经济评论》2017年第4期，第149~159页。

[8] 张骥、陈志敏：《"一带一路"倡议的中欧对接：双层欧盟的视角》，《世界经济与政治》2015年第11期，第36~52页。

"一带一路"合作经历了从模糊处理到局部对接,再到整体、全面对接,从与部分成员国对接(单层对接)到同时实现与欧盟机构对接(双层对接)的进程,中国在中东欧国家的投资以及二者之间的合作机制,推动中欧形成了更紧密的双边合作关系。[1]"一带一路"得到了俄罗斯、中亚国家等的大力支持。[2] 中国与俄罗斯、中亚国家探讨"一带一路"与地区已有机制的对接,合作重点包括能源、贸易、基础设施等领域,[3] 符合俄罗斯和中亚国家经济现代化和对外合作的发展目标。

三是"一带一路"共建国家的机制建设。在世界经济深刻转型的过程中,国际规则处于重构的历史拐点,"一带一路"为中国参与重塑国际经济规则提供了重大机遇。在推进"一带一路"机制建设过程中,中国强调公正合理、包容透明、开放共赢的原则,在规则制定过程中担当倡议者、引领者的角色。[4]"一带一路"构建"六廊六路多国多港"的机制架构,并促进经济走廊之间的机制衔接。[5] 在发展合作方面,"一带一路"建设的重点有四个方面:一是推动宏观政策协调;二是互联互通,例如物流、通信和能源基础设施等;三是贸易便利化,例如自由贸易区、海关合作、投资保护等;四是金融合作,包括人民币国际化和建立新的开发银行。[6] 在发展融资方面,中国主导建立"一带一路"金融合作框架体系,并以加强境内外资本合作、拓展公私合营机制、强化资本市场联通和建设金融服务体系为

---

[1] Theresa Fallon, "China's Pivot to Europe," *American Foreign Policy Interests*, Vol. 36, No. 4, 2014, pp. 175 – 182.

[2] Abdul Rab Baloch, "China and Shanghai Cooperation Organization (SCO): Belt and Road Initiative (BRI) Perspectives," *International Journal of Humanities and Social Science*, Vol. 9, No. 2, p. 166.

[3] Ivan Timofeev, Yaroslav Lissovolik and Liudmila Filippova, "Russia's Vision of the Belt and Road Initiative: From the Rivalry of the Great Powers to Forging a New Cooperation Model in Eurasia," *China & World Economy*, Vol. 25, Issue 5, pp. 62 – 77; Na-Xi Lu, Meng-Fang Huang and Shan-Bing Lu, "How the Belt and Road Initiative Can Help Strengthen the Role of the SCO and Deepen China's Cooperation with Russia and the Countries of Central Asia," *India Quarterly*, Vol. 75, No. 1, 2019, pp. 56 – 68.

[4] 门洪华:《"一带一路"规则制定权的战略思考》,《世界经济与政治》2018年第7期,第19~40页。

[5] Bala Ramasamy and Matthew C. H. Yeung, "China's One Belt One Road Initiative: The Impact of Trade Facilitation Versus Physical Infrastructure on Exports," *The World Economy*, Vol. 42, Issue 6, 2019, pp. 1673 – 1694.

[6] Astrid H. M. Nordin and Mikael Weissmann, "Will Trump Make China Great Again? The Belt and Road Initiative and International Order," *International Affairs*, Vol. 94, Issue 2, 2018, pp. 231 – 249.

重点任务。①"一带一路"的机制化还有利于推动人民币国际化。人民币的交易机制会增加境外人民币储备以及国内对人民币的投资，形成人民币国际循环流动。②

综上所述，传统发展合作与"一带一路"在机制建设方面呈现较大差异。传统发展合作重视机制建设，自身的机制化水平较高。与此同时，"一带一路"框架下的发展合作则处于起步阶段，其机制建设尤为如此。因此，现有研究在发展合作机制方面积累了较为丰富的理论成果，但关注的焦点集中于传统发展合作，对"一带一路"新型发展合作实践的解释存在诸多不足，有必要在梳理各自特征的基础上，对二者的关系和互动做进一步分析。

第二节 传统国际发展合作的不足及其改进

传统发展合作的机制建设较为成熟，某些领域甚至出现"过密"和"堵塞"。尽管如此，传统发展合作或国际发展援助的有效性仍存在不足，其根源在于垂直结构带来的受援国参与不足，进而导致援助与受援国的需求、禀赋存在偏差。对新型发展合作来说，既要学习和借鉴传统发展合作机制的成熟经验，又要坚持"水平范式"中的平等合作特征，从发挥比较优势的角度加强机制建设。

一 传统国际发展合作的不足

国际发展援助不足的一个重要原因是缺少受援国的参与。长期以来，国际发展援助体系一直被发达国家所主导，几乎听不到发展中国家的声音。当前的国际发展合作机制很大程度上仍然是传统发展援助机制的延续，其特征是自上而下的垂直决策体制以及供给主体与受益主体的分离。随着发达国家经济增长放缓和援助热情降低，国际发展合作近年来出现了结构性萎缩的趋势。

在地区侧重上，发达国家的发展援助在对象和地区上侧重于贫穷地区、

---

① 宋爽、王永中：《中国对"一带一路"建设金融支持的特征、挑战与对策》，《国际经济评论》2018年第1期，第108~123页。
② 林乐芬、王少楠：《"一带一路"建设与人民币国际化》，《世界经济与政治》2015年第11期，第72~90页。

最不发达国家以及发生人道主义危机的国家和地区，对其他发展中国家和新兴经济体的需求则加以限制。联合国经济及社会理事会每三年审查一次最不发达国家的名单。联合国通过定期确定最不发达国家并突出它们的结构性问题，向国际社会发出了一个强烈的信号，即需要在资助最不发达国家方面做出特别让步。与最不发达国家地位有关的让步包括捐助者和金融机构的赠款和贷款、市场准入优惠等特殊差别待遇、技术援助等。与此同时，美国等西方国家认为中国目前已经成为世界第二大经济体，可以通过本国私营部门获得贷款。因此，中国在世界银行不应享有与其他发展中国家相近的利率，也不应"过度"占据世界银行借款的份额，这些份额本应给予其他更贫穷的国家。为了减少中国等新兴经济体的借款比例，美国在2018年4月召开的世界银行增资会议上提出对贷款规则进行改革，对中国等中高收入的发展中国家调高利率，以防止这些国家"过度借贷"。[①]世界银行已经接受这一意见，并纳入2020~2030年世界银行融资和贷款计划。

在部门选择上，发达国家不断提升人道主义、社会公共设施的援助比例，在一定程度上实现减贫目标以后不再关注相关部门的进一步援助。例如，尽管中国成功摆脱粮食短缺，提前完成了联合国千年发展目标提出的减贫任务，但是，按照中国政府2011年新确定的人均年收入2300元的贫困线标准，中国贫困人口仍高达1.28亿，其中大部分生活在农村和偏远地区。目前中国粮食安全状况相对稳定，总体粮食供给能满足民众的基本消费需求，但维持长期的粮食安全仍然受制于农业生产成本投入逐年增高、东西部地区发展不平衡、可用土地持续减少、作物单产增长趋缓、气候变化压力加大、生态资源侵蚀等问题和因素。在耕地退化、水土流失、草原退化、水资源短缺与污染等方面，中国仍需要一定的技术援助，但被发达国家以"毕业"为理由予以拒绝。

而对非洲国家来说，发展援助不起作用的原因是西方长期以来的对非援助只是助长了政府的腐败和人民的贫困，并使非洲深陷依赖外援的陷阱而不能自拔。[②] 一般来说，发展中国家在资源、劳动方面具有潜在的

---

① "World Bank Cuts Lending to China at Trump Administration's Behest," https://www.chinabankingnews.com/2018/04/18/world-bank-cuts-lending-china-trump-administrations-behest/.

② 〔赞比亚〕丹比萨·莫约：《援助的死亡》，王涛、杨惠译，世界知识出版社，2010。

比较优势，在资金、技术和人才方面处于比较劣势。若发展中国家长期过度依赖资源、劳动力等生产要素上的比较优势进行贸易，将很可能面临资源过度开发、人口红利消失、科技发展停滞不前等问题，国家产业结构难以升级调整，长期陷入出口产品低附加值的困境，落入比较优势陷阱。在比较优势方面处于不利地位的国家，可以战略性地在短期内违背现有的、外生的比较优势，推动自身不具有比较优势的行业的发展，通过人力资本投资、技术模仿、专业化经济等手段进行技术积累，获得内生比较优势。①

当前的国际分工的边界正从产业层次转换为价值链层次，一国的竞争优势不再体现在某个特定产业或某项特定产品上，而是体现为在产业链条中所占据的环节或工序上，即同时存在的劳动密集型环节和知识技术密集环节。从某种意义上讲，当前的垂直专业化生产模式下的国际分工已经演化成产品内的国际分工，产业内贸易实际上已在相当程度上成为一种产品内贸易，② 表现为同一产品价值链上不同环节之间的水平分工。在分工水平决定价值创造能力的情况下，发展中国家必须由原来"被俘获"的垂直分工转变为具有"主导权"的水平分工。当然，基于比较优势的发展策略需要关注合成谬误问题。③ 例如，把东亚地区的出口导向战略扩展到全体发展中国家将引发劳动密集型产品在国际市场的过量供给和大量的经济摩擦。为了避免市场无序的出现，国家间的政策协调和地区机制建设成为必然选择。

二 "一带一路"的机制化方向

机制化是"一带一路"深化合作的内在要求。以基础设施为主的互联互通是"一带一路"机制化的起步阶段。不过，目前的互联互通尚主要处于"硬联通"层面，如铁路、公路、港口与管道等。以"硬联通"为基础，构建以规则和机制为主体的"软联通"是互联互通的发展方向。④ 国际发展

---

① 徐建斌、尹翔硕：《贸易条件恶化与比较优势战略的有效性》，《世界经济》2002年第1期，第36页。
② 徐康宁、王剑：《要素禀赋、地理因素与新国际分工》，《中国社会科学》2006年第6期，第65页。
③ 徐建斌、尹翔硕：《贸易条件恶化与比较优势战略的有效性》，《世界经济》2002年第1期，第31~32页。
④ 李向阳：《构建"一带一路"需要优先处理的关系》，《国际经济评论》2015年第1期，第60~63页。

合作的传统范式采取"完全契约"的缔约模式，奉行"自由贸易本位""实力导向""市场交易"逻辑，致力于维护发达国家的比较优势。这一范式最终带来的并非共同发展，而是发达国家与发展中国家的差距不断拉大。鉴于"一带一路"共建国家的情况复杂，追求过高的制度水平将产生较高的缔约成本，因此"一带一路"发展合作强调"自主自愿、协商一致"。以亚太地区为例，新兴经济体和发展中国家支持的《区域全面经济伙伴关系协定》（RCEP）采取嵌套式的区域一体化格局，既是对现有规则条款的整合，也能进一步深化已有协定的内容。RCEP以包容性原则促进成员之间的互联互通，通过多元化合作带动亚太地区经济贸易的可持续发展。

"一带一路"发展合作是一种致力于参与方共同发展的国际发展合作新范式，但不排斥西方主导的、机制成熟的发展援助范式，两者本质上属于相互补充、相辅相成的关系。"一带一路"部分采取了自由贸易协定等硬性的条约形式，同时也达成了大量的贷款协议、框架协议、项目协议、融资协议，以及发展规划、合作纲要、谅解备忘录、行动计划等软性政策机制。"一带一路"积极促进地区和双边的贸易便利化，与部分经济发展水平相似或者经济互补性较强的国家开展自由贸易谈判，签署区域或双边自贸协定，推动与对象国之间更深层次的投资与贸易自由化。与此同时，"一带一路"还提供融资贷款等一系列支持项目帮助受援国完成基础设施建设，无偿或优惠提供技术服务和人员培训，提升欠发达地区的发展能力。总之，"一带一路"发展合作致力于以比较优势为核心，与共建国家一道共同促进贸易、金融和基础设施合作的机制化建设，实现跨境商品、服务、人员的互联互通。

第三节 "一带一路"发展合作的机制供给模式

基于比较优势理论，一国融入全球价值链和构建区域价值链是提升竞争力的主要选项。选择融入价值链分工，发展中国家通常会面临两方面风险。一方面，中等收入的发展中国家由于工资上涨失去了在制成品出口方面的竞争优势，且在高附加值市场上无法与发达国家竞争，陷入了"中等收入陷阱"。另一方面，随着越来越多的国家进入国际市场，新兴经济体和发展中国家贸易条件持续恶化，基于比较优势分工反而导致"合成谬误"。然而，一国选择孤立地构建价值链将使自身与他国的产业发展差距拉大，将导致其在价值链中连原有分工地位也无法维持，进而有被挤出全球分工体系的危险。因此，尽管参与价值链分工存在一定风险，但一国选择独立构建价值链和采取进口替代策略仍是不可取的。

一国的比较优势是动态的、可变的。随着贸易自由化和经济全球化的发展，相对落后的发展中国家不能再简单地利用先天的比较优势，特别是来源于自然资源的外生比较优势。发展中国家必须根据自身的产业环境，选择具有新的比较优势潜力的产品，培养出本土的产业链系统集成企业，建立自主发展型价值网络。构建新比较优势的目标是从资源禀赋优势向资源整合能力、从劳动力成本优势向人力资本优势、从被动接受市场向开拓市场、从要素驱动向效率驱动和创新驱动转化。随着自主发展型价值链网络的构建，发展中国家可以降低交易成本，进一步提高分工水平，并依据比较优势的动态变化，最终能够与发达国家一样生产高端产品。

比较优势战略本身是以市场机制为基础的，但比较优势的递进则需要政府的引导和规制，由此催生了国内机制的整合与国际机制的协调。从日本和亚洲四小龙的经验来看，基于比较优势的经济发展是一个循序渐进的过程，政府在经济发展的不同阶段，根据当时的资源禀赋，针对特定产业给予战略性支持。[①] 当然，这种支持不是永久性的，任何产业获得的优先资源分配都应有明确的结束日期或"日落条款"。随着经济发展、资本积累、人均资本拥有量提高，资源禀赋结构得以提升，发展中国家的主导产业有望逐步从劳动密集型转变为资本密集型、技术密集型乃至信息密集型。

从国内机制整合与国际机制协调的角度来看，"一带一路"发展合作的机制供给主要遵循以下四个原则（见表 2-1）。一是推动国内外机制环境的相互协调。机制环境包括正式法律和非正式规范，通过国内立法、制定多边和地区争端解决规范和判决等方式，协调"一带一路"共建国家的相关法规、政策，发挥各自比较优势，促进资金、技术、人才、信息等要素无障碍流动。二是国际市场与国内市场的相互嵌入。由于大部分"一带一路"共建国家的经济发展主要倚重劳动密集型产业，可以利用当地具有比较优势的生产要素，在当地建设境外经贸合作区、跨境工业园区、经

[①] 林毅夫、蔡昉、李周：《比较优势与发展战略——对"东亚奇迹"的再解释》，《中国社会科学》1999 年第 5 期，第 5~9 页。

济技术开发区等。园区建设可以把东道国经济增长的动力重点拉向国际市场，改善东道国人均收入低、市场内需小的发展劣势，从而实现国内国际两个市场的相互嵌入。三是规则化与舒适度的结合。"深度一体化"已取代关税减让等贸易自由化目标，成为许多区域贸易协定谈判的核心内容。不过，由于"一带一路"共建国家的发展差距大，立即达成高水平贸易协定并不现实。坚持开放地区主义、渐进性和差别待遇等原则，在协商一致和确保各方舒适度的基础上推进区域经济一体化，不仅有利于维护发展中国家利益，还可以增进共建"一带一路"共识，加强地区政策协调和利益融合。四是妥善处理与已有机制的关系。"一带一路"不是要取代已有合作机制，而是要充分发挥已有机制的优势和特点，不断加强机制之间的沟通与协调，做到相互补充、相互促进，使区域内合作更加有效、更具活力。

表 2-1 "一带一路"发展合作的机制供给原则

基本原则	具体措施
国内外机制环境的相互协调	制定新的《外商投资法》《优化营商环境条例》等
	积极推进多边、地区和双边的规则协调
国际市场与国内市场的相互嵌入	截至 2023 年 5 月，共设立 21 个自贸试验区
	在"一带一路"共建国家设立跨境工业园区
规则化与舒适度的结合	截至 2023 年 6 月，已签署 20 个自贸协定，正在推进 10 个自贸协定谈判，正在研究 8 个自贸协定
	与部分发展中国家达成双边发展合作协定
妥善处理与已有机制的关系	与联合国、G20 等国际机制对接
	与亚太经合组织、上海合作组织等地区机制对接

资料来源：笔者根据相关资料自制。

随着"一带一路"从谋篇布局的"大写意"阶段走向精耕细作的"工笔画"阶段，"一带一路"框架下的发展合作机制供给路径逐渐呈现细腻多元特征：在合作内容上，主要包括金融合作、产能合作、互联互通等；在合作对象上，主要体现为与发展中国家的机制合作和与发达国家的机制合作。按照发挥和引导比较优势的原则，可根据功能、部门、地域、合作水平、合作方式等不同标准，对以上机制供给进行细分（见表 2-2）。

表2-2 "一带一路"发展合作的机制供给路径

领域	机制名称	分类
金融合作	亚投行、金砖国家新开发银行	功能
	丝路基金、中非发展基金	
	中国进出口银行	
	中国出口信用保险公司	
产能合作	钢铁、电力等13个重点行业	部门
	多元化投资	
互联互通	东南亚（印度尼西亚雅万铁路等）	地域
	非洲（亚吉铁路、蒙内铁路等）	
	南亚（瓜达尔港等）	
	中东欧（塞匈铁路等）	
与发展中国家的机制合作	自由贸易网络（中国-东盟自贸区等）	合作水平
	领导人峰会、合作论坛（中非合作论坛）	
	发展走廊（中巴经济走廊、孟中印缅经济走廊等）	
与发达国家的机制合作	第三方市场合作	合作方式
	多边合作	

资料来源：笔者根据相关资料自制。

一是金融合作。我国发起设立了13个新的开发性金融机构和平台，包括金砖国家新开发银行、亚洲基础设施投资银行、丝路基金以及各类双多边产能合作基金、区域发展基金等。从融资功能来看，"一带一路"融资机制存在四种类型。首先是中国进出口银行、国家开发银行等国内信贷配套体系，属于服务对外贸易与投资的政策性银行。其次是以中国出口信用保险公司为主的海外投资保险机制。再次是丝路基金、中非发展基金等开发性基金体系，各基金明确直接投资区域和领域，从事优惠性的投融资合作。最后是亚投行、金砖国家新开发银行等多边开发性银行体系。

二是产能合作。中国在"一带一路"框架下的产能合作包括13个重点行业，分别是建材、化工、工程机械、轻工、钢铁、电力、有色金属、通信、汽车、轨道交通、航空航天、船舶和海洋工程等行业。"一带一路"的产能合作还涉及矿产资源、基础设施、物流等行业，投资组合呈现多元化趋势。麦肯锡在2017年发布报告指出，中国私人投资浪潮席卷非洲大陆，却被严重忽视。据麦卡锡研究团队估计，2017年有超过1万家中国企业在非洲运营,主要集中在赞比亚、尼日利亚、坦桑尼亚和埃塞俄比亚等国。这些私人企业中约1/3涉及制造业,绝大多数是小微企业。[①] 近年来还出现了一批了解非洲、扎根非洲的中国商人和技术人员,这些人才已成为中非经贸可持续发展的宝贵资源,有利于向非洲进行各领域的技术转移。

三是互联互通。世界范围内的互联互通是全球化时代的本质特征,新的全球化通过与高科技、市场、原材料建立更紧密的联系来提高本国的国际竞争力,人员、资本、商品、技术的流动从来没有达到今天这样的程度。[②]"一带一路"倡议提出以后,中国高度重视发展中国家的铁路、航空、港口、公路、电力和电信设施建设,致力于推动共建地区的互联互通。在亚洲,中国企业承接了柬埔寨金边—西港高速公路、老中铁路、泰国曼谷—呵叻铁路和印度尼西亚雅加达—万隆铁路等建设项目。由中国公司承建的印度尼西亚泗水—马都拉大桥、印度尼西亚巨港市轻轨、越南河内轻轨吉灵—河东线已全线运行。2016~2017年,从埃塞俄比亚亚的斯亚贝巴至吉布提的铁路、从肯尼亚内罗毕至东非最大港口蒙巴萨的铁路相继开通,成为"一带一路"在非洲的"旗舰项目"。

四是与发展中国家的机制合作。"一带一路"通常被界定为"合作倡议",也被称为"协议""平台""框架",是一种正式与非正式合作并存、双边与多边合作共存的机制设计。[③] 从机制合作水平来看,"一带一路"与发展中国家的机制对接主要有三种形式。首先是构建领导人峰会、合作论坛等政府间机制。"一带一路"涉及的政府间机制包括中国-东盟"10+1"机制、上海合作组织、东亚峰会、亚信会议、亚洲合作对话机制、大湄公河次区域合作机制、中非合作论坛、中国-阿拉伯国家合作论坛、中国-海合会战略对话、亚欧会议、中国-中东欧国家合作论坛等。其次是政府支持构建的"发展走廊",如中巴经济走廊、欧亚大陆经济走廊、孟中印缅经济走廊等。发展走廊需要市场发挥基础性作用,但也需要双方政府在政策环境方面给予引导支持。最后是构建自由贸易网络。建设中国与共建国家之间的自由贸易网络有利于打造公正、规范、透明的市场环境,降低区域内

[①] Irene Yuan Sun, *The Next Factory of the World: How Chinese Investment Is Reshaping Africa*, Harvard Business Review Press, 2017.
[②] 苏长和:《互联互通世界的治理和秩序》,《世界经济与政治》2017年第2期,第25~35页。
[③] 娜塔莎·马里奇、魏玲:《务实制度主义:中国与中东欧国家的合作》,《世界经济与政治》2018年第7期,第41~68页。

跨境生产和流通的交易成本，提升上下游、产供销的互联互通，提升各国在资金、物流、人员、信息方面的体量、流量和能量。[①]

五是与发达国家的机制合作。中国与欧美日等发达经济体应进一步寻求利益交汇点，在多领域积极开展第三方市场合作，促进"一带一路"发展合作向更加包容的方向转变。在现有双边层面合作基础上利用好中欧、中日等领导人会晤机制，探索制定公开、透明、统一的第三方市场合作规则和政策。第三方市场合作是"一带一路"机制建设的重要突破口，有利于向外界传递"一带一路"作为开放性、包容性的国际合作机制的信号。中国与联合国合作共建"一带一路"是多边发展合作的重要方式，包括与联合国《2030年可持续发展议程》对接、与联合国专门机构达成共建协定以及利用南南合作的机制平台等。[②] 2016年，中国政府分别与联合国亚太经社会和开发计划署签订意向书和备忘录，这是中国首次与国际组织签署共建"一带一路"的协议。在"一带一路"国际合作高峰论坛期间，中国政府与更多联合国机构签署了"一带一路"合作文件。

第四节 "一带一路"高质量发展合作的挑战与对策

"一带一路"框架下的发展合作坚持开放、包容、差异化三大原则。它是对现有发展合作机制的补充和优化，有助于提高中国在国际发展议程中的影响力。目前，世界上大多数国家都是开放的，欢迎共建"一带一路"，希望抓住"一带一路"建设带来的发展机遇，共同构建高质量发展合作机制。但在实践中，"一带一路"框架下的发展合作仍面临一些制度性障碍。

一是规制协调障碍。虽然"一带一路"倡议不排斥高质量的贸易投资规则，但区域合作机制的重叠，特别是共建国家宗教、民族、发展水平、社会制度、文化传统的多样性，限制了采用高标准规则的前景。从实践上看，东亚合作倾向于照顾各方舒适度，共建"一带一路"不太可能全盘通过强大的约束机制约束各国的行为，并不排除利用惯例等传统方式进行规范。在发展合作中，特别是与发达国家的合作中，如何在现实的发展需求

[①] 申现杰、肖金成：《国际区域经济合作新形势与我国"一带一路"合作战略》，《宏观经济研究》2014年第11期，第35页。

[②] 张贵洪：《中国、联合国合作与"一带一路"的多边推进》，《复旦学报》（社会科学版）2020年第5期，第168～178页。

与高标准高质量的合作规范之间取得平衡，是"一带一路"建设不可回避的问题，也是经常引发争议的问题。发达国家希望加强现有规范，强调对"一带一路"项目的环境和社会影响进行评估和监测，提高项目透明度和债务可持续性。中国和其他发展中国家强调尊重东道国不同发展阶段的实际需求，充分考虑环境保护、法律、劳工等政策的差异，以灵活务实的方式推进合作。

二是政府机制整合困难。各国普遍存在发展合作的多头管理问题，工作参与部门众多，体系庞大繁杂，各部门专注于本系统的对外发展合作工作，协调水平有限。一般来说，参与国际发展合作有财经对话会、经贸联委会、商业峰会等多种形式。参与对接的政府部门也很多，中外方都涉及中央银行、财政部门、商务部门等多个机构，这使得中外非机制对接非常复杂，交易成本较高。由于"一带一路"合作机制尚未完全成形，又与双边、三方以及多边合作交杂在一起，增加了机制整合的难度，制约了合作机制的战略和经济效应。

三是域外势力的负面干扰。近年来，美国不断加强在亚太地区的"存在"，相继提出了"亚太再平衡战略""印太战略"等，日益成为共建"一带一路"的制衡力量。部分"一带一路"共建国家受制于美国，一直避免在中美之间"站队"，而是试图在"一带一路"框架内寻求务实合作。然而，随着中美战略竞争的加剧，美国越来越不能容忍盟国在"一带一路"等重大问题上立场模糊。美国多次警告甚至直接施压，迫使其盟国退出"一带一路"框架下的发展合作。在外部力量干预不断增大的背景下，"一带一路"建设的发展合作效率和制度建设受到了较大的负面影响。

四是政府与市场沟通机制不健全。"一带一路"框架下的不少发展合作项目都是基础设施建设项目，投资规模大、建设周期长。目前，"一带一路"的投融资支持主要来自不同层次的官方金融平台。现有融资渠道对跨国合作项目的风险评估较为谨慎，审批程序相对复杂，融资条件苛刻。因此，融资困难是企业参与"一带一路"发展合作的主要瓶颈之一，制约了相关项目的深入发展。目前，相关项目尚缺乏有效的政府与企业合作平台，政府和企业还没有建立起通畅的信息沟通和共享渠道。"一带一路"发展合作还处于探索阶段，没有现成可以复制和借鉴的合作经验和具体方法。

总的来看，"一带一路"合作伙伴众多，特别是在经济社会发展相对落后的国家和地区，东道国的经济发展阶段、社会、政治、法律、文化和宗教多样性环境往往给发展合作带来不确定性。面对这些风险和不确定性，单一企业往往无法独自应对。因此，中国与"一带一路"共建国家加强风险防控和安全政策对接刻不容缓。随着"一带一路"发展合作进入高质量发展阶段，中国可以在现有合作项目的基础上，打造务实高效的合作平台，促进共建国家可持续发展。

第一，树立发展合作示范项目。"一带一路"共建国家发展水平呈现多样性，不能简单地采取一揽子多边谈判方式，制定地区差别化发展合作战略，实现与多边、地区、东道国层面的制度协调，只能采取因地制宜的"嵌入式"供给模式。要树立"一带一路"高质量发展示范项目，为中国广大"走出去"企业和其他共建合作提供样板。打造高质量、高标准和可持续的项目样板不仅需要通过严格的项目合规监管，还应满足反腐、环保、文化保护等社会标准的要求，例如可鼓励中国企业在当地承担更多社会责任，塑造良好的形象。

第二，构建多元融资平台。"一带一路"框架下的发展合作具有显著的多头管理特点，部门分工和责权尚不够协调。各部门应专注于本系统的发展合作工作，加强协调，形成合力。一方面，可发挥政策性金融机构、地区和多边开发机构的作用，推动国开行、亚投行、丝路基金与国外金融机构合作设立投资基金，通过建立共同投资基金、银联体或联合融资等形式，为发展合作项目提供先导融资，吸引和催化各方公共和私人资本加入。另一方面，可鼓励金融机构之间的协调合作，通过股权投资、贷款担保、联合融资等多种方式，发挥融资促进和风险分担作用，拓展现有投融资渠道和方式，完善包容、多元、可持续的发展合作投融资体系，为"一带一路"合作项目提供可持续的融资支持。

第三，加强业界机制互动和规则协调。"一带一路"框架下的政府间机制较为充裕，在某些地区还存在重叠，相比之下，企业、行会等社会团体的制度安排仍然缺乏。"一带一路"应充分发挥行业协会、经济团体和贸促机构的作用，搭建信息共享、能力建设和项目对接的平台。例如，可建立高质量的"一带一路"发展合作数据库，为共建国家提供法律、政策、项目等信息服务。再如，可加强共建国家专业组织在企业信息库、国际标准等方面的交流合作，推动建立研究机构定期信息沟通和交流机制，明确重点工作和实施计划。

第四，提高三方或多边合作的比重。第三方市场合作是"一带一路"

机制建设的重要突破口,有利于向外界传递"一带一路"作为开放性、包容性的国际合作机制的信号。为了回应美国等发达国家对"一带一路"合作议程的质疑、发挥自身在发展领域的合作优势,中国应积极推动发展合作部门参与第三方市场合作对话和协调,与欧美日等发达经济体努力寻找利益交汇点。可组织洽谈会、对接会、研讨会、项目推介会等经贸活动,为企业开展第三方合作搭建平台。在多边合作上,应加强与联合国及其他国际组织的对接,包括与联合国《2030年可持续发展议程》对接、与联合国专门机构达成共建协定以及利用南南合作的机制平台等,[①] 让国际社会更充分地了解和支持"一带一路"框架下的发展合作。

第五节 结语

共建"一带一路"高质量发展,要聚焦重点、深耕细作;要秉持共商共建共享原则,倡导多边主义;要坚持开放、绿色、廉洁理念,不搞封闭排他的小圈子;要努力实现高标准、惠民生、可持续目标。[②] 随着国家发展能力的提升,越来越多的新兴经济体和发展中国家不仅参加了国际组织框架下的发展援助,而且主动发起国际发展合作和对外援助。"一带一路"发展合作基于比较优势原则,紧抓国际贸易和投资两大引擎,不断创新合作机制和经济增长方式,为国际发展议程注入新动力。"一带一路"提出构建开放型世界经济,不断推动包容性和联动式发展,让发展合作的成果惠及全球。在不断完善全球、地区治理机制过程中,"一带一路"也提升了自身的机制化程度,为推动"一带一路"高质量发展打下了基础。

[①] 张贵洪:《中国、联合国合作与"一带一路"的多边推进》,《复旦学报》(社会科学版) 2002年第5期,第168~178页。
[②] 习近平:《推动共建"一带一路"沿着高质量发展方向不断前进》,http://www.xinhuanet.com/world/2019-04/26/c_1124419194.htm。

第三章 "一带一路"框架下的国际合作：
道德风险的视角

谢来辉[*]

第一节 导语

"一带一路"倡议提出了中国与共建国家乃至全世界各国共同发展的目标愿景，得到了大多数国家的积极响应，共建"一带一路"和构建人类命运共同体理念深入人心。从实践来看，"一带一路"建设取得了扎实有效的进展，成果举世瞩目：中国与 150 余个国家和 30 多个国际组织签署共建"一带一路"合作文件，共同开展了 2000 多个项目。[①]

与此同时，随着过去几年来"一带一路"建设的深入开展，在一些共建国家发生了一些新情况，相关项目遭遇了挫折。"一带一路"建设中遇到的挫折向我们提出了一个重要的理论问题：在国际经济关系中，利他主义色彩的行为必然会实现共赢吗？其中最为突出的例子是出现了"债务陷阱论"等。类似观点的炒作，不仅是因为某些反华势力别有用心的故意抹黑，也是因为某些共建国家内部对共建"一带一路"的误解，还有些国家则是存在过高的预期。这些都使"一带一路"国际合作面临挑战。

在这种背景下，实现"一带一路"建设的高质量发展就成为一个非常

---

[*] 谢来辉，中国社会科学院亚太与全球战略研究院"一带一路"研究室执行主任、副研究员，主要研究领域："一带一路"的国际政治经济学。

[①]《我国已签署共建"一带一路"合作文件 205 份》，2021 年 1 月 30 日，https://www.yidaiyi-lu.gov.cn/xwzx/gnxw/163241.htm。

迫切的问题。在2019年4月召开的第二届"一带一路"国际合作高峰论坛上，习近平主席提出"一带一路"建设要从"大写意"进入"工笔画"的高质量发展阶段。在实践中，如何与150多个签署"一带一路"建设合作文件的国家实现国际合作的高质量发展，仍然是一个突出的理论和现实问题。考虑到"一带一路"建设所能动员的资金资源是有限的，特别是考虑到中国提出要在"一带一路"建设中体现正确义利观的指导原则，这种矛盾更加突出。

"一带一路"的国际经济合作框架必然会实现双赢吗？在现有国际经济秩序中，存在多种可能性。本章试图系统讨论这些可能性，特别是指出存在国际合作困境的可能性。本章首先回顾了文献中关于"一带一路"建设带来的经济相互依赖的加强可能会产生的不同国际经济关系情景。在此基础上，本章建立了一个较为全面的分析框架，以揭示不同情景对应的假设和条件。本章的创新之处在于，把共建国家自主发展的能力和意愿纳入分析框架，指出共建国家自主能力不足导致的道德风险是"一带一路"国际合作的一般性风险。结合斯里兰卡和巴基斯坦的比较经验分析，本章讨论了"一带一路"建设双赢结果存在的条件性限制，并指出了走出困境的努力方向。

第二节 文献中的四种观点

在相互依存的世界经济中，缺乏管理的国际经济关系会呈现何种状态，国际关系特别是国际政治经济学的文献对此并没有共识，相反还因为对国际体系和行为体的不同前提假设存在巨大的分歧。正因为如此，关于"一带一路"建设会导致中国与共建国家形成一种什么样的经济关系，现有文献中同样存在不同甚至截然相反的观点。

一　共同发展论

"一带一路"倡议符合地区经济发展特别是基础设施建设和互联互通的迫切需求，为世界经济的长期可持续增长提供了重要机遇。诺贝尔经济学奖获得者、美国经济学家迈克尔·斯彭斯（Michael Spence）认为"一带一路"是中国在新时期提出的一个国际发展议程。他指出，亚洲基础设施投资银行和"一带一路"倡议代表着中国提出了自己的国际发展战略。斯彭斯认为，中国投资能够刺激"一带一路"共建国家的经济发展，而发达经济体对这些国家的投资不够；当然最终地区经济的增长也将会有利于中国经济并提升中国的国际地位。他认为，中国形成了"增长和发展战略的外部新定位"。中国在过去的大部分时间都专注于国内经济，但是现在，中国已经形成了"增长和发展战略的外部新定位"，"让邻国确信自己可以从中国的经济转型中获利"，也有利于推动全球经济的发展。[1] 英国剑桥大学经济学家戴维·韦恩斯认为，"一带一路"倡议具有真正的远见，对于推动2008年国际金融危机之后世界经济的稳定增长具有实质性的贡献。[2]

"一带一路"为改善发展中共建国家面临的外部经济环境提供了重要机遇，对推动全球经济再平衡具有重要意义。早在"一带一路"倡议提出之前，意大利学者乔万尼·阿瑞吉就曾经指出中国的崛起对于世界经济结构重组的重要潜力。他写道："中国与西方发达国家在世界生产、贸易和金融方面成了竞争者，这将颠覆全球财富和权力等级的结构基础。中国不仅为其他发展中国家提供了优于西方发达国家的贸易、援助和投资条件，包括免除大量债务，特别是大幅改善了初级产品出口国的贸易条件，而且中国的倡议也加剧了对发达国家的竞争压力，迫使它们不得不为发展中国家提供更好的条件。"[3] 因此，左翼学者似乎更倾向于认为，"一带一路"倡议体现了中国作为一个社会主义大国的责任与担当。

不过，这在西方主流国际关系学者看来是一种理想主义的观点。[4] "一带一路"倡议所推崇的丝路精神以及"相互尊重、互利共赢"的新型国际关系原则，与现实主义主导的国际关系理论格格不入，与近代以来的国际关系实践相差甚远。这主要是因为西方现实主义国际关系理论接受了尼布尔（Reinhold Niebuhr）的一个基本命题：国家的行为不可能是道德的，只

---

[1] Michael Spence, "China's International Growth Agenda," *Project Syndicate*, June 17, 2015, https://www.project-syndicate.org/commentary/china-international-growth-agenda-by-michael-spence-2015-06；迈克尔·斯彭斯：《中国国际发展战略让世界受益》，《参考消息》2015年7月9日。

[2] David Vines, "Can the Belt and Road Initiative Resurrect a Liberal International Order?" *East Asia Forum*, May 13, 2017, http://www.eastasiaforum.org/2017/05/13/can-the-belt-and-road-initiative-resurrect-a-liberal-international-order/; David Vines, "Chinese Leadership of Macroeconomic Policymaking in a Multipolar World," *China Economic Review*, Vol. 40, September 2016, pp. 286–296.

[3] 乔万尼·阿瑞吉、张璐：《超越华盛顿共识：新万隆联盟？》，任雪梅译，《国外理论动态》2013年第9期。

[4] Suisheng Zhao, "China's Belt-Road Initiative as the Signature of President Xi Jinping Diplomacy: Easier Said Than Done," *Journal of Contemporary China*, Vol. 29, Iss. 123, 2020, pp. 319–335.

第三章 "一带一路"框架下的国际合作：道德风险的视角

有个人的行为才有可能。① 但是，指导"一带一路"建设的义利观恰恰是认为国家行为可以是道德的，而且在国际层面建设一个道德的共同体是有可能的。

二 "债务陷阱论"

"债务陷阱论"是在理论上与"共同发展论"完全相反的一个极端。它的学理基础是现实主义国际关系理论的逻辑，认为不对称相互依赖导致一方的权力加强，大国会利用这种不对称的权力来胁迫小国顺从自己的外交政策。② 在这种情况下，大国并不愿意做出承诺和承担责任来推动真正的国际合作，相反是采取自私自利和无所顾忌的做法，以至于要制造债务危机甚至利用危机。

近年来，关于"一带一路"倡议是"债务陷阱"的说法甚嚣尘上。"一带一路"建设强调政策沟通和发展战略对接，也把债务可持续性原则纳入合作框架之中，不可能追求损人利己的结果。人们最终也发现，"债务陷阱外交"的说法并没有任何实际证据，只不过是四处传播的"文化病毒"。③

不过，"债务陷阱论"之所以具有那么大的影响力，很大程度上是因为发展中国家对债务危机的心理阴影。"债务陷阱"的概念源于新自由主义全球化时期的真实历史，是在资本主义世界经济体系中处于边缘地带的发展中国家切身体会过的惨痛经历。曾在世界银行担任高级经济学家的罗伯特·韦德在2001年曾经提出了一个关于"债务陷阱"的概念界定。他说："快速增长的中等收入发展中国家，试图进行比其国内的收入水平更高的投资与消费，于是向国外举债。而它们借贷的条件在它们的偿还能力较强时是优惠的，可在它们的偿还能力较弱时（比如在发生金融危机时）却是苛

---

① 〔美〕莱因霍尔德·尼布尔：《有道德的人与不道德的社会》，蒋庆等译，贵州人民出版社，1998。
② 〔美〕罗伯特·基欧汉、约瑟夫·奈：《权力与相互依赖》，门洪华译，北京大学出版社，2002；Albert O. Hirschman, *National Power and the Structure of Foreign Trade*, University of California Press, 1945。
③ Deborah Brautigam, "A Critical Look at Chinese 'Debt-trap Diplomacy': The Rise of a Meme," *Area Developmentand Policy*, Vol. 5, No. 1, 2020, pp. 1 – 14; Ken Moak, "Criticism of Belt and Road Initiative as 'Debt Trap' Is Flawed," *Asia Times*, February 3, 2018, http://www.atimes.com/criticism-belt-road-initiative-debt-trap-flawed/.

47

刻的。我们在20世纪80年代和90年代反复看到一些自由化并且开放金融系统的国家大量举债，承担了代价巨大的金融危机的风险。一场危机就把它们重新拉回到世界收入阶梯的底层。因此，债务陷阱可以被看作是世界经济中一种类似地心引力的力量。"①

二战以后美国与很多第三世界国家的关系，在很大程度上属于这种类型。尽管在2008年金融危机之后新自由主义全球化模式已经被敲响了丧钟，但是并没有完全走向终结。许多发展中国家依然处于严重依赖类似过去的世界经济环境之中，所以类似疑虑一时难以完全打消。不少人担心，崛起的中国会成为某种形式的新的美国，从而延续过去的国际合作模式。所以，中国仍然需要继续通过"一带一路"建设实践来展现新的发展模式与旧模式的不同之处。

三 霸权秩序论

霸权秩序论是基于西方现实主义国际关系理论的推演。其中，罗伯特·考克斯认为，在无政府状态下，大国为了追求财富和权力，有动力实现与合作伙伴的共同发展，以建立内部联盟来应对共同的外部敌人。② 在这种国际经济合作模式中，霸主愿意承担更大比例的成本，来支持公共产品的供应。③ 在冷战背景下，美国为了投资与欧洲的跨大西洋联盟积极推动"马歇尔计划"，就是属于这一类。

近年来，很多国外学者以冷战思维来理解"一带一路"，基本上就是基于这个逻辑。④ 比如，其中一些观点认为，中国提出倡议是为了平衡美

---

① Robert Hunter Wade, "The Rising Inequality of World Income Distribution," *Finance and Development*, Vol. 38, No. 4, 2001.
② 此处使用的"霸权"是葛兰西意义上的概念。按照罗伯特·考克斯的说法，"在霸权秩序中，占据支配地位的国家做出一定的让步或妥协，以获得较弱小的国家对于秩序的认可，而这种秩序才能够用普遍利益的措辞加以表述"。参看〔加〕罗伯特·考克斯《生产、权力与世界秩序：社会力量在缔造历史中的作用》，林华译，世界知识出版社，2004，第230页。
③ Mancur Olson, "Discussion on Douglas A. Irwin 'Multilateral and Bilateral Trade Policies in the World Trading System: An Historical Perspective'," in Jaime de Melo and Arvind Panagariya, eds., *New Dimensions in Regional Integration*, Cambridge University Press, 1995, pp. 122–127.
④ Suisheng Zhao, "China's Belt-Road Initiative as the Signature of President Xi Jinping Diplomacy: Easier Said Than Done," *Journal of Contemporary China*, Vol. 29, Issue 123, 2020, pp. 319–335.

国的亚太再平衡战略①,是"21世纪的马歇尔计划",是为了建立类似朝贡体系的"以中国为中心的世界秩序"②,等等,这些都可以列入此类范畴。

"债务陷阱论"本质上是"霸权秩序论"的一个变体。"霸权秩序论"在表面上与"债务陷阱论"并不一致,因为大国的动机在本质上是构建霸权或者帝国,大国确实试图吸引合作伙伴甚至建立联盟关系,并不是试图掠夺和残害对方。③ 但是它在本质上其实与"债务陷阱论"逻辑相似,只是在实现机制上存在差别。因为,"霸权秩序论"是建立一种基于认可的霸权,相比之下,"债务陷阱论"是一种基于胁迫的帝国秩序。在新自由主义全球化时期,美国蜕变为"自私的霸权"、不负责任的霸主,其做法导致了布雷顿森林体系的解体,在许多国家诱发了一系列债务危机。"债务陷阱论"尽管并没有确凿的根据,但是相比"霸权秩序论"能够更好地实现分化共建国家的效果,试图在中国和共建国家之间播下政治互疑的种子。

四 空间修复论

"空间修复论"是近年来西方马克思主义学界理解"一带一路"倡议的主要学术话语之一。它挑战了西方保守学派认为中国通过"一带一路"建立以中国为中心的霸权秩序的主流观点,认为"一带一路"本质上与过去的资本主义全球化并无区别。但是,它同时又夸大了"一带一路"强调的市场原则,低估了政府以及国际合作在"一带一路"建设中的作用。它基于西方马克思主义者的学术理论,在西方左翼学者以及发展中国家中产生了一定的影响。

---

① Michael Clarke, Chan L. H., "Soft Balancing against the US "Pivot to Asia": China's Geostrategic Rationale for Establishing the Asian Infrastructure Investment Bank," *Australian Journal of International Affairs*, 2017, Vol. 71, No. 6, pp. 568 – 590.

② William A. Callahan, *China's Belt and Road Initiative and the New Eurasian Order*, Oslo: Norwegian Institute of International Affairs, 2016, p. 1; Yizheng Zou, Lee Jones, "China's Response to Threats to Its Overseas Economic Interests: Softening Non-Interference and Cultivating Hegemony," *Journal of Contemporary China*, Vol. 29, Iss. 121, 2020, pp. 92 – 108.

③ 近年来国外出版的一些作品,较多属于这一类,比如 Tom Miller, *China's Asian Dream: Empire Building along the New Silk Road*, Zed Books, 2019; Eyck Freymann, *One Belt One Road: Chinese Power Meets the World*, Harvard University Press, 2020; Jonathan E. Hillman, *Emperor's New Road: China and the Project of the Century*, Yale University Press, 2020。

"空间修复"是著名的西方马克思主义者戴维·哈维（也译大卫·哈维）首创的概念。戴维·哈维的主要贡献在于，他将空间问题引入马克思主义研究，由此开创了地理学中的历史唯物主义流派。他在这个概念里提出，资本会发展出各种"时空修复手段"（spatio-temporal fix），来解决剩余资本和劳动力的吸收问题。在2016年6月应邀访问南京大学时，哈维教授明确提出可以用这种"空间修复"的概念来理解"一带一路"倡议。他说，"我还注意到中国政府正在重建丝绸之路，这也是我所说的通过'空间修复'来吸收过剩生产力的一种尝试"，"现在有很多人开始批评中国政府的经济帝国主义，认为中国政府通过输出国内资本，达到消化富余劳动力的目的。但这却是必须的策略，否则中国政府就只能关闭其国内的大量钢铁和水泥工厂，从而造成大规模的失业情况。中国政府显然不想这种情况发生。也就是说，中国政府的举措基本符合资本继续运作的逻辑"。①

　　在这种观点看来，中国在"一带一路"框架下的经济行为与政治动机完全无关，中国政府作为倡议的提出者并没有宏大的战略规划能力和意愿。丝绸之路的愿景更像是一种基于资本和市场逻辑的"空间修复"，而不是国家的一种地缘政治策略。②

　　"空间修复论"虽然是对"霸权秩序论"的有力反驳，但是显然也低估了共建"一带一路"中中国的国家能力与政治意愿。"一带一路"国际合作对于全球治理体系转型和变革具有重要的潜力。2016年8月17日，习近平指出："'一带一路'建设的定位是我国扩大对外开放的重大战略举措和经济外交的顶层设计，是我国今后相当长时期对外开放和对外合作的管总规划，也是我国推动全球治理体系变革的主动作为。"③ 因此，"空间修复论"过度强调了市场逻辑的某些方面，低估甚至可以说是忽视了政策沟通和发展战略对接的重要意义，从而失去了对"一带一路"建设的全面理解。

---

① 戴维·哈维、周宪、何成洲、尹晓煌：《空间转向、空间修复与全球化进程中的中国》，《学术研究》2016年第8期，第147页。
② Tim Summers, "China's 'New Silk Roads': Sub-national Regions and Networks of Global Political Economy," Third World Quarterly, Vol. 37, Iss. 9, 2016, pp. 1628–1643.
③ 《习近平在推进"一带一路"建设工作座谈会上的讲话》，http://theory.people.com.cn/n1/2017/0703/c412914-29377905.html。

第三节 理解"一带一路"国际合作关系的一个理论框架

一 三个假设条件

基于前面的讨论,我们可以发现上述观点的分歧主要体现在它们在两个基本问题上存在不同的答案。这可以被归纳为两个假设:第一个假设是,通过"一带一路"倡议,中国真正致力于与共建国家实现共同繁荣的目标;第二个假设是,"一带一路"倡议对域外国家是善意的。我们可以基于这两个假设将上述四种观点纳入一个表格(见表3-1)。

表3-1 文献中关于"一带一路"国际合作的不同假设

假设		假设二:"一带一路"倡议对域外国家是善意的	
		是	否
假设一:中国真正致力于与共建国家现实共同繁荣的目标	是	共同发展论	霸权秩序论
	否	空间修复论	债务陷阱论

资料来源:笔者自制。

从表3-1中,我们可以清晰地看出它们在假设和结论方面的相似与不同,便于我们进一步思考不同理论话语之间的逻辑差异与对话的可能性。

从理论上看,"一带一路"建设的高质量发展还取决于第三个假设:共建国家有意愿和能力去参与并应对"一带一路"建设带来的挑战,从而实现与中国的共同发展。只有当该假设成立时,"共同发展论"以及命运共同体建设才有可能成为现实。[1] 与前面的两个假设一起,这三个基本假设大致对应了"一带一路"涉及的三个基本问题。对这三个问题的不同回答,导致了对"一带一路"国际合作本质的不同理解。[2]

如果第三个假设不成立,"共同发展论"同样不能成立,因为那样最终

---

[1] Peter Ferdinand, "Westward ho—The China Dream and 'One belt, One road': Chinese Foreign Policy under Xi Jinping," *International Affairs*, Vol. 92, No. 4, 2016, pp. 941–957.

[2] 国外学者认为,"一带一路"建设涉及三个基本问题:(1)"一带一路"追求的目标究竟是什么;(2)"一带一路"相关的贸易和投资是由市场驱动,还是不考虑经济成本与收益的对外援助;(3)"共建国家"都有哪些。Leonard K. Cheng, "Three Questions on China's 'Belt and Road Initiative'," *China Economic Review*, Vol. 40, 2016, pp. 309–313.

会导致中国与共建国家之间关系出现一种新的情景：共建国家可能存在道德风险，利用"债务陷阱"的可能性威胁中国，导致中国的单边承诺被利用，并被锁定在"发展无效"的僵局之中。与所谓"债务陷阱论"的预测不同，这种僵局最终的结果是对中国更为不利，而不是对共建国家自身不利。避免这种国际合作的僵局，应该是"一带一路"建设国际合作努力争取的。

基于以上讨论，我们可以将上述三个假设归纳为影响"一带一路"国际合作框架的三个方面的因素：（1）中国的战略能力；（2）中国的战略目标，这对应为是否具有针对第三方国家的地区或世界秩序意图；（3）共建国家的自主发展能力。我们也可以基于这三个维度建立一个三维分析框架（见图3-1）。

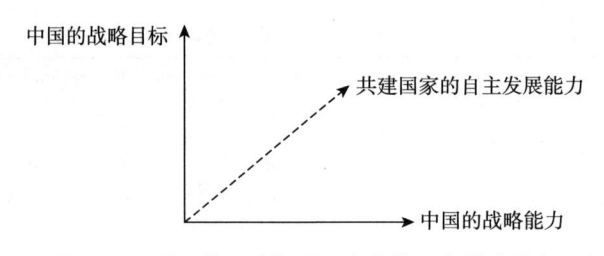

图3-1 "一带一路"国际合作的三个影响因素

资料来源：笔者自制。

由于现有的关于"一带一路"国际合作的文献普遍集中在讨论中国的战略能力以及战略目标方面，忽视了共建国家的自主发展能力这一维度的重要性，本章试图着力分析这个因素对"一带一路"国际合作框架的重要影响，特别是分析共建国家的"道德风险"的产生，以及背后的深层原因。

二 道德风险与"一带一路"的合作困境

主流文献更多侧重对中国提出倡议本身动机的分析，对于共建国家的能力与意愿关注明显不足。①

---

① 当然，很多学者其实已经考虑到了这个问题的重要性。比如杨思灵提出，共建国家情况复杂、社会多元，对"一带一路"无疑有着重要而不可忽视的影响（杨思灵：《"一带一路"倡议下中国与沿线国家关系治理及挑战》，《南亚研究》2015年第2期，第15~34页）；王义桅等提出要关注"一带一路"共建国家的道德风险问题（王义桅、郑栋：（转下页注）

第三章 "一带一路"框架下的国际合作：道德风险的视角

在政治经济学文献中，存在对利他主义者面临的所谓"撒玛利亚人的困境"（The Samaritan's Dilemma）问题的讨论。诺贝尔经济学奖得主、美国经济学家詹姆斯·布坎南在1965年的论文中曾指出这种善意的利他主义行为被利用的结果，并称之为"撒玛利亚人的困境"[①]：利他主义者积极的善意行为，使其与受助者之间形成了相互依赖关系，受助者的不良习惯可能因此被助长并选择依赖而不是改革自新。这种策略性的道德风险行为最终反而损害了双方的利益。因此，这种相互依存对于利他主义者而言反而成为一种困境。

在这个博弈结构中，撒玛利亚人的最优策略是提供援助，受助人在不知道对方的策略和效用回报的情况下应该会优先选择自我革新。但是受助人在获知博弈者的效用收益结构之后，会策略性地选择"依赖"，从而最大化自己的收益。在这种情况下，积极援助者不能够获得自己最初预期的回报，反而会陷入一个低效的均衡。在多重连续博弈之后，撒玛利亚人会发现从长期来看自己的最优策略应该是选择"不提供援助"。[②]

当前，"一带一路"建设由于在政策承诺方面的特殊性，中国与共建国家的关系很可能陷入这种"撒玛利亚人的困境"。中国政府明确提出，要通过"一带一路"推动与共建国家的共同发展，以"义利并举"的道德原则让其搭上发展的"便车"。因此，与"债务陷阱论"所预测的相反，共建国

（接上页注①）《"一带一路"战略的道德风险与应对措施》，《东北亚论坛》2015年第4期，第39~47页）。更为典型的是，李向阳在2017年指出，"一带一路"的战略定位取决于中国与共建国家。他认为，"一带一路"建设要协调中国与共建国家之间的利益分享关系。一方面，按照义利观的要求，中国作为倡导者，应该在与共建国家的合作中做出适当的利益让渡；但是另一方面，如何避免共建国家搭便车从而引发"道德风险"，因为当契约的一方不完全承担风险后果时会有可能采取自身效用最大化的自私行为（李向阳：《"一带一路"面临的突出问题和出路》，《国际贸易》2017年第4期，第9页）。高程等认为，应该基于共建国家各自不同的国内情况进行差异化的经营（高程、王震：《高质量发展"一带一路"倡议的差异化分层路径探析——以东南亚地区为例》，《东南亚研究》2021年第2期，第2~21页）。

[①] James M. Buchanan, "The Samaritan's Dilemma," in James M. Buchanan, ed., Freedom in Constitutional Contract, Texas A&M University Press, 1977, pp. 169-180.

[②] 〔美〕詹姆斯·布坎南：《制度契约与自由：政治经济学家的视角》，王金良译，中国社会科学出版社，2013，第129~142页。"撒玛利亚人的困境"已经成为国际发展援助领域的一个概念，成为国际援助领域一直在广泛讨论的理论问题。Clark C. Gibson, Krister Andersson, Elinor Ostrom, Sujai Shivakumar, The Samaritan's Dilemma: The Political Economy of Development Aid, Oxford University Press, 2005.

家的应对方式可能导致中国的投资被迫锁定，进而导致巨大的政治和经济风险。共建国家的宏观经济管理能力以及是否选择积极改革，或者选择战略性的应对行为①，对于中国是否可能走进这一困境具有重要影响。

表3-2 "一带一路"建设国际合作的困境

合作参与方及其选择		共建国家	
^	^	改革	依赖
中国	不提供投资	2, 2	1, 1
^	提供投资	4, 3	3, 4

注：表格中的数值表示博弈各方的收益值，仅为示例，不代表具体损益程度。
资料来源：笔者自制。

三 产生道德风险的根本原因

造成共建国家选择依赖策略的原因，一方面是这个博弈结构下其中一个博弈方的行为特征所引发的另一方的道德风险，另一方面还有共建国家自主发展能力不足的问题。正因为这两个方面，共建国家的依赖战略存在着深厚的政治社会基础。

一方面，"一带一路"尽管包括援助，但在整体上是互利的经济合作，中国的行为具有道义含义，但也并不完全是利他行为。但是中国的策略很可能会被锁定，体现为类似撒玛利亚人的策略模式，主要是因为三个方面。（1）"一带一路"建设项目的投资大量来源于中国开发性金融机构提供的优惠利率贷款。这种公共投资与对外援助密不可分，具有明显的利他性质。（2）基础设施投资的长期性，产生锁定效应。经济走廊的资产专用性投资，在不完全契约的背景下，极可能引发"套牢"效果，导致共建国家的"敲竹杠"行为。（3）中国基于道义做出的政策承诺，是着眼于两国人民的利益以及长远利益而推进国际经济合作，并不会因为共建国家一时的政府更替和政策变化而发生改变。中国政府一直强调，"一带一路"建设始终以共同发展的人民福祉为追求目标，并不以东道国的某个政党或领导人的态度

---

① Yoon Ah Oh, "Power Asymmetry and Threat Points: Negotiating China's Infrastructure Development in Southeast Asia," *Review of International Political Economy*, Vol. 25, No. 4, 2018, pp. 530–552.

发生转变。[1]

另一方面，共建国家的自主发展能力不足。这突出表现在很多发展中共建国家在资本主义世界经济体系中处于边缘地带，严重受制于中心国家的政策外部性影响，导致自身经济政策的自主性被严重削弱。其中的一个突出表现是发展中国家的"债务不耐"（debt intolerance）现象。这个概念是指"某些发展中国家薄弱的制度结构和有问题的政治体系使其政府将外部贷款视作避免支出和税收艰难抉择的一种诱人工具"。[2] 正因为如此，新兴市场和发展中国家往往会在更低的债务水平上发生违约。这个概念表明，发展中国家往往发现，借债比征税更容易，因为前者在政治上会更加轻松。选举周期和政党轮替的政治制度，加上经济的长期脆弱性，以及全球金融体系阶段性的宽松，促成了这种特征。"一带一路"倡议早期主要依靠中国国家开发银行和进出口银行提供的优惠贷款，中国国有企业的"预算软约束"特征以及中国政府侧重双边对话的协调机制，遇上发展中共建国家的"债务不耐"特征，很容易催生"道德风险"。另外，不断扩大的全球贫富差距也会影响发展中国家民众的心理，影响其对正义和道德的认识。[3]

从更深层的历史角度来看，共建国家的应对策略很大程度上是受到了现有的新自由主义全球化结构的束缚。长期以来，在这种结构下很多发展中国家被剥夺了自主发展的战略能力，甚至陷入了"流氓式发展"（lumpen development）模式。在著名的左翼经济学家萨米尔·阿明看来，当今的发展中国家至少可以分成三类。第一类是真正的新兴经济体，其发展计划与单方面服从全球化垄断资本主义要求的计划是完全相抵触的，它们有能力削弱处于支配地位的资本主义中心国家的统治能力；第二类则是"流氓式

---

[1] 比如在2015年3月接见来访的西里塞纳总统时，习近平主席明确表示，中斯始终遵循平等互利原则开展合作，给两国人民带来切实利益。中国对斯合作是建立在互利共赢基础之上的，不附加任何政治条件，主要目的是帮助斯里兰卡提升发展后劲，造福斯里兰卡广大民众。《习近平同斯里兰卡总统西里塞纳举行会谈》，新华网，2015年3月26日，https://www.xinhuanet.com//world/2015-03/26/c_1114774711.htm。

[2] 〔美〕卡门·莱因哈特、肯尼斯·罗格夫：《这次不一样：八百年金融危机史》，綦相、刘晓锋、刘丽娜译，机械工业出版社，2012，第16页。

[3] 当前全球收入分配的不平等可能会强化这种博弈结构的形成。全球贫富差距影响人们的心理，特别是影响对正义和道德观念的认识。对于类似现象，美国心理学家基思·佩恩给出了一个社会心理学的解释。她发现，"任性孩子喜欢的一个游戏：总是站到沙发的边缘，而父母总是选择去接住"。佩恩认为，社会分配的不平等会助长这种任性的游戏。〔美〕基思·佩恩：《断裂的阶梯：不平等如何影响你的人生？》，李大白译，中信出版社，2019。

发展"的国家，这类国家并不具备独立发展的战略能力，只是被动接受帝国主义垄断中心强加给外围国家的"发展"模式，处于生存活动急剧增长的状态；第三类则是一些把新兴模式与明显的"流氓式发展"结合起来的混合体制。在阿明看来，大多数人们公认的新兴国家都处于这种混合情况，比如印度、巴西和南非等，除此之外，在大多数南方国家中，新兴模式的特征非常不明显，而"流氓式发展"模式显然占据了主导地位。①

正因为处于世界经济边缘地带的广大"一带一路"共建国家长期以来一直处于依附式的发展模式，所以对于倡导发展战略对接的"一带一路"倡议很容易产生积极参与的热情。但是，随着"一带一路"建设深入开展，共建国家国内之前遗留的政治问题很容易暴露出来。其国内不同政治力量的斗争，会体现为对"一带一路"倡议的不同应对方式。埃文斯认为，在相互依存的管理问题上，一国的政治战略与其内部结构紧密相关。② 萨米尔·阿明则明确指出："新的买办商人阶级的形式与当代南方世界普遍存在的流氓式发展密不可分。只有在非新兴国家中，这一阶级才能成为主导力量。而在新兴国家中，占主导地位的政治势力是不同的。"③ 在这种情况下，某些国家很有可能延续过去的发展模式，在参与"一带一路"建设的过程中继续选择依赖，直到酿成新的危机，并在危机发生之后指责中国。

第四节 案例比较

本节以斯里兰卡和巴基斯坦为例，从经验分析的角度来讨论破解前面分析的"一带一路"国际合作困境的现实可能性。

巴基斯坦是"一带一路"旗舰项目"中巴经济走廊"建设的合作伙伴，斯里兰卡则是第一个正式响应"21世纪海上丝绸之路"倡议的国家。两国都分别在不同时期被炒作过"债务陷阱"问题。两国都在参与"一带一路"

---

① 〔埃及〕萨米尔·阿明：《新帝国主义的结构》，陈俊昆、韩志伟译，《国外理论动态》2020年第1期，第37~38页。
② 〔美〕彼得·埃文斯等：《找回国家》，方力维等译，生活·读书·新知三联书店，2009。
③ 〔埃及〕萨米尔·阿明：《新帝国主义的结构》，《国外理论动态》2020年第1期，第35页。阿明指出，在东亚地区存在不少有自主战略的新兴发展中国家，在其他地区却极为罕见。因此，当"一带一路"建设将东亚地区的经济模式深入传播到其他地区时，必然会遇到不同程度的风险。

建设之后发生了债务危机，而且两国的政府还几乎都在危机前后经历了一次重要的政党更替。斯里兰卡是2015年1月发生了从拉贾帕克萨政府到西里塞纳政府的轮替，在2016年初发生经常项目支出危机。巴基斯坦是2018年8月从谢里夫领导的穆盟（谢派）到伊姆兰·汗领导的正义运动党的更替，在当年5月被报道面临严重的债务危机。

相似的两个案例，结果却完全不同。其中，斯里兰卡成为炒作"债务陷阱论"的典型案例，而巴基斯坦和中巴经济走廊建设却基本没有受到影响，这在很大程度上是因为这两国的应对方式存在很大差别。

一 斯里兰卡的案例

斯里兰卡政府在2015年经历大选之后发生了中国企业投资的科伦坡港口城项目搁浅事件。2014年9月，习近平主席访问斯里兰卡，两国确定深化战略合作伙伴关系，共建"21世纪海上丝绸之路"。其中，科伦坡港口城项目是两国合作的一个旗舰性项目。西里塞纳作为反对党的候选人，与后来当选政府总理的维克勒马辛哈都曾在2014年选举时期大肆攻击执政党的对华政策和"一带一路"项目。2015年1月，西里塞纳在斯里兰卡大选中获胜成为新总统，随后宣布中止科伦坡港口城等十余个大型中资项目的建设，理由是前政府的审批手续可能存在法律问题。而且，他在选举期间就大肆攻击这些项目背后的"中国动机"。西里塞纳当选后选择印度作为第一个出访目的地，很快印度总理也在一个月后访问斯里兰卡。西里塞纳政府通过这些措施迅速与明显亲华的前总统拉贾帕克萨划清界限。很多人以为一个亲印度、亲西方的斯里兰卡新政府从此将会彻底放弃支持中国的"一带一路"倡议。

但是，西里塞纳总统在当选后却改变了竞选时攻击对华政策的极端立场。2015年3月，西里塞纳总统访问北京，表示希望在"21世纪海上丝绸之路"框架内加强同中方的合作，落实好相关项目。2016年4月8日，斯里兰卡政府总理维克勒马辛哈访问中国，请求取消其80亿美元的债务，代之以将一系列斯里兰卡公司股份卖给中国。2016年3月，斯里兰卡财政部长拉维·卡鲁纳纳亚克在接受采访时说："中国贷款是我们问题中的一大部分。政府支出中的一大部分是为债务支付利息。"据报道，时任斯里兰卡内阁发言人拉吉撒·塞纳拉特纳（Rajitha Senaratne）对此曾公开表示："（斯里兰卡）对中国的立场已经完全改变了，但是在西方严苛的（贷款）条件下，还有谁会给我们提供资金呢?"①而且在2016年4月，斯里兰卡新政府最终宣布对之前暂停的中资项目全部放行。斯里兰卡官员的这些表态似乎在表明，斯里兰卡新政府是迫于中国的债务压力而不得不违背政治意愿重新选择中国。这一事件恰好与2016年初斯里兰卡发生的短期国际收支危机重合，从而引发外界不怀好意的猜想，诞生了"债务陷阱"的说法。2017年12月，斯里兰卡方面把汉班托塔港正式移交给中国投资的企业运营，又引发了反华媒体新一轮的舆论攻击。②

某些不怀好意的评论家有意将中国以及"一带一路"与斯里兰卡的债务问题联系起来。斯里兰卡成为所谓"债务陷阱外交论"的一个典型案例。美国《外交事务》杂志在2016年5月发表题为《中国在斯里兰卡的投资：为什么与北京的联系要付出代价》的文章，首次提出"中国陷阱"的说法。③ 2017年1月23日，印度学者布拉马·切拉尼（Brahma Chellaney）在项目辛迪加网站发表文章，进一步将此称为"债务陷阱外交"。切拉尼认为斯里兰卡新政府受制于前总统拉贾帕克萨从中国欠下的债务，不得不重启科伦坡港口城项目和继续支持汉班托塔港建设。他直接攻击"一带一路"本身就是一个"包藏祸心"的"大陷阱"，而且更为露骨地表示，中国其实巴不得所投资的项目彻底失败，因为这样将使相关国家直接陷入债务陷阱而增加中国的影响力。④

2016年1月斯里兰卡发生国际收支危机，恰好与其新旧政府更替以及中斯两国开始启动合作项目的时间重叠。但是，更为基本的原因反而被忽视了。斯里兰卡的权威智库政策研究所（Institute of Policy Studies）在2015

---

① "Short of Options, Sri Lanka Turns Back to China's Economic Embrace," Reuters, February 11, 2016, https：//www. reuters. com/article/world/short-of-options-sri-lanka-turns-back-to-beijings-embrace.

② Brahma Chellaney, "China's Creditor Imperialism," Project Syndicate, December 20, 2017, https：//www. project-syndicate. org/commentary/china-sri-lanka-hambantota-port-debt-by-brahma-chellaney-2017-12; Brahma Chellaney, "Sri Lanka the Latest Victim of China's Debt-trap Diplomacy," Asia Times, December 24, 2017, http：//www. atimes. com/article/sri-lanka-latest-victim-chinas-debt-trap-diplomacy/; Helen Davidson, "Warning Sounded over China's 'Debtbook Diplomacy'," The Guardian, https：//www. theguardian. com/world/2018/may/15/warning-sounded-over-chinas-debtbook-diplomacy.

③ Jeff M. Smith, "China's Investments in Sri Lanka：Why Beijing's Bonds Come at a Price," Foreign Affairs, https：//www. foreignaffairs. com/articles/china/2016 – 05 – 23/chinas-investments-sri-lanka.

④ Brahma Chellaney, "China's Debt-Trap Diplomacy," Project Syndicate, https：//www. project-syndicate. org/commentary/china-one-belt-one-road-loans-debt-by-brahma-chellaney-2017-01.

年发布的年度经济状况报告显示，拉贾帕克萨政府为了获得竞选连任，从2012年开始大幅借入短期债务以刺激经济增长，这是外部经济失衡的主要原因。① 西里塞纳领导的新政府上任后，因为缺乏执政经验，未能采取有效措施应对财政困难局面，最终导致了2016年初的危机。

斯里兰卡的债务危机与"一带一路"建设显然完全无关。2019年2月，斯里兰卡政策研究所副所长维拉孔（Dushni Weerakoon）专门发表文章澄清了这一问题，指出中国与斯里兰卡的债务并无关系。中国提供的贷款约占斯里兰卡外债总额的10%。在这部分债务中，中国以优惠条件借给斯里兰卡的贷款占到60%以上。她认为，指责中国的相关舆论其实是"基于虚构而非事实"，相反中国通过"一带一路"框架下提供的优惠贷款对于缓解斯里兰卡的困境意义重大。文章认为，之所以存在各种刻意扭曲和攻击中国的舆论，完全是全球政治形势所致，并且作者预计未来斯里兰卡等新兴经济体会因为这种地区政治紧张关系而面临更大困境。②

另外，斯里兰卡反对派政党候选人当政后转向平衡外交，本来是斯里兰卡国内选举体制下的常见现象。在2016年4月，斯里兰卡当地媒体就曾经专门发表文章指出，西里塞纳在选举时攻击中国项目，其实是基于国内政治的任性表态，没有把国家利益放在制定最终政策的高度；当其担任职务之后已经意识到这一点，不得不再次投向中国的怀抱。文章认为，拉贾帕克萨政府时期只与中国发展外交关系，以及西里塞纳在竞选时试图转向印度和西方，都不利于斯里兰卡的国家利益；"这种不成熟的政治伤害了斯里兰卡的国家利益，幸亏有中国的耐心和宽容"。③

二 巴基斯坦的案例

巴基斯坦和斯里兰卡都处于南亚地区，两国的宏观经济基本面非常相似。南亚国家普遍面临国际收支失衡。其主要原因是宏观经济基础薄

---

① Central Bank of Sri Lanka, "Economic & Social Statistics of Sri Lanka," June 2016, https://www.cbsl.gov.lk.

② Dushni Weerakoon, Sisira Jayasuriya, "Sri Lanka's Debt Problem isn't Made in China," *East Asia Forum*, February 28, 2019, https://www.eastasiaforum.org/2019/02/28/sri-lankas-debt-problem-isnt-made-in-china/.

③ "No Free Chinese Takeaway but Chinese Takeover on the Menu," *Sunday Times*, http://www.sundaytimes.lk/160410/columns/no-free-chinese-takeaway-but-chinese-takeover-on-the-menu-189428.html.

弱，具体体现为储蓄率低、工业基础薄弱、出口竞争力弱、外来投资较少、依赖外来援助和侨汇、外汇储备水平低。另外，政府的宏观经济管理政策失当，很容易发生国际收支危机。长期以来，巴基斯坦还由于种种因素并不被西方投资者看好，被列为"不值得投资的国家"。

巴基斯坦也被认为陷入"债务陷阱"。① 但是与斯里兰卡的情况相比，巴基斯坦的危机处理情况截然不同。这究竟是为什么呢？

2018年以来，巴基斯坦开始面临一场严重的债务危机。2018年5月，巴基斯坦面临国际收支危机，外汇储备降到红线以下。据《华尔街日报》报道，巴基斯坦已经正式向国际货币基金组织提出申请，要求提供高达120亿美元的贷款，以解救该国面临的债务危机。② 西方媒体因此炒作中巴经济走廊建设项目是巴基斯坦债务危机的原因。

事实上，在中巴经济走廊中，22个合作项目中有18个是中方直接投资或提供援助，只有4个使用的是中方的优惠贷款。不过尽管如此，与斯里兰卡的情况相比，中国在巴基斯坦的债务结构中占比更高。截至2017年底，巴基斯坦公共债务和负债达661亿美元，其中包括逾120亿美元的中国商业贷款，以及30亿美元的来自中国的紧急资金，贷款占比远高于10%。

中巴两国之间高度的政治信任对于解决此次危机发挥了决定性的作用。中巴经济走廊得到巴国内各政党和各省地方政府的支持，建设中巴经济走廊已经写入巴基斯坦法律，总体上没有受到巴基斯坦政权更替的影响。巴基斯坦的政策整体上保持了较高的连续性。2018年8月，伊姆兰·汗领导的正义运动党上台执政后继续积极支持中巴经济走廊。伊姆兰·汉表示，中巴经济走廊项目是巴基斯坦振兴经济、实现发展的"黄金机遇"，巴方坚定支持"一带一路"倡议。新政府也积极推动了货币贬值和扩大财政赤字等一系列改革措施，积极调整内外部失衡。中国的金融机构包括中国工商银行也提供了10亿美元的紧急贷款支持。此外，沙特政府也在2018年底承诺投资100亿美元参与中巴经济走廊建设。巴基斯坦最终得以避免向IMF申请贷款，该次危机最终画上了一个圆满的句号。

---

① Ronak D. Desai, "Pakistan and China's Debt Trap Diplomacy," *The Straits Times*, January 19, 2018, https://www.straitstimes.com/opinion/pakistan-and-chinas-debt-trap-diplomacy.

② 《巴基斯坦财长谈资金援助：希望避免对任何单一个体产生依赖》，澎湃新闻，2018年10月31日，https://www.thepaper.cn/newsDetail_forward_2586387。

第三章 "一带一路"框架下的国际合作：道德风险的视角

三 两个案例的分析与比较

基于前面两个案例的比较特别是对斯里兰卡案例的深入分析，我们可以得出一些基本结论。

第一，尽管"一带一路"的融资规模较大，但是整体上并不构成共建国家国际收支平衡压力的主要来源。相反，东道国政府本身在现有体系下的融资以及宏观经济管理方式应该承担主要责任。"一带一路"是以项目为基础的融资，并且以中国提供的长期融资和优惠贷款为主，不大可能引发援助资金和债务负担问题。不过，相关项目的集中快速增长可能诱发一些重要的宏观经济影响，特别是助长了政府权力扩张，导致当地决策者的不负责任行为。[①] 正如斯里兰卡拉贾帕克萨政府在2014年大选期间所做的那样，相关行为最终成为诱发债务危机的导火索。

第二，"一带一路"建设是在现有的美元-华尔街体系下进行的，因此受制于当前国际经济秩序的结构性影响。从历史上来看，随着20世纪70年代石油危机的出现和美元-华尔街体系的形成，不同的国家之所以出现不同的发展局面，原因是应对国际经济体系的能力不同。由于石油危机的冲击和核心国家的萧条，绝大部分发展中国家面临经常项目压力。为了应对危机，产生了两种选择：一是在新的体系下大借外债；二是在国内进行大幅度宏观经济调整，采取紧缩的财政政策，本币贬值。其中，"借款国政府的主要失策之处是，只在目前的经济理性框架之内制定经济政策，而没有意识到，它们所面临的整个经济框架会受到通过美元-华尔街体系贯穿于整个世界经济的美国政府所作的有关美元价格和利率的政治决策的影响，进而发生改变"。结果，危机的发生使发展中世界分裂成了两个区域："那些采取借款方式的国家，在执行IMF和世界银行的结构性调整的过程中，陷入了债务危机以及长达15年甚至更久的经济萧条。而走国内调整路线、避免债务陷阱的国家主要在东亚，这些国家经受住了由新体系的建立所带来的冲击，并持续发展。"[②] 当然，在2008年国际金融危机之后，受之前东亚金

---

① 埃文斯提到，由于外部债务提供的机会，国家权力会扩张，更少受到国内资本的约束。这会增加执政者的权力，影响国内政治的平衡。〔美〕彼得·埃文斯等：《找回国家》，方力维等译，生活·读书·新知三联书店，2009，第262~309页。

② 〔英〕彼得·高恩：《华盛顿的全球赌博》，顾薇、金芳译，江苏人民出版社，2003，第65~69页。

61

融危机教训的影响,很多发展中国家担心被施加不利的政策要求,没有积极向 IMF 求助。

"一带一路"倡议源于东亚国家的发展经验,但是广大共建国家很可能并不具备这种能力和知识。正因为如此,"一带一路"建设主要是基于长期的生产性投资,区别于美元-华尔街体系下的短期融资和投机性资本流动。一直以来,现行体系导致的短期资本流动是在发展中国家造成债务陷阱的罪魁祸首。因此,如果美元进入升值周期或者出现美元荒的局面,发展中国家就很容易陷入债务危机。当前,尽管中国在发展融资方面已经拥有突出的优势,但是并不具备美国在二战结束之初所具有的相对经济规模优势,人民币在国际支付和国际储备中的地位还很低,也无法利用国际经济治理体系的制度性权力去保障自身的海外利益。

第三,共建国家的危机应对方式具有决定性的影响。基于前面的分析,共建国家在现有的国际经济体系下寻求政策自主性的意愿和能力显得尤其重要。正如有学者指出的,共建发展中国家的政府及其相关的政治经济利益将会决定"一带一路"在该国项目的性质。[1]

对于许多发展中国家来说,外部失衡危机其实往往是国内进行重大改革的强大动力。印度在 1991 年的经济改革是一个典型的例子。由于印度政治体制的痼疾,印度政府长期以来一直未能推进经济改革。1991 年海湾战争造成的经济危机,却意外创造了印度政府改革的机会窗口。在后来的总统经济顾问考希克·巴苏(Kaushik Basu)看来,当时的印度政府"以超高的效率制定了一系列前所未有的改革措施,同时,政府还明智地扫除了一些陈腐的制度,虽然它们可能与当时的危机并无直接的关联"。[2] 印度政府通过废除许可证制度,进行外汇交易和国际贸易改革,一举奠定了后来 20 多年的长期经济增长的基础。

但是,在实践中,正如在 2020 年新冠疫情暴发时所发生的那样,发展中国家在发生外部失衡危机的情况下往往会向 IMF 申请快速融资贷款。这

---

[1] Lee Jones, Shahar Hameiri, "Debunking the Myth of 'Debt-trap Diplomacy': How Recipient Countries Shape China's Belt and Road Initiative," London: The Royal Institute of International Affairs, 2020, https://www.chathamhouse.org/publication/debunking-myth-debt-trap-diplomacy-jones-hameiri.

[2] 〔印〕考希克·巴苏:《政策制定的艺术:一位经济学家的从政感悟》,卓贤译,中信出版社,2016,第 28~30 页。

种贷款不仅对于缓解国际收支危机有直接意义,也有重要的信号意义,能帮助这些国家在资本市场上获得银团贷款,降低融资成本。同时,不少共建国家也很容易把危机形成的责任推到中国身上,以从中国获得免债的特殊待遇。这种道德风险,客观上对中国造成持续的外交压力,从长期来看也不利于中国与相关国家在战略层面形成政治互信关系。

第五节 走出困境的路径

对于如何走出"撒玛利亚人的困境",布坎南从理论上指出了两条路径。首先是"领先承诺"(advance commitment)。"撒玛利亚人的困境"说明,博弈对象的选择对于最终的均衡具有重要的决定作用。考虑到这种情况,布坎南认为,利他主义者应该基于对其行为方式的考察来选择适当的合作伙伴。因此,"一带一路"建设不能简单根据地理因素来选择合作伙伴,关键还是要看合作伙伴的行为方式。所以,尽管目前有意参与"一带一路"建设的国家很多,但是有必要精心筛选重点合作伙伴,避免因为道德风险而使自身陷入合作困境。

布坎南的第二个建议是,让提供支持的一方把某些选择的决策权力委托给一个代理人,其职责就是按照事先确定的某种策略性规范行事。这样做的目的是防止"撒玛利亚人"在面对任性的博弈对象时难以直接做出"拒绝"的决策。通过委托给第三方以及制定规则,可以避免博弈困境的双输结果。当前,发达国家授权经济合作与发展组织(OECD)的发展援助委员会(DAC)来制定规则和发布数据,在一定程度上也是避免受援国产生道德风险的一个重要举措。

对此,中国有必要在通过双边的"政策沟通"的渠道以外,通过机制化建设来与共建国家加强政策合作,避免共建国家的道德风险,[①] 防止对方政府选择依赖而放弃改革的战略。

基于前面的分析,我们可以顺着布坎南的思路继续思考避免或者走出困境的路径。比如,中方可以尝试摆脱利他主义的行为模式,从而从根本上改

[①] 李向阳:《"一带一路"的高质量发展与机制化建设》,《世界经济与政治》2020年第5期,第51~70页。李向阳强调共建国家可能发生"道德风险",并建议通过机制化来解决相关问题。参见李向阳《中国特色经济外交的理念、组织机制与实施机制——兼论"一带一路"的经济外交属性》,《世界经济与政治》2021年第3期,第4~30页。

变整个博弈结构。如果中国的行为方式转为以"互惠"为基本指导原则，也可以有效影响共建国家的预期，有效避免道德风险问题。这需要对正确的义利观有明确的操作细则，也需要对"一国一策"的机制做出合理解释。

另外，中国可以通过增加在全球经济治理体系中的影响力，补充额外的博弈机会，从而增加额外的激励，也可以促使共建国家选择走向双赢的方向。针对共建国家能力不足的问题，"一带一路"建设有必要拓展到更多方面的合作，比如增强中国在国际货币基金组织、世界银行以及其他多边组织中的影响力和话语权。与此同时，人民币的国际化以及类似"清迈倡议"的多边货币和金融合作进程，有利于增强中国的讨价还价能力，从而避免"一带一路"共建国家的道德风险。在这方面，"一带一路"需要与全球经济治理其他领域的机制有机结合起来。

当然，全球经济治理体系变革的过程可能过于漫长。在此之前，"一带一路"建设仍然会受到西方主导的布雷顿森林机构的压制。对于这个问题，阿瑞吉曾富有预见性地提出关于"两个诱惑"的警告。他说："我们不应忽视中国面临的可能满足于在美国或北方国家主导的世界秩序中进行合作的诱惑，也不应忽视其他南方国家面临的出于互相嫉妒而寻求或接受北方国家的支持的诱惑。"① 克服这两个诱惑，对于"一带一路"的长远健康发展具有重要意义。②

第六节　结语

对国家间相互依赖关系的管理，是国际政治经济学研究的重要主题。

---

① 阿瑞吉希望，东亚崛起经济体能够"拯救社会主义传统、赋予人们权力、使发展重新沿着更加平等和可持续的方向进行"。乔万尼·阿瑞吉、张璐：《超越华盛顿共识：新万隆联盟?》，任雪梅译，《国外理论动态》2013年第9期。
② 美联储前理事、芝加哥大学布斯商学院经济学教授兰迪·克罗斯纳对此曾经指出："世界银行和国际基金组织更多的是关注一方面的问题，或者说是解决局部困难的，应对全球性问题对它们来说太具挑战性。"当一个欠中国巨额债务的国家寻求 IMF 的帮助时，关键时刻就来了。当"重要受益者之一是中国时，布雷顿森林体系是否会提供传统上的支持"，"这的确是中国与西方在经济和地缘政治关系上的一个转折点，因为有太多东西处于关键时期。这一时期对中国与世界其他国家关系的重要性就像上世纪 70 年代它实行改革开放一样重要"，引自 Tim Wallace，"Why the World Needs a New Bretton Woods Moment"，*The Telegraph*，27 May 2020，https://www.telegraph.co.uk/business/2020/05/27/world-needs-new-bretton-woods-moment。

第三章 "一带一路"框架下的国际合作：道德风险的视角

现有的文献因为对国际体系和行为体行为方式假设的不同，对于国际合作的走向有截然不同的预测。

本章的主要结论有四。首先，正如"撒玛利亚人的困境"所显示的，即使是在一方保持善意和追求利他主义的情况下，最终的互动也很可能无法保证实现双赢。相反，善意的行为可能导致未曾意料的双输后果，从而陷入国际合作的困境。实现互利共赢并非完全是理想主义，它需要一些条件。

其次，共建国家参与"一带一路"必须有足够的政策自主能力。随着"一带一路"建设的深入发展，共建国家面临的国际经济环境变化可能意味着新的挑战。在这个过程中，共建国家需要有足够的政治能力来推动改革以适应和继续参与"一带一路"建设。这是保证国际经济合作能够成功的一个必要条件。当然，共建国家的这种能力与意愿很大程度上受到了新自由主义经济全球化进程的削弱和约束。西方媒体仍然在积极通过散布一些错误观点来分化中国与共建国家之间的团结。"一带一路"建设需要以政治互信为前提，通过"五通"建设最终达到更高水平的政治互信。

再次，"一带一路"是中国与共建国家的共同事业。中国与共建国家互动的结果，才能最终决定"一带一路"建设项目的性质。我们不应过分夸大中国的能力，也不应该漠视或低估"一带一路"倡议对于推动世界秩序转型的潜能。共建国家应该积极利用好这一倡议，与中国齐心协力，以实现共同发展的愿景。①

最后，"一带一路"建设仍然受制于西方主导的国际经济治理秩序框架。美元-华尔街体系以及现有的多边组织仍然是主宰世界经济特别是货币金融秩序的决定性力量。这些力量仍然是债务危机的首要源头。中国尽管在国际贸易和发展融资等方面具备一定优势，但是在货币金融方面仍然要与现有国际机构开展合作。"一带一路"建设如何与现有的全球经济治理体系改革稳妥地协调配合，仍然是一个重要课题。

---

① Bhaso Ndzendze and David Monyae, "China's Belt and Road Initiative: Linkages with the African Union's Agenda 2063 in Historical Perspective," *Transnational Corporations Review*, Vol. 11, Iss. 1, 2019, pp. 38 – 49.

第四章 "一带一路"建设中的债务可持续问题[*]

钟飞腾[**]

从 2015 年起，西方媒体开始报道"一带一路"共建国家出现一定程度的债务偿还违约问题。对发展中国家来说，由于缺乏资金以及管理水平较低，很容易出现债务偿还能力不足的问题。但是，国际舆论大肆炒作"一带一路"中的债务问题，认为这是中国政府有意为之的战略外交行为。早在 2016 年 5 月，美国《外交事务》杂志就将中国与斯里兰卡的合作视为中国有意使斯里兰卡背负沉重债务，以实现自身的战略利益，并提出了"中国（债务）陷阱"的概念。[①] 这是将"一带一路"与"债务陷阱"联系起来的最早论述。随着"一带一路"的展开，"债务陷阱"不仅被国际媒体越来越多地用于攻击"一带一路"，也吸引了一些重要国际智库和政府高官的关注。2017 年 1 月，印度战略学者布拉马·切拉尼将中国与斯里兰卡就汉班托塔港债务问题进行的正常商务谈判视作中国的"债务陷阱外交"，认为在"一带一路"的包装下，中国正通过使东道国陷入债务危机达成自身的政治目的。[②] 2018 年 3 月，华盛顿全球发展中心发表题为《就债务视角审视"一带一路"倡议》的报告，提出了 8 个有可能爆发债务危机

---

[*] 本章系在钟飞腾、张帅 2020 年发表于《外交评论》的《地区竞争、选举政治与"一带一路"债务可持续性——剖析所谓"债务陷阱外交"论》一文的基础上修改而成。

[**] 钟飞腾，中国社会科学院亚太与全球战略研究院研究员、大国关系研究室主任，主要研究领域：国际政治经济学、国际战略和"一带一路"等。

[①] Jeff M. Smith, "China's Investments in Sri Lanka: Why Beijing's Bonds Come at a Price," *Foreign Affairs*, May 23, 2016.

[②] Braham Chellaney, "China's Debt Trap Diplomacy," *Project Syndicate*, January 23, 2017.

的"一带一路"共建国家。① 报告产生了极为广泛的国际影响，其中的观点被媒体广泛转载，"债务"也被越来越多的国际主流媒体和部分政要用于攻击"一带一路"。

中国政府对将"一带一路"指责为"债务陷阱"的说法进行了驳斥。2018年6月，商务部发言人高峰指出，"'一带一路'建设实施以来，中国企业在沿线国家已经建设了75个境外经贸合作区，累计投资255亿美元，上缴东道国的税费将近17亿美元，为当地创造就业将近22万个"，用事实驳斥了"债务陷阱"言论。② 2018年10月，推进"一带一路"建设工作领导小组办公室副主任宁吉喆在新闻发布会上也明确表示，"一带一路"带给东道国的是有价值的资产，在项目实施过程中也注意对债务积累的控制，部分发展中国家的债务积累是复杂的历史原因造成的，将其归咎为"一带一路"不符合客观现实。③ 2019年3月两会期间，中国外交部长王毅在接受记者采访时同样声明，"一带一路"建设是惠民"馅饼"而非债务"陷阱"。④

中外双方在"一带一路"是否导致部分发展中国家陷入"债务陷阱"问题上分歧明显。尽管中方做了大量准备，包括对"一带一路"总效益、项目合同、发展中国家债务等进行了深入阐述，但没有扭转国际舆论风向。2019年4月第二届"一带一路"国际合作高峰论坛召开后，境外媒体仍在大量发表有关"债务陷阱"的评论，并且频繁提到中国在"一带一路"上的政治目标。⑤ 极个别西方智库的报告提出了新的评估。例如，2019年4月，专注于中国对外直接投资的美国荣鼎集团与约翰·霍普金斯大学高级国际问题研究院联合发布的报告显示，至少就非洲国家而言，中国并未战

---

① John Hurley, Scott Morris and Gailyn Portelance, "Examining the Debt Implications of the Belt and Road Initiative from a Policy Perspective," CGD Policy Paper 121, March 2018.
② 《商务部：" 一带一路"项目带去的不是负担，而是希望和发展》，中华人民共和国商务部网站，2018年6月11日，http://www.mofcom.gov.cn/article/i/jyjl/e/201806/20180602754231.shtml。
③ 赵涵：《宁吉喆：" 一带一路"项目带来有效投资，而非所谓债务陷阱》，《中国战略产业》2018年第37期，第22~25页。
④ 《王毅谈"一带一路"建设：是惠民"馅饼"而非债务"陷阱"》，人民网，2019年3月8日，http://tv.people.com.cn/n1/2019/0308/c425653-30965123.html。
⑤ Editorial, "Beware of BRI Debt Trap," *The Bangkok Post*, April 27, 2019; Stefanno Reinard Sulaiman, "BRI Investment Must Avoid Debt Trap: Analysts," *The Jakarta Post*, April 27, 2019; Yomiuri News, "Can China Dispel Criticism of BRI as Form of 'Debt Trap Diplomacy'?" *The Japan News*, May 13, 2019.

略性地使用贷款来实现政治目标,相反中国与借贷国的债务谈判地位是相对平等的,中方尊重了所在国的意见。但该研究也提醒,长期而言债务风险不可小觑,处理不好将影响"一带一路"建设的可持续性。[1]

客观而言,债务风险已经是"一带一路"建设中面临的重要挑战之一。在2019年5月第二届"一带一路"国际合作高峰论坛期间,中国财政部发布了《"一带一路"债务可持续性分析框架》,表明中国政府已意识到"一带一路"建设中潜在的债务风险。[2] 印度学者也注意到,第二届"一带一路"国际合作高峰论坛强调债务可持续性,并提醒印度政府重视中国发出的这一信号。[3] 国际货币基金组织总裁克里斯蒂娜·拉加德在北京参加第二届"一带一路"国际合作高峰论坛时也表示,"一带一路"倡议可以为伙伴国提供其急需的基础设施融资,但这些以基础设施建设为核心的投资也可能导致债务负担加剧。[4] 作为一项以基础设施建设为核心内容的国际合作倡议,"一带一路"具有建设周期长的特点,在此过程中发展中国家出现债务偿还风险也并非不可能。中国作为共建国家的重要融资方,本身也被一些国际舆论警示有可能出现债务风险,重视中国企业在海外建设中可能引发债务问题没有错。历史上,20世纪80年代拉丁美洲不少国家曾因债务问题陷入"失落的十年",导致发展中国家对债务问题十分敏感,学术界曾从不同学科视角加以研究。[5]

---

[1] Agatha Kratz, Allen Feng and Logan Wright, "New Data on the 'Debt Trap' Question," Rhodium Group, April 29, 2019.

[2] 国际经济关系司:《财政部发布〈"一带一路"债务可持续性分析框架〉》,中华人民共和国财政部网站,2019年4月25日,http://www.mof.gov.cn/zhengwuxinxi/caizhengxinwen/201904/t20190425_3234663.htm。

[3] P. S. Suryanarayana, "Geopolitical Moves: China's BRI Signals to India?" S. Rajaratnam School of International Studies, Nanyang Technological University, Singapore, *RSIS Commentary*, No. 89, May 7, 2019.

[4] 克里斯蒂娜·拉加德:《"一带一路"倡议:下一阶段实施的战略》,国际货币基金组织网站,2018年4月12日,https://www.imf.org/zh/News/Articles/2018/04/11/sp041218-belt-and-road-initiative-strategies-to-deliver-in-the-next-phase。

[5] Karin Lissakers, "Review: Origins of the Debt Crisis," *Journal of International Affairs*, Vol. 38, No. 1, Perspective on Global Debt, Summer 1984, pp. 113 – 117; Miles Kahler, "Politics and International Debt: Explaining the Crisis," *International Organization*, Vol. 39, No. 3, June 1985, pp. 357 – 382; Taimoon Stewart, "The Third World Debt Crisis: A Long Waves Perspective," *Review* (Fernand Braudel Center), Vol. 16, No. 2, Spring 1993, pp. 117 – 171; Santiago Capraro and Ignacio Perrotini, "Revisiting Latin America's Debt Crisis: Some Lessons for the Periphery of the Eurozone," *Cambridge Journal of Economics*, Vol. 37, No. 3, 2013, pp. 627 – 651.

第四章 "一带一路"建设中的债务可持续问题

不过,伴随"一带一路"兴起的"债务陷阱外交论"与通常所谓的"债务陷阱"不完全是一回事。2019年6月,世界银行在一份报告中指出:"由于缺乏关于投资和融资条件的全面和一致的信息,评估'一带一路'对各国债务可持续性前景的影响面临重大挑战。"[1] 该报告立足于不同模型对中长期场景进行分析后认为,在其选择的43个国家中有12个国家未来4年将面临更大的债务脆弱性(debt vulnerability),而模型设定的30个国家中有11个国家面临长期债务恶化。不过,报告强调,中国的相关投资对这些国家的债务脆弱性影响是有限的。[2] 也就是说,与20世纪80年代拉美真正爆发债务危机不同,如今"一带一路"共建国家主要是面临债务风险,谈不上地区范围的"债务危机",更不可能是"债务陷阱"。需要我们重视的是,鉴于"一带一路"是中国经济外交的顶层设计,也是推进人类命运共同体建设的重大实践,如果不厘清"一带一路"建设与发展中国家债务的关系,这一波"债务陷阱论"也可能对中国重新构建与发展中国家的新型关系造成负面影响。此外,在当前国际局势不确定性增强、中美关系恶化的情势下,深入研究与"一带一路"有关的话语传播机制,揭示债务问题的实质,也有助于降低外部世界对中国的忧虑。

为探究"一带一路"推进过程中"债务陷阱"的实质,特别是"债务陷阱外交论"的生成机理,本章余下部分安排如下。第一部分回顾目前讨论"债务陷阱"和"债务陷阱外交"的相关文献,对其论点进行归纳整理。第二部分重点从经济逻辑上阐述中国在"一带一路"共建国家的投资和贷款的基本模式,并澄清"债务危机"和"债务陷阱"等不同概念之间的区别。第三部分在"双层博弈"模型的基础上,构建一个分析"债务陷阱论"的框架。本章认为仅从经济学角度无法解释,为什么在债务危机还没有真正爆发之前,"一带一路"被舆论塑造成"债务陷阱"。与通常只是强调美国因素不同,本章认为,东道国国内选举与地区政治环境是决定共建国家是否将"一带一路"项目归为"债务陷阱外交"的两个重要变量。总体而

---

[1] Luca Bandiera and Vasileios Tsiropoulos, "A Framework to Assess Debt Sustainability and Fiscal Risks under the Belt and Road Initiative," The World Bank, *Policy Research Working Paper*, No. 8891, June 2019, p. 3.

[2] Luca Bandiera and Vasileios Tsiropoulos, "A Framework to Assess Debt Sustainability and Fiscal Risks under the Belt and Road Initiative," The World Bank, *Policy Research Working Paper*, No. 8891, June 2019, p. 29.

言，与其说"债务陷阱"是经济现象，不如说是个别国家表达的一种政治诉求。与此同时，我们也应正视，不管共建国家的债务是否因为"一带一路"产生，只要共建国家存在债务偿还的风险，那么中国加大"一带一路"投资和建设都将引发发展中国家和国际社会新的担忧，需要中国在接下来推进"一带一路"高质量发展时加以重视。

第一节 三种"债务陷阱"说与中国学者的回应

目前将"一带一路"视为中国"债务陷阱"的报道，较少从债务危机发生与演变的一般机理入手分析"一带一路"相关债务问题，单纯认为"一带一路"诱发东道国公共债务增长，其关注点集中在中国为何有意使用债务作为实现自身战略意图的手段上。依照视角不同，我们大致可以将相关文献分为三类——争霸论、战略论与国企论，中国学者就"债务陷阱"的回应也大多围绕这三点展开。

一 争霸论：中美博弈与"债务陷阱"

这类观点的一个显著特点是，将"一带一路"视作中国对美国霸权的挑战，认为中国推动"一带一路"的主要动因是政治目的，意在团结更多的新兴市场国家。在这一战略性思维的支撑下，美方学者提出"债务陷阱"是为了阻止中国与发展中国家建立更紧密的联系。这种观点在美国有深厚的传统，例如日本在拉美债务危机中的作用和角色曾是当时辩论的题目之一。1982年墨西哥危机爆发时，巴西和墨西哥的债务占第三世界债务的43%，阿根廷、委内瑞拉和智利合计占14%。从债权国角度看，美国银行占拉美贷款的42%，而日本银行只占10%。作为当时的崛起国，日本积极介入拉美债务危机是挑战美国霸权的选择之一。[1]

早在2015年，美国布鲁金斯学会的杜大伟（David Dollar）即认为，正是美国阻碍IMF和世界银行等国际组织进行必要的调整以适应中国实力上升，才最终导致中国不得不在现有的国际组织框架之外，通过建立亚洲基础设施投资银行、推动"一带一路"等方式拓展自身的国际影响力。"一带

---

[1] Barbara Stallings, "The Reluctant Giant: Japan and the Latin American Debt Crisis," *Journal of Latin American Studies*, Vol. 22, No. 1, February 1990, pp. 1–30.

第四章 "一带一路"建设中的债务可持续问题

一路"共建国家多为经济落后、治理脆弱的发展中国家,中国在这些国家的投资和贸易行为,可能无法得到回报,最终不得不像历史上的发达国家那样,对相关国家的债务进行减免,但收益是中国将扩大影响力。① 美国方面认为,中国提出"一带一路"倡议是为了维护自身不断扩张的全球利益,如对关键地区的介入能力、保障能源安全以及与美国竞争地区主导权等。②

特朗普2017年就任美国总统后,中美关系的对立性进一步上升,这对美国的学术研究产生了十分明显的影响,美国学界对"一带一路"的认识出现了负面化趋势。同在布鲁金斯学会的莱恩·哈斯认为,美国应该从中美两国竞争的角度思考"一带一路"中的"债务陷阱"问题,以便对美国与中国之间的博弈产生更为积极的影响。③ 从中美对立的角度思考"一带一路",导致美国在外交实践中甚至出现对"一带一路"共建国进行制裁与施压的情况,不仅恶化了相关国家的财政状况,甚至在一定程度上使"债务陷阱"成为自我实现的预言。2018年7月,针对巴基斯坦出现的国际收支恶化状况,时任美国国务卿蓬佩奥虽然表示,美国期待与巴基斯坦政府接触,但认为中国向巴基斯坦提供贷款的救助"没有理由",同时警告说,任何潜在的国际货币基金组织对巴基斯坦新政府的救助都不应该提供资金来偿还中国的贷款。④ 美国政府的这一表态,无疑会影响外界对巴基斯坦财政状况的判断,增加巴方从国际金融市场融资的难度。

二 战略论:中国的战略诉求与"债务陷阱外交"

与第一种观点主要从中美关系角度看待"一带一路"有所不同,更广泛的观点认为中国在推进"一带一路"建设时缺乏透明度,特别是从经济角度无法评估中国投资的回报,导致外界认为中国在进行"一带一路"相关投资时,主要是基于战略收益而非经济收益的考虑。正因为如此,中国大量的投资有意流向信用评级不佳的国家,诱发相关国家债务负担水平上

---

① David Dollar, *The AIIB and the "One Belt, One Road"*, Brookings, Summer 2015, https://www.brookings.edu/opinions/the-aiib-and-the-one-belt-one-road/.
② 2017 Report to Congress of U. S. -China Economic and Security Review Commission, November 2017.
③ Ryan Hass, *Principles for Managing U. S. -China Competition*, Brookings, August 2018, pp. 1 – 8, https://www.brookings.edu/articles/principles-for-managing-u-s-china-competition/.
④ David Brunnstrom and David Lawder, "U. S.' Pompeo Warns Against IMF Bailour for Pakistan That Aids China," Reuters, July 30, 2018.

71

升，而这恰恰符合中国的利益诉求。① 这种观点把中国在"一带一路"建设过程中正常的经济行为政治化，对其背后所谓的战略意图进行过度解读。2017年1月印度学者切拉尼的"债务陷阱外交"，以及2018年5月哈佛大学肯尼迪学院发表的《债务簿外交》报告均属典型看法。② 该报告认为，中国的"债务簿外交"是利用债务实现其战略目标。有媒体透露，《债务簿外交》的内部版是由美国太平洋司令部编制的，而公开版本的署名则是哈佛大学教授格雷厄姆·艾利森的两名研究生，两个版本最终都提交给了美国国务院。③

从外交而不是商业角度分析中国对"一带一路"的贷款颇具迷惑性。一方面，中国政府于2015年10月提出，"一带一路"是中国"经济外交的顶层设计"。④ 另一方面，如果"一带一路"是一种外交战略，那么经济不一定是首要目标，更重要的将是外交目标，而评估外交目标则带有很强的主观价值判断。正是在这种价值预判下，中国在缅甸、老挝、柬埔寨、菲律宾、越南、马来西亚、斯里兰卡等国的正常经济活动，不仅被西方舆论视为中国大战略的一部分，部分研究甚至认为中国的相关战略构想可以追溯到20世纪80年代中期，中国通过对这些战略要地进行投资建设，不仅可以摆脱"马六甲困局"对自身经济和安全的潜在威胁，还可以进一步深入印度洋地区，实施"珍珠链战略"对印度进行"遏制"。在整个过程中，东道国拖欠中国的债务规模越大，中国在谈判中获得的优势就越大，周边中小国家只能接受这种不平等交易。⑤ 印度退役准将纳伦德·库马尔（Naren-

---

① Tanner Greer, "One Belt, One Road, One Big Mistake," *Foreign Policy*, December 6, 2018.
② Sam Parker and Gabrielle Chefitz, "Debtbook Diplomacy," Belfer Center for Science and International Affairs, Harvard Kennedy School, May 24, 2018; Helen Davidson, "Warning Sounded over China's 'Debtbook Diplomacy'," *The Guardian*, May 15, 2018.
③ Michael O'Keefe, "China's Debt Diplomacy in the Pacific," La Trobe University, May 18, 2018, https://www.latrobe.edu.au/news/articles/2018/release/chinas-debt-diplomacy-in-the-pacific.
④ 习近平：《习近平谈"一带一路"》，中央文献出版社，2018，第84页。
⑤ J. Mohan Malik, "Myanmar's Role in China's Maritime Silk Road Initiative," *Journal of Contemporary China*, December 2017, pp. 1–17; Maria Tavernini, "Chinese 'Debt-Diplomacy' Is Drowning Sri Lanka's Economy and Environment," trtworld.com, April 3, 2019; Kimkong Heng and Veasna Var, "Cambodia and the Issue of China's Debt Trap," *International Policy Digest*, May 20, 2019; Richard Javad Heydarian, "China Debt Trap Fears Shake the Philippines," *Asia Times*, March 28, 2019; Joshua Lipes, "Experts Warn of 'Debt-Trap' for Vietnam in Belt and Road Initiative as China Bids for Projects," May 22, 2019, https://global.chinadaily.com.cn/a/202103/29/WS606196d1a31024ad0bab2520.html.

der Kumar）认为，中国在"一带一路"建设过程中充分掌握了主导权，并通过使一些经济脆弱的国家陷入"债务陷阱"的方式，向中国出卖主权。[①] 美国国防大学青年学者吴志远（Joel Wuthnow）则认为，中国通过进出口银行等一系列国有银行，以及丝路基金与亚投行等国际组织，向"忠于"中国利益的国家分配贷款，甚至通过向一些国家发放"无法偿还"的贷款谋求他国政治精英的"忠诚"。[②] 第二届"一带一路"国际合作高峰论坛举办之后，《华尔街日报》在一则评论中指出："真实政治目的并非债务陷阱，而是与共建国家建立高层次的关系，这有助于推进符合中国崛起需要的军事、外交或者贸易联盟。从美国或者印度的战略视角看，这足以让人担心。"[③]

三 国企论："预算软约束"与政策性负担

中国大型国有企业广泛参与"一带一路"项目是一个客观事实，"国有企业"也在诸多研究和报道中成为攻击"一带一路"的工具。此类论断的一个共同点是，从中国国有企业的性质出发，认为中国国有企业参与共建"一带一路"加剧东道国的债务风险，"预算软约束"理论构成这一论点的重要理论基础。

"预算软约束"理论由匈牙利经济学家雅诺什·科尔奈提出，认为在社会主义制度条件下，在国有企业出现亏损时，政府常常通过追加投资、增加贷款、减少税收以及提供财政补贴等方式弥补国有企业的亏损，维持其运营，国有企业的经理人也常常预期会得到国家的支持。[④] 一些学者在分析中国通过贷款推进"一带一路"项目建设时，立足于社会主义国家的"预算软约束"，认为参与"一带一路"的中国国有企业可以更为便捷地获得廉价的资金，对经营活动中的风险敏感度大幅降低，更易产生道德风险。正

[①] Brig Narender Kumar, *Belt and Road Initiative: A Potential Threat to the Region and Eurasia*, New Deli: Centre for Land Warfare Studies, No. 150, August 2018, pp. 1 – 10.

[②] Joel Wuthnow, *Chinese Perspectives on the Belt and Road Initiative: Strategic Rationales, Risks, and Implications*, Washington, D. C.: Institute for National Strategic Studies, National Defense University, 2017, https://ndupress.ndu.edu/Portals/68/Documents/stratperspective/china/ChinaPerspectives – 12. pdf? ver = 2017 – 09 – 27 – 133545 – 700.

[③] Nathaniel Taplin, "One Belt, One Road, and a Lot of Debt: Is Beijing Strong-Arming Borrowers with 'Debt-Trap Diplomacy'," *The Wall Street Journal*, May 2, 2019.

[④] 龚强、雷丽衡、袁燕：《政策性负担、规制俘获与食品安全》，《经济研究》2015 年第 8 期，第 5 页。

是政策性银行提供的政府补贴，才导致参与"一带一路"的中国企业低估风险，甚至（不顾风险）扩大其海外投资规模。[1] 因而，大量资金流向不具有商业价值的项目，部分国家的债务风险随之上升。[2] 东南亚金融危机的教训之一是，尽管许多外债是私人部门借的商业贷款，但到头来都成为国家负债，由国家或全体国民来承担其后果。[3] 因此，即使在"一带一路"建设中债务主体不是东道国政府，一旦企业出现债务危机，政府"置身事外"几无可能。就此而言，参与"一带一路"的相关国家的企业债务确实存在转为东道国政府债务的可能。而且，中国国有企业本身确实存在较为严重的债务负担。截至2018年12月末，中国国有企业资产负债率为64.7%，其中央企67.7%，地方国有企业为62.3%。[4] 国际上公认的负债率警戒线为70%。中国国有企业本身的债务问题，在某种程度上成为中国国有企业经营中存在"预算软约束"和高道德风险的"佐证"。

诚然，许多"一带一路"项目往往被赋予重大政治意义，个别企业所承担的政策性负担是客观存在的，而这种负担对企业正常的经营活动有可能造成干扰。如曾被认为是"真正意义上的中国高铁海外首单"的墨西哥高铁，如果实施建设，几乎必然会导致中国企业亏损。[5] 但"预算软约束"和"政策性负担"是否对参与"一带一路"的中国企业产生影响，这一影响在多大程度上对企业的正常经营行为产生干扰，以及目前出现的部分项目债务压力过大究竟是个例还是普遍情况，都需要进一步研究。不同行业、级别的企业在大型项目的审批、投融资和运营的不同环节都是不同的，不能因个别项目运营困难就断定中国国有企业的介入会加剧东道国的债务负担，需要对不同项目进行具体研究。与此同时，考虑到大型基础设施盈利周期长等问题，对其最终影响有必要进行长周

---

[1] Sarah Chan, "The Belt and Road Initiative: Implications for China and East Asian Economies," *The Copenhagen Journal of Asian Studies*, Vol. 35, No. 2, 2017, pp. 52 – 78.

[2] Shu Zhang and Matthew Miller, "Behind China's Silk Road Vision: Cheap Funds, Heavy Debts, Growing Risk," Reuters, May 15, 2017.

[3] 樊纲:《论"国家综合负债"——兼论如何处理银行不良资产》,《经济研究》1999年第5期,第12页。

[4] 《2018年1~12月全国国有企业及国有控股企业经济运行情况》,中华人民共和国财政部网站,2019年1月22日, http://zcgls.mof.gov.cn/zhengwuxinxi/qiyeyunxingdongtai/201901/t20190121_3126699.html。

[5] 赵坚:《高铁火热走出去的冷思考》,《中国交通报》2015年3月4日,第4版。

期跟踪研究。

四 中国学者对"债务陷阱论"的回应

虽然中国学者并不认可"债务陷阱"的概念，但依然对"债务陷阱"的发展逻辑进行了阐释，从不同层面对这一问题做出了回应。谢来辉从全球治理角度出发，认为"一带一路"建设开展后，逐渐对现行全球治理模式形成冲击，"债务陷阱"只是西方国家"中国威胁论"的变种而已，但中国有必要注意"一带一路"实施过程中的透明度，以及与现有债务处理机制协调的问题。① 杨思灵等则从南亚的地缘政治角度考虑，指出正是由于印度坚持权力政治的逻辑思维，认为中国在南亚地区推进"一带一路"建设是对其利益的损害，才会一再制造"债务陷阱"舆论，并在政治实践中对"一带一路"的实施加以干扰。② 史泽华和储殷等则从"陷阱"理论本身和东道国的实际出发，认为"债务陷阱"只不过是诸多针对中国的政治指责的最新发展。③ 张衡和王秋彬的观点与之相似，认为西方在报道"债务陷阱"问题时，并没有从东道国债务问题的实际出发，在忽视中国债务对东道国经济积极作用的同时，片面夸大了中国债务的负面影响。④ 总体而言，中国学者指出，尽管"一带一路"在项目透明度等问题上有待改进，但均不承认"债务陷阱"的存在，认为这是外界对中国崛起持敌视态度的反映。

值得注意的是，中国学者普遍认为"第三方"因素对"债务陷阱"概念的传播起到了推波助澜的作用。后布雷顿森林体系时代，发展中国家曾多次遭受债务危机冲击，西方国家的政府也曾在债务后续治理中发挥重大作用，并借此谋求自身利益，如美国在1982年拉美债务危机和1994年墨西哥债务危机的救援中均发挥了重要作用，前者更成为美国提炼"华盛顿共

---

① 谢来辉：《"一带一路"与全球治理的关系——一个类型学分析》，《世界经济与政治》2019年第1期，第39~40页。
② 杨思灵、高会平：《"债务陷阱论"：印度的权力政治逻辑及其影响》，《南亚研究》2019年第1期，第55~81页。
③ 史泽华：《正确看待各种"陷阱"论》，《红旗文摘》2018年第18期，第11~13页；储殷、秦帅、马田甜：《"债务陷阱"论站不住脚》，《红旗文摘》2018年第23期，第34~35页。
④ 张衡：《中国致非洲陷"债务陷阱"论可以休矣》，中国财经报网，2018年9月11日，http://www.cfen.com.cn/dzb/dzb/page_1/201809/t20180911_3013712.html；王秋彬：《一带一路"债务陷阱论"实质是制造舆论陷阱》，中国社会科学网，2019年2月14日，http://news.cssn.cn/zx/bwyc/201902/t20190214_4825055_1.shtml。

识"的试验场。① 此次"一带一路"相关债务问题与以往最大的不同在于，中国取代发达国家在债务积累与治理过程中发挥重要作用，国际资本流动模式与当下国际权力运行模式出现背离，可能导致中国的发展经验被越来越多的国家接受。因而，"债务陷阱论"反映了各方的政治忧虑，这在"债务陷阱外交论"的发展机制中得到了充分体现。

第二节　中国的融资模式与"一带一路"债务问题的复杂性

与历史上频繁爆发债务危机，因而研究债务危机的文献汗牛充栋不同，学术界较少使用"债务陷阱"描述债务危机，而"债务陷阱外交"② 的说法更是罕见。学术界之所以重视债务危机，很大原因在于历史上债务违约是常态，而连续债务违约将造成连续性的金融危机。③ 主权债务经济学的研究也进一步表明，债务重组不仅伴随着巨大的债务损失（通常在 30% 以上），而且重组时间平均长达 8 年。④ 与本章相关的另一个概念是所谓"战略性债务"（strategic debt），用于描述美国利用美元霸权长期维持赤字的政策。⑤ 仅从债务规模而言，美国是当今世界第一大债务国，2017 年其债务占全球债务额的 31.8%。⑥ 虽然分析家普遍认为美国不太会完全偿还主权债务，但很多国家依然只能继续购买美国国债。因此，美国的债务风险具有特殊性，不同于一般的债务危机现象。

学术界衡量债务脆弱性的基本指标是债务占 GDP 的比重，另一个指标是

---

① Charles Gore, "The Rise and Fall of the Washington Consensus as a Paradigm for Developing Countries," *World Development*, Vol. 28, No. 5, 2000, pp. 789 – 804.
② 正如前文所述，最近几年才出现"债务陷阱外交"这个概念。有研究指出，使用这一概念的研究人员其实也是以前使用"新殖民主义"概念的那批人。参见 Nathanaël T. Niambi, "China in Africa: Debtbook Diplomacy?" *Open Journal of Political Science*, Vol. 9, No. 1, 2019, pp. 220 – 242.
③ Carmen M. Reinhart and Kenneth S. Rogoff, "From Financial Crash to Debt Crisis," *The American Economic Review*, Vol. 101, No. 5, August 2011, pp. 1676 – 1706.
④ Mark Aguiar and Manuel Amador, "Sovereign Debt," in Gita Gopinath, Elhanan Helpman and Kenneth Rogoff, eds., *Handbook of International Economics*, Vol. 4, Elsevier, 2014, pp. 647 – 687.
⑤ Carla Norrlof, "Strategic Debt," *Canadian Journal of Political Science*, Vol. 41, No. 2, June 2008, pp. 411 – 435.
⑥ Jeff Desjardins, "$ 63 Trillion of World Debt in One Visualization," *Visual Capitalist*, October 27, 2017.

债务占出口的比重。世界银行在《"一带一路"经济学》报告中提出,如果公共和公共担保债务(PPG)超过 GDP 50%的指示性阈值(indicative thresholds),则意味着债务脆弱性比较严重,需要严格审查相关贷款。① IMF 在 2002 年的一份报告中曾提出 40%的门槛值,认为负债率低于这一水平的国家,发生债务危机或调整的可能性为 2%~5%,负债率高于此值的国家,概率上升为 15%~20%。② 20 世纪 80 年代,在拉美危机爆发时,有学者曾比较过拉美和非洲地区的债务占 GDP 比重,尽管拉美是当时全球最大的负债地区,债务占 GDP 比重为 58%,而非洲则达到了 62%,非洲据此被认为陷入"债务陷阱"。非洲债务占出口的比重从 1974 年的 51.2%上升至 1981 年的 110.2%,到 1983 年有可能达到 333%。③ 对后一个指标而言,现行国际标准是 150%。

不过,哥伦比亚大学教授杰弗里·萨克斯(Jeffrey D. Sachs)在很多年前即指出,研判重债穷国的债务削减任务,应根据明确的发展目标,系统评估每个国家对债务削减和增加外国援助的需求。④ 萨克斯还提出了一个研判债务危机发展为"债务陷阱"的初步指标——经济增长率长期下降。1975~1996 年,在 59 个需要对其债务进行重组的国家中,有 39 个国家长期处于严重的危机状态,不仅未能重建可行的债务状况,也没能实现经济持续增长,1990~1999 年年均经济增长率为 0.3%,而脱离"债务陷阱"的经济体年均增长率达到 4.0%。⑤ 可见,"债务陷阱"描述的是债务国的经济由于遭受沉重债务负担而长期陷入停滞的状态。但在整个过程中,即使以国际通行的标准看,"债务陷阱"也是有着较高门槛的一种现象,更需要对债务国的经济活动进行长周期观察才能加以判断,而不是像很多批评

---

① The World Bank, *Belt and Road Economics: Opportunities and Risks of Transport Corridors*, 2019, p. 47.

② International Monetary Fund, "Assessing Sustainability," prepared by the Policy Development and Review Department, approved by Timothy Geither, May 28, 2002, pp. 42 – 53. 需要注意的是,IMF 也强调,超过 40%并不意味着一定发生债务危机,从实际案例看,负债率超过 40%的案例中有 80%未曾发生过债务危机。而且 IMF 也指出,"债务危机"这个概念并不容易进行定义,很大程度上可以说 IMF 提出的这个比率是一个经验判断。

③ Trevor W. Parfitt and Stephen P. Riley, "African in the Debt Trap: Which Way Out?" *The Journal of Modern African Studies*, Vol. 24, No. 3, 1986, p. 520.

④ Jeffrey D. Sachs, "Resolving the Debt Crisis of Low-Income Countries," *Brookings Papers on Economic Activity*, No. 1, 2002, p. 277.

⑤ Jeffrey D. Sachs, "Resolving the Debt Crisis of Low-Income Countries," *Brookings Papers on Economic Activity*, No. 1, 2002, p. 273.

"一带一路"的人士想得那样简单。

除上述两个指标之外，不同类型国家的债务结构也是影响债务风险的因素之一。巴里·艾肯格林等人的研究表明，主权债务由来已久，但不同国家集团的债务结构差异较大。艾肯格林借助国际货币基金组织的分类，将各国分成三个组别，即发达经济体、新兴经济体和低收入国家，追踪了这些国家自1900年以来的债务状况。1900~2015年，发达经济体的债务占GDP的比重平均达到63%，但以本币计价的中长期债务平均占发达国家债务总额的近3/4。同一时期，20国集团中新兴经济体的债务占GDP的比重为37%，但20世纪80年代曾飙升至超过100%。由于外币债务在新兴经济体中占比显著高于发达经济体，1980~2012年平均占比达到46%，因而就债务构成而言，新兴经济体的债务风险更高一些。1926~2015年，低收入国家的债务占GDP之比平均为38%，但在20世纪90年代曾高达147%。①"一带一路"的投资主要集中在中等收入国家，也涉及发达国家和低收入国家，但无论怎样看，以过去一百年全球的债务占比水平衡量，目前"一带一路"共建国家的平均债务水平并不突兀。

世行的相关研究也表明，"一带一路"的债务风险是可控的。在《"一带一路"经济学》报告中，世行指出，能源和运输行业占"一带一路"总投资的71%。预计2/3的资金将提供给东亚和太平洋、欧洲和中亚国家，其余的主要用于南亚、中东和北非，只有2%流向撒哈拉以南非洲。几乎所有预期的资金都将提供给中低和中高收入国家，只有1%流向低收入国家，11%流向高收入经济体。② 这意味着如果债务危机爆发，那么也主要在中等收入国家，而不是最低收入国家。世界银行的数据表明，平均而言，目前中低收入国家的外债负担仍然适中。2017年底，中低收入国家的外债占国民总收入的比重平均为25%，与前一年的平均值持平，外债占出口收入的比重略有改善，从2016年的105%降至平均102%。③ 世界银行工作论文显示，基于对2016~2018年计划或正在建设的"一带一路"项目的评估，中国对共建国家的投资高度集中，66%的投资集中于7个国家，其中俄罗斯、

---

① Barry Eichengreen, Asmaa El-Ganainy, Rui Esteves and Kris James Mitchener, "Public Debt Through the Ages," National Bureau of Economic Research, *Working Paper* 25494, January 2019.
② The World Bank, *Belt and Road Economics: Opportunities and Risks of Transport Corridors*, 2019, p. 45.
③ World Bank Group, *International Debt Statistics 2019*, 2018, p. 5.

巴基斯坦、马来西亚和印度尼西亚占总投资的50%。目前来看，债务总体是可控的，因为世行所谓债务脆弱性，基本上是指来自"一带一路"的公共和公共担保债务占GDP比重超过5%，而且只有极个别国家超过了20%。世行对此的建议是，未来的研究应该跟踪债务和非债务融资的实际形式，并进行国别分析，以确定"一带一路"投资、合同安排与融资等对债务可持续性和财务风险的影响。[1]

更进一步而言，中国在"一带一路"建设中的投资并非平均分布，采取的融资方式具有多样性，加上债务问题本身的复杂性，都决定了单纯将"一带一路"视作中国的"债务陷阱"是有违事实的。

一 "一带一路"的多种融资模式

中国提出"一带一路"倡议的一项重要考虑是提升发展中国家的基础设施水平，在基础设施建设领域中国积累了丰富的实践经验，处理与之相关的债务问题也有一套做法。把中国当作基础设施建设领域的新手，认为中国政府意识不到"一带一路"建设推进过程中的部分项目可能存在债务问题，这既不客观也失之简单。更为重要的是，中国作为兴起的发展中大国，对于发展中国家在发展基础设施中的债务风险有相当程度的了解。鉴于传统上发展中国家存在储蓄缺口、外汇缺口"双缺口"现象，中国考虑到共建国家经济发展水平较低的事实，在融资方面依据中方与东道国的实际情况进行了相应的制度安排。

首先，中国对"一带一路"相关项目贷款的发放遵循正常的商业流程，且照顾东道国的发展需求，条件并不苛刻。以中国向斯里兰卡汉班托塔港提供的贷款为例，2007年中国向汉班托塔港第一阶段建设提供的商业贷款利率为6.3%，其时斯里兰卡正在进行内战，中国的贷款条件与国际同类商业贷款相比依然具有一定的优惠，而且中国向汉班托塔港的第二阶段建设工程提供的贷款利率为2%，中国向斯里兰卡提供的贷款中有77%都享受这一优惠利率。[2]相关资料显示，中国向"一带一路"东道国提

---

[1] Luca Bandiera and Vasileios Tsiropoulos, "A Framework to Assess Debt Sustainability and Fiscal Risks under the Belt and Road Initiative," The World Bank, *Policy Research Working Paper*, No. 8891, June 2019, pp. 10, 13, 35.

[2] 《斯里兰卡汉班托塔港问题的真相》，北京周报网，2018年9月29日，http://www.beijingreview.com.cn/shishi/201809/t20180929_800143048.html。

供的贷款利率普遍为 2%~3%，且多为 20 年的长期贷款，并有相应的延期规定。① 这符合大型基础设施建设项目回报周期长、资金需求量大的特点，短期内并不会使东道国背负较为沉重的偿债负担。目前出现债务问题的"一带一路"东道国如果通过国际资本市场进行融资，由于主权信用评级较低，利率大多为 4%~8%，吉布提甚至达到了 9%。② 部分国际媒体在报道中将中国的贷款利率与日本的政府开发援助（ODA）利率进行比较，而后者的利率普遍在 1% 以下，以此认为中国提供的贷款对东道国造成了负担。但 ODA 是政府援助，将其与商业贷款利率相比缺乏合理性。

中国在共建"一带一路"过程中坚持商业原则，既是从自身实际能力出发，不承担超出国力的义务，也与援助本身难以从根本上促进受援国经济发展有关。研究证明，国际援助在促进受援国经济发展和减少贫困人口等方面作用相对有限，只有在受援国本身具有良好发展态势时才能获得积极效果。而且，很多时候援助并未进入最需要的贫穷地区，而是被东道国利益集团捕获，进入了相对富裕的地区。③ 针对小型企业和中低收入群体借贷行为的微观层次研究也表明，在不改变发展环境的情况下，单纯向经济体提供一次性资金支持和技能培训无法改变经济体对高利率贷款的依赖，从而陷入事实上的债务危机。④

其次，对于确实出现偿债困难的国家，如斯里兰卡、委内瑞拉、蒙古

---

① 世行认为，中国给低收入国家的贷款时长约为 20 年，宽限期为 6 年，给新兴市场的一般在 12~18 年，宽限期在 3~5 年。2016~2017 年，固定利率一般在 2%，比较稳定，而可变利率从 3% 上升至 4% 左右。Luca Bandiera and Vasileios Tsiropoulos, "A Framework to Assess Debt Sustainability and Fiscal Risks under the Belt and Road Initiative," The World Bank, *Policy Research Working Paper*, No. 8891, June 2019, p. 42.

② Joe Bavier and Christian Shepherd, "Despite Debt Woes, Africa Still Sees China as Best Bet for Financing," Reuters, August 31, 2018;《"一带一路"基建投资将吸引社会资本参与》, 中国经营网, 2018 年 6 月 16 日, http://www.cb.com.cn/index/show/jj/cv/cv1152506474。

③ Sebastian Edwards, "Economic Development and the Effectiveness of Foreign Aid: A Historical Perspective," *Kyklos*, Vol. 68, No. 3, 2015, pp. 277 – 316; Peter Boone, "Politics and the Effectiveness of Foreign Aid," *Review of Development Economics*, Vol. 20, No. 3, 2016, pp. 289 – 329; Simplice A. Asongu, "Development Thresholds of Foreign Aid Effectiveness in Africa," *International Journal of Social Economics*, Vol. 41, No. 11, 2014, pp. 1131 – 1155; Ryan C. Briggs, "Does Foreign Aid Target the Poorest?" *International Organization*, Vol. 71, No. 1, 2017, pp. 17 – 206.

④ Dean Karlan, Sendhil Mullainathan and Benjamin N. Roth, "Debt Trap? Market Vendors and Moneylender Debt in India and the Philippine," *American Economic Review: Insights*, Vol. 1, No. 1, 2019, pp. 27 – 42.

第四章 "一带一路"建设中的债务可持续问题

国等，中国也愿意根据实际情况，与东道国就利率和具体还款事项进行协商，而非利用经济压力谋求所谓的战略利益。① 如果"一带一路"是"债务陷阱"，中国政府最合理的选择是促使东道国始终处于债务危机的边缘，但在实践中，中国政府往往根据不同国家的实际情况，大致采取以下几种措施缓解东道国的债务压力。

第一种，"债转股"。该处理方式往往围绕具体的大型基础设施项目展开，东道国通过向中国转移基础设施运营权或股份的方式，获取新的贷款或债务减免，中国与斯里兰卡在汉班托塔港问题上的协商是这方面的代表。

第二种，国际多边方案。在这种类型的救援方案中，中国只是国际多边行动的组成部分之一，并且往往有多边国际组织参与其中，蒙古国是这一方式的代表。蒙古国由于产业结构单一，高度依赖矿产品出口，2012年后，国际大宗商品价格波动低迷，蒙古国出现债务违约风险。在各方协调努力下，2017年5月，中日韩和IMF、亚洲开发银行等国际组织，与蒙古国达成总额55亿美元的融资方案，缓解其债务压力，以便为进一步的改革创造条件。②

第三种，通过与东道国协调，中国适度调整原贷款协定安排，以委内瑞拉和马来西亚为代表。2016年，为缓解委内瑞拉的经济困境，中国与委内瑞拉对贷款的相关协议进行了修改，允许委内瑞拉在2018年之前只偿还贷款的利息，委内瑞拉负责经济事务的副总统米格尔·佩雷斯对此表示，各方面条件都得到了改善，这将为委内瑞拉提供重要的"氧气"。③ 2018年5月，马哈蒂尔就任马来西亚总理后，以债务负担过重为由取消了东海岸铁路项目。经过中马双方协调，2019年4月12日，马来西亚总理办公室发表声明，表示在缩减1/3建设成本后，将恢复东海岸铁路项目。④

中国在"一带一路"项目的债务发放与重新安排等问题上，态度积

---

① Stuart Lau, "Self-Declared Leader of Venezuela Juan Guaido Extends Olive Branch to China, Wants 'Productive and Mutually Beneficial Relationship'," *South China Morning Post*, February 2, 2019.

② Neil Saker, "Mongolia Turns the Corner with $5.5 Billion IMF-Led Financing Package," IMF, May 31, 2017.

③ Alexandra Ulmer and Corina Pons, "Venezuela Says Better Oil Loans Deal Reached with China," Reuters, May 17, 2016; Corina Pons, "Exclusive: Venezuela Faces Heavy Bill as Grace Period Lapses on China Loans-Sources," Reuters, April 28, 2018.

④ Prime Minister's Office, *An Improved Deal on the East Coast Rail Link (ECRL) Project*, April 12.

极，且充分尊重东道国的权利，甚至愿与"第三方"共同处理东道国债务问题，而非谋求垄断整个过程的话语权。因而，"债务"从未成为中国谋求战略利益的"杠杆"。中国政府认为"债务陷阱"是个伪命题，外交部发言人表示，"中方提供的有关贷款从来不附带任何政治条件"，① 认为相关言论是"不负责任的"与"别有用心的"。② 为彰显中国的外交理念，加快推进"一带一路"建设，甚至出现中国对共建国家做出重大让步的现象。③

二 债务问题的复杂性

利用"债务陷阱"说法指责中国，显然没有理解债务累积的复杂性，以及债务与国家经济发展之间的关系。从发展经济学角度看，发展中国家的债务问题是一个复杂的问题。一方面，缺乏资金是发展中国家的一个典型特征。早期的发展经济学理论认为，发展中国家之所以没能发展起来，是因为欠缺促进经济增长所需要的资本，因而需要借贷或者引进外资。另一方面，发展中国家在规划发展战略时，其理念和能力较弱，因而难免在适度债务规模以及偿债能力判断上出现失误，从而导致大规模的债务危机。随着研究的深化，人们也越来越了解到，债务与一国经济发展的关系、债务累积的成因等都十分复杂，不同的国家和处于不同发展阶段的同一个国家对待债务也有不同的态度，这也是各方在确定"债务陷阱"门槛问题上分歧如此之大的重要原因之一。

首先，债务与国家经济发展之间的关系非常复杂。二战后，大量发展中国家之所以未能从全球体系的边缘进入核心，关键原因之一在于工业化

---

① 《外交部发言人：中方提供的有关贷款从来不附带任何政治条件》，新华网，2018 年 8 月 30 日，https://baijiahao.baidu.com/s?id=1610222862082955360&wfr=spider&for=pc。
② 《汉班托塔港是"债务陷阱"？外交部：有关媒体不要热衷于假新闻》，人民网，2018 年 7 月 3 日，http://world.people.com.cn/n1/2018/0703/c1002-30114430.html；《外交部：敦促美方不要挑拨离间》，新华网，2018 年 10 月 17 日，http://www.xinhuanet.com/world/2018-10/17/c_1123574099.htm。
③ 参见 "China Will Suffer Losses If Sri Lanka Scraps Colombo Port Project," *The Economic Times*, January 20, 2015; Goh Sui Noi, "East Coast Rail Link and Pipeline Projects with China to Be Deferred: Malaysian PM Mahathir," *The Straits Times*, August 21; Zurairi A. R., "Minister Hopes ECRL Prioritises Local Goods, More Palm Oil Bought by China in Return," *Malay Mail*, April 12; 《中国一带一路与马来西亚恢复东铁项目的时机》，BBC 中文网，2019 年 4 月 15 日，https://www.bbc.com/zhongwen/simp/world-47934661。

后期外部资金供应"断供",借贷是发展中国家重要的筹资方式,而且与外国直接投资(FDI)相比,债务资金赋予发展中国家更大的灵活度。[1] 若政府单纯追求财政平衡,一味实行紧缩政策以削减债务,对国家经济增长带来的负面作用将超过收益。[2] 相反,如果政府能够合理使用债务,那么债务积累与经济增长之间就呈现长期的正相关性。[3] 政府的债务自然不可以无限增长,目前经济学的主流观点是,债务积累对国家经济发展的影响呈现倒"U"形特征,发展阶段、制度环境、产业结构甚至计算模型与数据选择等的不同会得出不同的"拐点"。[4] 具体到基础设施建设领域,发达国家和中国的发展经验都表明,在经济起飞阶段,基础设施尤其是交通基础设施建设"适度超前"是必要的。"一带一路"相关项目和贷款正在转化为东道国工业化的助力。

其次,债务规模扩大的原因复杂多样。在全球化时代,简单地将东道国债务总量增加归咎于"一带一路",严重忽视了国际大环境变化的影响。20世纪70年代以后,拉美国家之所以债务规模快速扩大,甚至爆发债务危机,与国际大宗商品价格走高、欧美等发达国家的"经济滞胀",以及随后的紧缩政策有关。[5] 20世纪90年代初期,东南亚国家债务积累速度加快,明显受到当时各界对东南亚国家经济发展前景盲目乐观、自身监管不力以及国际经济环境变化等因素影响。2018年10月IMF世界经济展望数据库的数据显示,2012~2018年,不同发展阶段的138个国家的公共债务/GDP均

---

[1] Andrew M. Fischer, "Debt and Development in Historical Perspective: The External Constraints of Late Industrialisation Revisited Through South Korea and Brazil," *The World Economy*, Vol. 41, No. 12, 2018, pp. 3359-3378.

[2] "How Much Is Too Much? Public Debt," *The Economist*, June 3, 2015.

[3] Tajudeen Egbe Tunde, "Public Debt and Economic Growth in Nigeria: Evidence from Granger Causality," *American Journal of Economics*, Vol. 2, No. 6, 2012, p. 105; Sami Al Kharusi and Mbah Stella Ada, "External Debt and Economic Growth: The Case of Emerging Economy," *Journal of Economic Integration*, Vol. 33, No. 1, March 2018, p. 1154.

[4] 有关"债务"积累与国家经济发展呈现非线性观点的经典文献,参见 Carmen M. Reinhart and Kenneth S. Rogoff, "Growth in a Time of Debt," *American Economic Review*, Vol. 100, No. 2, 2010, pp. 573-578。

[5] Martin Feldstein, *International Economic Cooperation*, University of Chicago Press, 1988, pp. 241-242; Jocelyn Sims and Jessie Romero, "Latin American Debt Crisis of the 1980s," *Federal Reserve History*, November 22, 2013; Pedro-Pablo Kuczynski, "Latin American Debt," *Foreign Affairs*, Winter 1982/83.

有明显增长,而且47个国家的增长率在50%以上。① 这是2008年全球金融危机之后,各国普遍缺乏经济增长支撑点的结果。2008年全球金融危机之后的全球经济增长,在相当程度上是债务驱动的结果,不仅政府债务,公司债务和家庭债务水平都有明显上升。全球不同发展水平国家的负债水平总体上升趋势明显,中美日三国的债务总额占全球负债总额的50%以上,远高于其GDP占比,只是大量中低收入国家由于内部金融市场发展不完善、财政管理水平低下、依赖大宗商品出口等,在这一过程中显得尤为脆弱。②

"一带一路"共建国家中出现债务问题的多为中低收入国家,根据世界银行2018年11月出版的《2019年国际债务统计年鉴》,2008年中低收入国家的外债负担出现增长趋势,与此同时,从2015年开始,流入中低收入国家的FDI减少,全球大宗商品价格开始长期低位徘徊。③ 2015年3月博鳌亚洲论坛发布行动与愿景规划文件,才真正标志着"一带一路"大规模展开。因此,中国在"一带一路"建设过程中的借贷行为,只是中低收入国家进入借贷增长周期的结果,而非原因。世界银行2019年6月发布的有关"一带一路"的研究报告也承认,部分东道国债务承受能力恶化在加入"一带一路"之前就已经出现。④ 考虑到中国的借贷资金大多流入生产性领域,且多为长期贷款,在相当程度上形成了对FDI的替代,这与欧盟等发达国家的公共债务主要流向公共消费和转移支付领域发挥再分配功能不同。⑤

长期来看,"一带一路"相关项目有助于改变东道国的经济环境,降低其经济发展对外部贷款的依赖。截至目前,对"一带一路"东道国债务问

---

① https://www.imf.org/external/pubs/ft/weo/2018/02/weodata/index.aspx。各国公共债务/GDP排名参见附件1。

② World Bank Group, *Global Economic Prospects: A World Bank Group Flagship Report*, January 2019, pp. 1 - 239; IMF, "Global Debt Database: Methodology and Sources," *IMF Working Paper*, May 2018, pp. 1 - 52; Martin Mühleisen and Mark Flanagan, "Three Steps to Avert a Debt Crisis," IMF, January 18, 2019; Patrick Kirby, "Debt in Low-Income Countries: A Rising Vulnerability," IMF, January 25, 2019.

③ World Bank Group, *International Debt Statistics 2019*, 2018, pp. 3 - 5; Jubilee, *Developing Country Debt Payments Increase by 60% in Three Years*, Committee for the Abolition of Illegitimate Debt, March 22, 2018.

④ The World Bank, *Belt and Road Economics: Opportunities and Risks of Transport Corridors*, 2019, p. 102.

⑤ Cristina Checherita-Westphal and Philipp Rother, "The Impact of High and Growing Government Debt on Economic Growth: An Empirical Investigation for the EURO Area," European Central Bank, *Working Paper Series*, No. 1237, August 2010, p. 23.

题发展方向最大的不确定因素不是中国,而是美联储是否降息,由于进入2019年6月以后10年期美债收益率在2%上下浮动,美联储的下一步反应将在相当程度上影响国际信贷市场的成本。随着全球经济可能再次步入低利率时代,政府通过借贷的方式进行投资建设可能会日益有利可图。这可能会在短期内减轻东道国的还债压力,并对共建"一带一路"产生影响。

第三节 地区竞争、选举政治与"债务陷阱外交"

从经济学角度看,所谓中国在"一带一路"制造"债务陷阱"的说法并不成立,而理论上,只有使东道国持续承受"一带一路"建设债务带来的压力,中国才有可能利用债务问题谋求自身利益,实施"债务陷阱外交"。但客观而言,以债务问题为由头的"债务陷阱外交"的说法却很兴盛,其中印度的鼓吹作用特别明显。由此就带来一个问题,"债务陷阱"以及由此引发的争议更多时候并非一个经济问题,而更像是一个政治经济学问题,其中的国际国内政治因素不容忽视。

从政治经济学角度研究债务问题,传统上集中在两个层次。第一个是国际体系,例如米尔斯·凯勒(Miles Kahler)1985年发表在《国际组织》上的文章《政治与国际债务》;① 第二个是侧重于国内层次的研究,例如20世纪80年代后期阿尔贝托·艾莱斯那(Alberto Alesina)、托斯顿·佩尔松(Torsten Persson)等人沿着实证政治经济学的思路,从政府更替(时间不一致性)角度讨论不同政府的负债规模。② 正如世界银行指出的,个别"一带一路"共建国家的确已经发生债务危机,但能否将其归结为"一带一路"还有待进一步研究,特别是需要进行国别层次的分析和论证。③ 更为重要的

---

① Miles Kahler, "Politics and International Debt: Explaining the Crisis," *International Organization*, Vol. 39, No. 3, June 1985, pp. 357–382.
② Torsten Persson and Lars E. O. Svensson, "Why a Stubborn Conservative Would Run a Deficit: Policy with Time-Inconsistent Preferences," *The Quarterly Journal of Economics*, Vol. 104, No. 2, May 1989, pp. 325–345; Alberto Alesina and Guido Tabellini, "A Positive Theory of Fiscal Deficits and Government Debt in a Democracy," *Review of Economic Studies*, Vol. 57, No. 3, July 1990, pp. 403–414.
③ Luca Bandiera and VasileiosTsiropoulos, "A Framework to Assess Debt Sustainability and Fiscal Risks under the Belt and Road Initiative," World Bank, *Policy Research Working Paper*, No. 8891, June 2019.

是，在"一带一路"并没有导致普遍性债务危机的情况下，也就是说并没有出现经济层面的"债务陷阱"时，"债务陷阱外交论"却在扩散。受上述文献启发，我们认为有必要进一步挖掘政治因素在"债务陷阱外交"说法流行中的影响。

中国政府将"一带一路"界定为规模最大的国际合作平台，而国际合作具有典型的双层博弈特征。双层博弈模型最初由哈佛大学教授罗伯特·帕特南（Robert D. Putnam）于1988年在《外交和国内政治：双层次博弈的逻辑》一文中提出，他认为若要达成国家间合作，政府不仅要在国际层面进行谈判，为推动谈判结果在国内通过，同样需要在国内不同利益集团之间谋求平衡。[①] 与以往类似研究相比，该文在两个方面有所突破。首先，打开了国家这个"黑匣子"，将政府进行国际互动时策略与利益形成的机制呈现出来。在此之前在研究国家合作问题时，人们更多从国际社会的无政府状态和国家单一行为体的假设出发，忽略了国内政治对政府国际行为的影响。如同样是研究国际合作问题，罗伯特·基欧汉（Robert O. Keohane）主要从"互惠"（reciprocity）角度讨论无政府状态下国家之间的合作与国际制度问题，但基欧汉也指出，"什么样的策略与制度环境更有益于国际合作需要进一步思考"。[②] 其次，奠定了此后双层博弈论的研究框架。帕特南的"双层博弈"模型解释了政府的国内博弈如何影响其在国际谈判时的表现，并偏重政府与国内利益集团的互动对其国际行为的影响。他认为政府在进行国际谈判时层次性更为复杂，且不同层次之间的影响机理远比文中呈现的更为复杂。

自"双层博弈"模型提出之后，沿着这一思路的研究出现了以下几种趋势：第一，研究议题已经从单纯的国际"谈判"向更多形式的国际互动发展；第二，研究主体不仅从发达国家向发展中国家扩展，大量国际组织如欧盟、北约等也进入研究视野，盟友或国际组织的作用也相应开始显现；第三，双层博弈论向多层次、互动博弈发展，涉及的议题几乎全方位覆盖

[①] Robert D. Putnam, "Diplomacy and Domestic Politics: The Logic of Two-Level Games," *International Organization*, Vol. 42, No. 3, 1988, pp. 427 – 460. 该文在相当程度上影响了人们对国际关系的认识，是迄今国际关系领域引用率最高的文献之一。截至2019年8月，微软搜索（www.biying.com）显示该文共被引用10185次，而剑桥数据库（www.cambridge.org）则显示该文被引用近2000次。

[②] Robert O. Keohane, "Reciprocity in International Relations," *International Organization*, Vol. 40, No. 1, 1986, pp. 1 – 27.

国际关系研究，甚至不乏对债务谈判的研究。

"一带一路"项目投资的80%左右集中在基础设施领域，"债务陷阱外交"与其说指向债务，不如说是部分政治行为体对大型基础设施建设的担忧，因而某些国家对于推进"一带一路"这样的国际合作欠缺动力，甚至希望阻止"一带一路"建设的推进。大型基础设施，尤其是涉及多国利益的重要的跨国交通基础设施，国家围绕其控制权的博弈，往往成为双层博弈论研究的经典案例。帕特南在《外交和国内政治：双层次博弈的逻辑》一文中就曾将美国在《巴拿马运河条约》谈判中的表现作为案例。针对1956年英国政府忽视国内民意执意武装干涉苏伊士运河危机，有研究认为，国内与国际之间的互动机制的复杂程度可能远高于双层博弈论的展示。[①] 大型基础设施建设对于国家建设本身的意义也是不容忽视的，因而，也有少量研究尝试从国家建设角度，应用双层博弈论研究基础设施建设问题。[②] 但不难发现，将双层博弈应用于分析跨国基础设施建设的为数甚少，而且更少关注基础设施修建对于行为体在各个层次互动模式变动的影响。正如上文指出的，大型跨国基础设施的修建，带动了不同层次经济要素的流动，会打破既有的利益与力量均衡，进而影响各方的利益偏好，这也就意味着政府需要在不同层面进行新的博弈，以便建立新的均衡。

基于上述文献的启发，本章将构建更为基本的分析框架，将国内和地区两个层次统一起来，进而以国别案例研究来验证"债务陷阱外交论"的扩散对地区竞争与选举政治的作用。

一 选举政治、发展战略调整与"债务陷阱"

尽管将"一带一路"建设等同于中国制造"债务陷阱"有违事实，但确有部分"一带一路"东道国以债务负担沉重为由，调整甚至取消"一带

[①] Eugénia da Conceição-Heldt and Patrick A. Mello, "Two-Level Games in Foreign Policy Analysis". This is a preprint version of a chapter published in the Oxford Research Encyclopedia of Politics, 2017, pp. 1 – 33.

[②] Daniel Lambach, "State-Building as a Two-Level Game," Paper Presented at the 48th ISA Annual Convention, February 21, 2007, pp. 1 – 14; Vicki M. Bier and Sinan Tas, "Game Theory in Infrastructure Security," *WIT Transactions on State of the Art in Science and Engineering*, Vol. 54, 2012, pp. 91 – 104; Aidin Ferdowsi, Anibal Sanjab, Walid Saad and Narayan B. Mandayam, "Game Theory for Secure Critical Interdependent Gas-Power-Water Infrastructure," *Resilience Week (KWS)*, 2017, pp. 184 – 190.

一路"相关项目。同时,我们也注意到,出现类似情况的国家,国内多发生大选和执政力量的更迭。选举带来的东道国执政团队更迭,往往导致公共政策的巨大变化。与一般的政策相比,公共政策表现为更严厉的国家强制性和政府权威性。鉴于"一带一路"共建国家中"债务危机"严重的国家数量较少,目前还难以从定量上推断选举和"债务陷阱"之间的相关性。但实证政治经济学曾用"政治预算周期"这一概念来概括发达民主国家政府更替对财政赤字的影响。既有研究表明,与人们通常认为政治家为了取悦选民而增加开支、减少税收不同,进入选举期的政府财政和债务安排有更复杂的考虑。例如,有研究认为,政治家在临近选举时,比起不太明显的公共品投入,更愿意选择投入更明显的公共品,因为后者更容易让选民看懂。关于在什么样的国家更容易出现政治预算周期这一点,学术界目前还存在争议,早期观点认为比例代表制要比多数制更容易出现政治预算周期。而挑战者则认为,政治预算周期是否存在与投票规则无关,而与民主的新旧有关。在新民主国家,由于选民对选举政治缺乏经验或者不具备足够的信息,政治家更容易对财政进行操纵。[1]"一带一路"建设债务多与具有公共产品性质的大型基础设施相关,极易引起各方关注,且国家负债增加极有可能削减政府未来在公共福利领域的投入。因而,反对派在选举期间使用"债务陷阱"攻击政府的"一带一路"政策符合既有的研究结果,加之相关贷款协议或处于保密状态,或极为专业复杂,这又给了反对派进行议题操作的信息空间。

"一带一路"建设成效既与发展中国家民主政治的特点有关,又可能进一步放大选举政治对东道国"一带一路"政策的影响。首先,执政力量的更迭,可能带动国家发展战略取向上的变动,尤其是"一带一路"涉及项目大多为建设与影响周期较长的大型基础设施,与国家的发展方向紧密相关。其次,关于政党政策与选举关系的研究已经表明,即使选举过程中不发生执政力量更迭,执政党出于争夺选票的考虑,同样有可能根据选举结果对自身政策进行不同程度的调整。[2] 随着"一带一路"东道国进入选举周期,无论是否发生政权更迭,竞选压力都有可能对东道国的"一带一路"

---

[1] Alberto Alesina and Andrea Passalacqua, "The Political Economy of Government Debt," in Harald Uhlig and John Taylor, eds., *Handbook of Macroeconomics*, Vol. 2, Elsevier, 2016, pp. 2599 – 2651.

[2] Zeynep Somer-Topcu, "Timely Decisions: The Effects of Past National Elections on Party Policy Change," *The Journal of Politics*, Vol. 71, No. 1, 2009, pp. 238 – 248.

政策产生影响。在选举期间，发展中国家的政治家往往依据"身份"进行国内政治动员。"身份"政治容易放大彼此之间的矛盾，使不同政治集团日益走向对立。[①] 在这样的政治环境中，重大的国家政策往往与政党甚至领导人本人"捆绑"。政治对立程度，而非政策本身的效果，成为新政府"修正"上届政府政策的依据，这也使得相关"一带一路"建设项目更有可能成为东道国国内各派政治斗争的"筹码"与"牺牲品"。因而，即使新的执政力量认可"一带一路"建设对国家发展的重要性，同样会对其进行某种形式的政策上的攻击，甚至进行某些细节安排上的调整，以便将相关政策与前任政治力量进行"切割"。尤其需要注意的是，国家重大政策转变往往意味着新政府不再认可上一届政府设立的发展战略，而更倾向于另起炉灶。那么，新政府的发展战略也将改变建立在旧发展战略上的财政预算平衡，从而导致债务危机，与之相关的"一带一路"债务可持续性也会受到影响。

二 小国特性、地区竞争与"债务陷阱外交"

在强调东道国国内选举对"一带一路"的冲击时，我们发现东道国政策的改变也受到地区政治环境的影响。东道国选举期"一带一路"政策的动摇，往往并非纯粹意义上的国家预算问题或发展战略调整，它涉及东道国对外政策的选择，而"一带一路"东道国多属中小国家，国家特性决定了其对外政策要受其所处地区环境的影响。尽管从人口和面积看，有些"一带一路"共建国家并非"小国"，但在国际关系中多被归为小国，个别被归为中等权力国家。对于中小国来说，自主性差，其对外行为更容易受到地区和国际局势变化的影响，在对外关系上往往搞大国平衡。[②] 与大国相比，小国更需要应对外部环境变化带来的"脆弱性"。[③] 而且，小国在与大国互动时，通常只能在追随与制衡之间进行选择，后者往往需要借助他国

[①] Dani Rodrik, "Is Liberal Democracy Feasible in Developing Countries?" *Studies in Comparative International Development*, Vol. 51, No. 1, 2016, pp. 50 – 59; Muna Ndulo and Sara Lulo, "Free and Fair Elections, Violence and Conflict," *Harvard International Law Journal Online*, Vol. 51, 2010, pp. 155 – 171.

[②] 孙西辉、金灿荣：《小国的"大国平衡外交"机理与马来西亚的中美"平衡外交"》，《当代亚太》2017年第2期，第17页。

[③] 韦民：《小国概念：争论与选择》，《国际政治研究》2014年第1期，第83页；Severrir Steinsson and Baldur Thorhallsson, "The Small-State Survival Guide to Foreign Policy Success," *The National Interest*, September 28, 2017。

力量，或实施多边政策。① 地区大国对"一带一路"的态度和应对措施，便在一定程度上左右了这些国家"一带一路"政策的走向。

在美国对"一带一路"的负面态度逐渐"常量化"的情况下，地区秩序对东道国"一带一路"政策的选择尤为重要，而且进入 21 世纪以来，国际学术界倡导的一个新思路是世界是由地区构成的。冷战时期，地区秩序只是全球竞争和敌对关系的"投影"，而冷战结束后，地区秩序与地区大国在国际关系中的自主性和影响力均在上升。② 从政治层面看，地区主义的兴起和蓬勃发展也是 21 世纪国际关系的重要特征。除政治因素之外，经济因素也是推动地区地位上升的重要因素。广泛存在的地区自由贸易协定以及跨国公司的地区化是地区融合的动力。例如，已故跨国公司学者阿兰·鲁格曼曾提出，跨国公司的经营事实上不是全球分布的，而是呈现高度的区域集中特性。③ 而"一带一路"是一种发展导向型的新型区域经济合作机制，不可避免带有地区特性，注重地区间的合作与竞争。④

"一带一路"的影响之所以能够超出中国与东道国双边层面，引发地区大国的反应，与其建设过程中的"外部性"有关，也与大型基础设施自身的特性密切相关。2015 年 3 月，中国提出"一带一路"以"五通"为主要内容，而有关贸易和资金的"经济通"是"五通"的重要内容，经济要素（包括资本、技术、劳动力以及信息）流动会在全球、地区与国家内部三个层面引发政治结构的变动，而三个层面政治结构的变动同样会对经济要素

---

① 韦民：《小国与国际关系》，北京大学出版社，2014；Sandya Gunasekara, "Bandwagoning, Balancing, and Small States: A Case of Sri Lanka," *Asian Social Science*, Vol. 11, No. 28, 2015, pp. 212 – 220; Maria Nilaus Tarp and Jens Ole Bach Hansen, "Size and Influence: How Small States Influence Policy Making in Multilateral Arenas," *DIIS Working Paper* 2013：Ⅱ, Copenhagen, Danish Institute for International Studies, pp. 1 – 26.

② 〔美〕彼得·卡赞斯坦：《地区构成的世界》，秦亚青、魏玲译，北京大学出版社，2007；Amitav Acharya, "The Emerging Regional Architecture of World Politics," *World Politics*, Vol. 59, No. 4, 2007, p. 631; Mikael Wigell, "Conceptualizing Regional Powers' Geoeconomic Strategies: Neo-Imperialism, Neo-Mercantilism, Hegemony, and Liberal Institutionalism," *Asia Europe Journal*, Vol. 14, No. 2, 2015, p. 1.

③ Alan M. Rugman, *The Regional Multinationals: MNEs and "Global" Strategic Management*, Cambridge University Press, 2001.

④ 李向阳：《亚洲区域经济一体化的"缺位"与"一带一路"的发展导向》，《中国社会科学》2018 年第 8 期。

第四章 "一带一路"建设中的债务可持续问题

的流动产生作用力。① 大型交通设施直接服务于经济要素的流动,可以对地缘政治与经济形式产生直接的影响。麦金德之所以认为俄国陆地霸权逐渐取得相较于英国海洋霸权的优势,正是基于沙俄在欧亚大陆内部大规模修筑铁路,这将大幅度提升沙俄相较于英国的地缘优势。麦金德指出,铁路这样具有大运力的交通基础设施的修建,有助于人类通过压缩时间的方式克服空间对自身行为的限制,进而影响国家之间的地缘经济与安全格局,两者的结合将会改变国家之间的博弈形势。② 设施联通恰是"五通"的重要方面,而交通运输的互联互通是基础,是优先领域。③ "一带一路"的实施客观上形成了一个以中国为核心的区域交通网络,中国在地缘上兼顾海陆的潜在优势将被充分挖掘,相对周边地区大国的地缘优势改善尤为明显。④ 依托基础设施建设的六条经济走廊,不仅有助于东道国融入全球分工体系,也将使共建国家更好地分享中国的发展成果,中国借此向东道国提供了"发展"这一重要的公共产品。正是由于各方预期"一带一路"将促进当地的经济发展,在经济因素对维持政府合法性更加重要的当代社会,哪个国家提供了有利于增长的外部动力,就将在国际竞争中赢得更多主动,由此围绕"一带一路"的争论难免涉及地区竞争。⑤ 简言之,"一带一路"建设在客观上在地缘格局与公共产品两个领域,使中国与地区大国不可避免地产生竞争。

因此,地区大国在"一带一路"建设中扮演着独具一格、非同一般的角色。⑥

---

① 王正毅:《构建一个国际政治经济学的知识框架——基于四种"关联性"的分析》,《世界经济与政治》2009年第2期,第6~12页。

② 〔英〕麦金德:《历史的地理枢纽》,林尔蔚、陈江等译,商务印书馆,1985,第60~63页。交通对时空影响的分析范式,参见荣朝和《交通-物流时间价值及其在经济时空分析中的作用》,《经济研究》2011年第8期,第133~146页。

③ 《设施联通提升空间巨大——2018年"一带一路"五通指数单项报告之二》,北京大学"一带一路"数据分析平台,http://ydyl.pku.edu.cn/xwdt/1304773.htm;《图解"一带一路":"五通"大数据和大事记》,新华网,2017年4月28日,http://www.xinhuanet.com/fortune/2017-04/28/c_129580144.htm。

④ 李晓、李俊久:《"一带一路"与中国地缘政治经济战略的重构》,《世界经济与政治》2015年第10期,第57页。

⑤ "Will China's New Trade/Debt Diplomacy Strategy Reshape the World?" *The International Economy*, Vol. 32, No. 1, Winter 2018, pp. 8~33.

⑥ 林民旺:《"一带一路"与南亚地缘政治》,世界知识出版社,2018;丁工:《地区大国或可促进一带一路五通》,中国社会科学网,2017年6月8日,http://www.cssn.cn/sf/bwsf_lll-wz/201706/t20170608_3543483.shtml。

所谓的地区大国不仅在该区域内享有绝对的物质和影响优势,地区领导地位也得到各方认可,并通过为地区内其他国家"代言"和提供公共产品的形式提升自身合法性,它们竭力维持自身在地区内部的地缘政治优势,试图挫败任何挑战其地区霸权的努力。[1] 一旦地区大国将地区内小国与域外大国的互动视为对自身霸权的挑战,干预地区内小国的内政便成为地区大国维护自身优势地位的政策选项之一,目标国国内选举引发国内稳定性下降,降低了地区大国实施干预的成本,增加了地区大国采取干预政策的可能性。地区大国可以大致分为帝国型、霸权型与领导型三种类型,分别对应强制(胁迫)、制度与引导三种类型的对外政策,三种类型地区大国的区分并非绝对,不同的外交政策之间也存在交互使用的情况。[2] 三种政策对应着不同的"一带一路"政策,当地区大国从零和博弈视角审视这一现象时,则倾向于采取反制措施,特别是干预中小共建国家的发展战略,排斥地区内国家加入"一带一路",最明显的借口则是将中国推进"一带一路"建设指责为"债务陷阱"和"债务陷阱外交"。

第四节 结语

"一带一路"既是中国经济外交的顶层设计,同时也是中国给国际社会提供的合作平台,在多方参与时各国的认知和步调并不一致。围绕"一带一路"出现的"债务陷阱"和"债务陷阱外交"两种说法,既有共同点,也有不同。本章的分析表明,主权国家的债务问题可以说古已有之,发达国家、发展中国家均曾陷入不同程度的债务危机,学术界的研究也相对充分。但学术界对"债务陷阱"的研究并不充足,更多是在经验意义上对"债务陷阱"的门槛和经济逻辑有一定的判断。因此,债务、债务风险、债务危机和债务陷阱等概念虽然都是在讨论债务问题,但程度是不同的。总

---

[1] Detlef Nolte, "How to Compare Regional Powers: Analytical Concepts and Research Topics," *Review of International Studies*, Vol. 36, No. 4, 2010, pp. 881–901; Olusola Ogunnubi, "Effective Hegemonic Influence in Africa: An Analysis of Nigeria's 'Hegemonic' Position," *Journal of Asian and African Studies*, Vol. 57, No. 7, 2017, pp. 1–15; Philip Nel and Detlef Nolte, "Introduction: Special Section on Regional Powers in a Changing Global Order," *Review of International Studies*, Vol. 36, No. 4, 2010, pp. 877–879.

[2] Sandra Destradi, "Regional Powers and Their Strategies: Empire, Hegemony, and Leadership," *Review of International Studies*, Vol. 36, No. 4, 2010, pp. 903–930.

体而言，若干"一带一路"共建国家的确面临债务风险，但远没有到"债务陷阱"的程度，更不用说作为整体的"一带一路"陷入了"债务陷阱"。进而言之，由于对债务的结构和程度等缺乏严谨的分析，指责中国通过让东道国负债进而控制东道国的"债务陷阱外交论"，无疑是不怀好意或挑拨离间的臆测。

在"债务陷阱外交"概念发展与传播过程中，美国智库、媒体与官员发挥了重要作用，但本章的分析表明，"债务陷阱外交论"之所以成为一些国家攻击"一带一路"的工具，也与东道国所处地区和本身既有权力结构及其运行逻辑有关。本章借鉴研究债务问题的政治经济学文献以及双层博弈模型对国际力量和国内力量的互动分析，构建了一个包括地区环境和国内选举的新框架，从动态角度分析东道国和地区环境互动情况下东道国债务问题的政治影响机制。我们发现，执政力量的更迭对东道国原有权力结构造成冲击，有可能带动国家发展战略和相关政策的变化。大型基础设施与地缘政治格局的联系，又使地区大国在审视"一带一路"时难以摆脱地区竞争考量，从而促使地区大国干预地区内国家的"一带一路"政策，某些地区大国甚至为个别国家的反对派提供替代性方案，进一步增强了地区内中小国家改变发展战略甚至故意拿"债务"抹黑中国的动力。不过，本章的讨论也表明，随着"一带一路"地理空间的延伸，各方对"一带一路"的政治敏感性明显下降，地区竞争烈度趋弱，"一带一路"也可以避免进入"债务陷阱"的话语体系，而更多依赖对具体行业和个案的评估。这也是"债务陷阱"等话题在中国周边地区颇为盛行，而在非洲地区缺乏说服力的原因之一。

与此同时，我们也发现债务问题的确是"一带一路"发展中共建国家面临的挑战之一。虽然这种挑战并非始于中国，而是发展中国家长期借债发展的结果，但中国"一带一路"相关大规模投资正在积聚新的力量，而这种力量的运用却受制于多种因素。从积极方面来看，中国为共建国家输送了资本、技术和管理技能，这些对发展中国家而言是急需的。但我们也应当承认，中国企业与政府在推动"一带一路"建设过程中，偏重与东道国政府层面的合作，相对而言不太重视社会层面的力量，特别是不太重视政党政治的运作。对于共建国家的反对派来说，中国与现政府的合作协议或项目往往被用来攻击现政府，以调动选民资源，获取政权。这个逻辑实际上与西方国家的选举政治存在共性，在话语传播上容易获得西方舆论支持。因此，中国企业要充分重视东道国的舆论环境与国际舆论场的互动。

"一带一路"共建国家大多数是经济落后的发展中国家，这些国家经济基础薄弱、产业部门单一、财政能力脆弱，"一带一路"的大型基础设施项目建设客观上确实使东道国面临经济压力。诸如高铁这样的项目一旦建成，如出现低利用率的情况，无论采取何种融资形式，都会构成东道国政府的长期财政负担。面对一些国家对"一带一路"的责难，中国应重视东道国国内不同力量的博弈，合理区分债务风险的来源。打铁还需自身硬，基础设施建设能否推动落后发展中国家的经济增长，主要取决于东道国能否制定正确的发展战略，但也与中国能否充分考虑东道国当地需求密切相关，这就要求我们的企业善于灵活应对，更紧密地结合当地的实际情况综合评估后动态调整投资策略。

由于"一带一路"是一个国际合作平台，很多参与方从多边角度考虑中外合作。中国不少在当地进行项目建设的机构，多数时候只是从双边角度考虑问题，至多会考虑中美博弈加剧这个不利因素，对东道国所处的地区环境以及国际关系网络还了解不够。本章的研究表明，除了体系层次的因素，地区因素也是影响"一带一路"建设成效的重要变量。中国应正视"一带一路"对地区地缘政治经济格局的重塑效应，努力争取地区大国内部力量对"一带一路"的支持，特别是尽可能降低其对"一带一路"地缘政治影响的担忧。目前，我们提出了"第三方市场合作"这个创造性概念，其有助于减缓"一带一路"的地缘政治效应，化解"债务陷阱"之类的不实指责和潜在风险。

第五章 "一带一路"建设中的民生问题

钟飞腾[*]

高质量发展的提出是中国改革开放迈入新发展阶段的重要标志。从根本上说，高质量发展首先用于描述中国国内的发展状况、规划中国的发展目标，一开始并不是一个对外关系的专用术语。不过，由于中国发展壮大为世界第二大经济体，且在中美战略竞争加剧背景下提出了进一步提升中国实力水平的发展目标，那么，中国国内政策的重大调整自然会外溢到其对外关系领域。不少国际评论认为，"一带一路"为中国塑造取代美国成为主导大国的地缘经济和安全格局提供了重要机遇。[①]

事实上，自2013年秋季"一带一路"倡议提出以来，与世界各国共建"一带一路"，已经成为中国参与全球开放合作、改善全球经济治理体系、促进全球共同发展繁荣、推动构建人类命运共同体的重要方案。随着参与国家的增多、参与项目的进一步扩展、发展和合作理念的不断完善，"一带一路"建设也不断迈上新台阶。国内发展阶段和发展目标的转变，势必影响"一带一路"建设方向和重点，最为标志性的是赋予其"高质量发展"的内涵。这样一种新的定位和目标，反映出中国希望为解决近些年全球经济发展困境做出更大的贡献。特别是，新冠疫情严重冲击全球经济，发展中国家的经济发展以及民生等受到极大影响。据国际劳工组织估算，2021年全球失业人口将增加至2.05亿，且2023年前全球就业增长

---

[*] 钟飞腾，中国社会科学院亚太与全球战略研究院研究员、大国关系研究室主任，主要研究领域：国际政治经济学、国际战略和"一带一路"等。

[①] Laura-Anca Parepa, "The Belt and Road Initiative as Continuity in Chinese Foreign Policy," *Journal of Contemporary East Asia Studies*, Vol. 9, No. 2, 2020, pp. 175–201.

规模仍不足以弥补疫情造成的就业损失。与2019年相比，全球贫困或极端贫困劳动者增加约1.08亿，加大了实现联合国消除贫困目标的难度。① 在这种新的形势下，积极稳妥推进"一带一路"建设势必要考虑国内外的民生问题。

本章试图从三个方面讨论"一带一路"高质量发展阶段的民生问题。首先，本章将从发展阶段和经济发展方式转变的角度，重新描述改革开放以来中国发展战略目标的演变，以此凸显"一带一路"首先是国内发展阶段转变的产物，也将随着发展阶段的进一步变化而调整。尽管总体上而言，现代化一直是中国的重要目标，迄今这一目标也未发生根本改变，但是对于现代化内涵的认识确实有很大的变化。其中，最为突出的关注点在于如何更好地发展经济。20世纪90年代以来，发展目标经历了三个较大的阶段性变化，从单纯的转变经济发展方式，升级为内涵更加全面丰富的高质量发展。认识这一进程，不仅有助于我们把握"一带一路"的国内动力，也有助于我们理解处于不同发展阶段的共建国家在发展问题上的需求，从而更好地实现双方发展战略的对接。

其次，中国将"产能合作"作为"一带一路"建设的核心，也体现出发展阶段转变对对外关系的影响。对"一带一路"的这一定位，有两个基本目标。一是解决中国在顺周期下形成的巨大产能和建设能力"走出去"问题，这本身也构成了中国迈入高质量发展阶段时的国内目标，同时也是与外部世界构造新型关系的重要内容；二是支持共建国家的工业化和现代化，这无疑是非常宏伟的目标，将持续数十年。中国政府也认识到，如果向外进行产业转移，并且支持共建国家的工业能力建设，那么势必影响到共建国家以及非共建国家对中国外交的认知，因而中央提出"一带一路"也是"经济外交的顶层设计"。在这个意义上，随着中国国内经济发展转向高质量发展阶段，中国的对外经济关系以及很大程度上也可以说全面的对外战略，都在进行深刻的调整。

最后，中国政府注意到民生问题已经成为高质量发展阶段更加突出的问题。"高质量发展"既与20世纪80年代中后期发展战略调整时，邓小平提出的"两个大局"——沿海率先发展然后带动中西部地区发展——相符

---

① 凌馨：《国际劳工组织预计明年全球失业人数超2亿》，新华网，2021年6月2日，http://m.xinhuanet.com/2021-06/02/c_1127523602.htm。

合，也与2008年国际金融危机之后，全球性民粹主义势力上升有关。从中国政府的社会主义性质来看，共同富裕被摆在核心的位置。"高质量发展"的提出，意味着中国政府更加重视解决发展过程中出现的贫富差距问题。与此同时，面对全球民粹主义的蔓延，也必须提出让那些无法从全球化中获益的群体满意的发展思路和解决方案。相较于资本主义发达国家，作为社会主义的中国，显然在推动全球更加公平公正的发展上，肩负着更加突出的重任。而在"一带一路"倡议提出时，中国即重视"共商共建共享"，其中"共享"本身意味着要重视民生工程，让经济建设成果更多地惠及国内和国际普通民众。

第一节 转变经济发展方式与转向高质量发展

一般而言，经济增长是经济发展的基础，经济发展除了要有持续的经济增长之外，还包括经济社会结构的变化。早在1966年，国际学术界就认识到，非洲一些国家的经济增长有可能带来"有增长无发展"情况。20世纪70年代至90年代，国际学术界围绕"经济增长"和"经济发展"的概念辨析也仍在持续，但取得了两点基本共识：一是先有经济增长，后有经济发展；二是经济发展与经济增长的关键区别在于前者经历重大的结构性变化。[①]

与国际学术界的讨论相比，中国学术界以及政府对经济增长和经济发展的认识是伴随着改革开放而逐步展开的，并日益丰富，接受了国际学术界的基本看法。例如，1990年，《人民日报》曾刊发原国家经济委员会负责人、时任中国工业经济协会会长吕东的《实现我国工业从粗放经营到集约经营的战略转移》一文，提出"从速度型向效益型、科技先导型、资源节约型转变，是建设中国特色社会主义现代工业所要解决的一个十分重要的

[①] Robert W. Clower, George Dalton, Mitchell Harwitz and A. A. Walters, *Growth Without Development: An Economic Survey of Liberia*, Northwestern University Press, 1966; Robert A. Flammang, "Economic Growth and Economic Development: Counterparts or Competitors?" *Economic Development and Cultural Change*, Vol. 28, No. 1, Oct. 1979, pp. 47-61; Richard Brinkman, "Economic Growth versus Economic Development: Toward a Conceptual Clarification," *Journal of Economic Issues*, Vol. 29, No. 4, Dec. 1995, pp. 1171-1188.

问题，也是中国工业现代化必须过好的一关"，得到了中央的肯定。① 显然，当时中国政府在看待经济增长方式转变问题时，主流观点还停留在工业部门，而不是经济全局上。

大体来讲，20世纪90年代以来，中国政府在探索全局性的经济增长方式转变中有三个较大的阶段性变化。第一，将推进经济体制改革和经济增长方式转变联系在一起。1996年3月，第八届全国人民代表大会第四次会议通过的《国民经济和社会发展"九五"计划和2010年远景目标纲要》指出："积极推进经济体制和经济增长方式的根本转变。从计划经济体制向社会主义市场经济体制转变，经济增长方式从粗放型向集约型转变，这是实现今后十五年奋斗目标的关键所在。"② 中国加入WTO之后，对经济问题的认识更上一层楼。中国政府已经颇为重视发展中国家的"有增长无发展"和"没有发展的经济增长"，甚至"恶性增长""负发展的增长"等现象。③

第二，2008年国际金融危机的冲击，使得中央形成新的共识，即从转变"经济增长"方式升级为"加快"转变"经济发展"方式。与20世纪90年代中期相比，2008年国际金融危机后中国政府的判断已经有较大的变化，即从一般性的强调经济增长方式转向经济发展方式。在2008年国际金融危机爆发以后，当时中国经济学界的一个基本认识是，"结构变化可以引起质变"，中国经济从强调数量到追求质量，是经济发展达到一定水平的结果，同时又对经济发展提出了更高的要求。特别是，"从强调经济增长到重视经济发展，要求我们改变过度依赖投资和出口，而居民消费不足的局面；改变过度依赖工业大项目，而农业基础不牢、服务业发展滞后的局面；改变过度依赖物质资源消耗，而忽视科技进步、劳动者素质提高和管理创新的局面"。④ 这一学术研判与国际学术界20世纪90年代关于经济发展的观点几乎完全一致，也成为中国政府加快经济发展方式转变的主要方向。

---

① 林宗棠：《新中国工业经济的杰出开拓者——深切怀念吕东同志》，《人民日报》2003年5月7日，第12版；朱镕基：《纪念吕东同志诞辰九十周年》，《人民日报》2005年7月14日，第2版。

② 李鹏：《关于国民经济和社会发展"九五"计划和2010年远景目标纲要的报告》，《人民日报》1996年3月19日，第1版。

③ 黄兴国：《把握社会发展的辩证法》，《人民日报》2002年10月20日，第7版；朱剑红：《珍惜和保持经济发展的好势头——访国家发展和改革委员会主任马凯》，《人民日报》2003年12月22日，第6版。

④ 马宏伟：《结构变化可以引起质变》，《人民日报》2009年9月25日，第15版。

2010年2月3日，胡锦涛在中共中央举办的省部级主要领导干部专题研讨班上指出："在前年和去年的中央经济工作会议上，我们突出强调了以下三个观点。一是国际金融危机使我国转变经济发展方式问题更加凸显出来，国际金融危机对我国经济的冲击表面上是对经济增长速度的冲击，实质上是对经济发展方式的冲击。二是目前世界经济增长模式确实不可持续，发达国家过度消费模式难以为继，世界经济增长模式调整势在必行，我们必须见事早、行动快、积极应对，为我国加快转变经济发展方式、保持经济平稳较快发展增添推动力。三是国际金融危机形成的倒逼机制客观上为我国加快经济发展方式转变提供了难得机遇。"① 与此同时，胡锦涛也指出，党的十七大提出了加快转变经济发展方式的战略任务，强调要促进经济增长由主要依靠投资、出口拉动向依靠消费、投资、出口协调拉动转变，由主要依靠第二产业带动向依靠第一、第二、第三产业协同带动转变，由主要依靠增加物质资源消耗向主要依靠科技进步、劳动者素质提高、管理创新转变。这次重要会议由习近平主持，全党形成的共识是："加快经济发展方式转变是我国经济领域的一场深刻变革，关系改革开放和社会主义现代化建设全局。"②

《人民日报》将"加快经济发展方式转变"视作"决定现代化命运的重大抉择"。署名为"任仲平"的评论文章引用了一则国际舆论的评价："这个以接近10%的速度飞翔了30年的国家，在关注GDP增速的同时，开始更加关注GDP的构成和质量。"该文认为，当时的中国经济有两个重大的隐患。一是中国经济增长高度依赖国际市场，外贸依存度从改革开放之初的9.7%上升到金融危机前的60%，远高于世界平均水平。如此之高的外贸依存度，带来与国际市场"同此凉热"的高风险度。二是中国企业自主创新能力不足，缺乏核心技术、缺乏自主知识产权，更多依靠廉价劳动力的比较优势、依靠资源能源的大量投入来赚取国际产业链低端的微薄利润。③

尽管最高层呼吁2008年后中国经济发展必须加快转变经济发展方式，

---

① 胡锦涛：《论加快经济发展方式转变》，《胡锦涛文选》（第三卷），人民出版社，2016，第329~330页。
② 李章军、马占成：《紧紧抓住历史机遇承担起历史使命 毫不动摇地加快经济发展方式转变》，《人民日报》2010年2月4日，第1版。
③ 任仲平：《决定现代化命运的重大抉择——论加快经济发展方式转变》，《人民日报》2010年3月1日，第1版。

但国内各个层面与国际的认识和调整并不是一步到位的。一方面，从认识上讲，尽管中央政府做出了部署，开始调整基于比较优势的发展战略，推动政府更好发挥作用，更加立足于自主创新和高级生产要素的培育，但地方政府也要根据地方实际情况决定是否步调一致地跟进调整。胡锦涛在省部级主要领导干部专题研讨班上的讲话中指出："客观地说，多年来我们推进转变经济发展方式取得一定成效，但突出问题是转变步伐还跟不上国际国内经济形势发展。"[①] 另一方面，国际力量显然不会根据中国政府的战略部署加以配合，而仍然会根据其全球战略充分利用中国的比较优势。改革开放取得的重要成绩与开放密切相关，特别是20世纪80年代末以来形成的沿海外向型经济战略是以融入国际大循环为主，沿海地区的2亿人口要获得进一步的发展，不仅要平衡与内地的关系，还必须与国际力量进行新的博弈。[②]

高级要素往往掌握在跨国公司手中，跨国公司在全球布局其分支机构，不仅看市场规模，也看市场增长潜力。因此，外资的流向成为研判东道国经济处于哪一个发展阶段的重要指标。2013年3月，中国发展研究基金会与普华永道共同发布的调查报告披露，中国仍然是跨国公司全球投资的首选目标，紧随其后的新兴市场是巴西和印度。当时，中国正努力在以消费为主导和长期以来依赖投资推动的经济增长模式之间寻求更好的平衡，而印度和巴西的经济增长模式不同于中国。不过，当时的跨国公司并没有充分认识到中国政府试图转变中国经济发展方式的巨大潜力。按照该报告的论述，廉价劳动力仍然是外资企业将中国选为目标市场的主要原因之一。虽然中国大力推进产业升级，并致力于发展绿色经济，但在受访企业看来，这对改变其投资决策影响并不大。即便是技术、信息、通信、娱乐等行业的受访企业，也仅有不足30%认为中国向创新型经济的转型，将为公司业

[①] 胡锦涛：《论加快经济发展方式转变》，《胡锦涛文选》（第三卷），人民出版社，2016，第342页。

[②] 1988年9月12日，邓小平在听取关于价格和工资改革方案汇报时又说："沿海地区要加快对外开放，使这个拥有两亿人口的广大地带先发展起来，从而带动内地的发展，这是一个事关大局的问题。内地要顾全这个大局。反过来，发展到一定的时候，又要求沿海拿出更多力量来帮助内地发展，这也是个大局。那时沿海也要服从这个大局。这一切，如果没有中央的权威，就办不到。各顾各，相互打架，相互拆台，统一不起来。谁能统一？中央！中央就是党中央、国务院。"邓小平：《中央要有权威》，《邓小平文选》（第三卷），人民出版社，1993，第277~278页。

务带来重要影响。调查中仅有19%的商业领袖表示，投资中国市场的主要原因是其不断提升的创新和研发能力。以至于全球最大广告公司WPP行政总裁苏铭天（Martin Sorrel）在接受采访时说："我认为西方国家把情况搞错了，没有真正弄明白中国的现状。'十二五'规划已经出台了两年之久，而我们却刚刚醒过来，原来他们一直在说他们要的是高质量发展，而不再是高速发展。"①

第三，党的十九大报告认为我国处于向高质量发展转变的阶段，这种转变涉及发展方式、经济结构和增长动力。2017年10月，在中国共产党第十九次全国代表大会上，习近平总书记指出，"中国特色社会主义进入新时代，我国社会主要矛盾已经转化为人民日益增长的美好生活需要和不平衡不充分的发展之间的矛盾"。② 与这一重大判断相呼应的是，习近平指出："我国经济已由高速增长阶段转向高质量发展阶段，正处在转变发展方式、优化经济结构、转换增长动力的攻关期，建设现代化经济体系是跨越关口的迫切要求和我国发展的战略目标。"③ 这是首次在党的政治报告中纳入"高质量发展阶段"，并且将此提升为中国发展新阶段的总体要求。与以往对经济发展方式转变的论断有所不同的是，十九大更加明确了这种转变的主要内容，不仅涉及经济发展方式，也包括经济结构和增长动力。这意味着，自20世纪90年代以来，以往单一的"经济发展方式转变"已经明确细化和扩展为经济结构和增长动力等更为具体的内容。

在十九大闭幕后不久，习近平总书记在会见清华大学经济管理学院顾问委员会海外委员和中方企业家委员时指出："中国经济发展的战略目标就是要在质量变革、效率变革、动力变革的基础上，建设现代化经济体系，提高全要素生产率，不断增强经济创新力和竞争力。"④ 2017年12月，中央经济工作会议把推动高质量发展作为当前和今后一个时期确定发展思路、制定经济政策、实施宏观调控的根本要求。⑤ 国际舆论普遍认为，让高质量

---

① 朱剑红：《跨国公司投资仍然首选中国》，《人民日报》2013年3月25日，第19版。
② 习近平：《决胜全面建成小康社会 夺取新时代中国特色社会主义伟大胜利——在中国共产党第十九次全国代表大会上的报告》，人民出版社，2017，第11页。
③ 习近平：《决胜全面建成小康社会 夺取新时代中国特色社会主义伟大胜利——在中国共产党第十九次全国代表大会上的报告》，人民出版社，2017，第11页。
④ 杨迅：《习近平会见清华大学经济管理学院顾问委员会海外委员和中方企业家委员》，《人民日报》2017年10月31日，第1版。
⑤ 《中央经济工作会议在北京举行》，《人民日报》2017年12月21日，第1版。

增长先行，意味着中国正在转变以国内生产总值为评价指标的体系，表明中国已告别过去"以经济增长作为第一目标"的方式。①

支撑这种转变的首先是经济结构出现新趋势。2012年，中国第三产业增加值比重达到45.5%，首次超过第二产业增加值比重。2015年，第三产业增加值比重首次超过50%，第二产业增加值比重首次低于40%。2017年，最终消费支出对国内生产总值增长的贡献率为58.8%。②因此，在十九大召开前夕，2010年初提出的"加快转变经济发展方式"目标中，有关"由主要依靠第二产业带动向依靠第一、第二、第三产业协同带动转变"的阶段性目标，可以说已经基本实现。但是，也有学者指出："2017年服务业增加值占GDP的比重已上升到51.6%，但与60%的世界平均水平相比还有一定差距，因此要继续大力发展第三产业，特别是加快发展现代服务业。"③而现代服务业正是中国推进高质量发展的重要目标。

增长动力的变化是更为根本性的。有学者测算，2017年，机电产品出口占出口总额的58.4%，高铁、海洋设备、核电装备、卫星等成为中国新的出口优势行业。"消费与高技术产业已成为我国经济发展的主动力，在稳定宏观经济、增进民生福祉方面的作用日益凸显。"④也有统计表明，2017年，中国研发（R&D）经费支出规模跃居世界第二位，成为世界上第三个发明专利拥有量超过百万件的国家，创新指数名列全球第二十二位，在中等收入国家中排首位。⑤据此，也可以说2010年初提出的有关"促进经济增长由主要依靠投资、出口拉动向依靠消费、投资、出口协调拉动转变"的目标，至十九大召开前夕已基本实现。如表5-1所示，由于2008年国际金融危机的巨大冲击，2009年和2010年是两个比较特殊的年份，资本形成总额对国内生产总值的贡献率分别为85.3%和63.4%；舍此之外，除了极

---

① 《中国经济正迈向高质量发展阶段——中央经济工作会议引发国际社会热烈反响》，《人民日报》2017年12月22日，第3版。

② 此为国家统计局网站公布的数据，而根据2018年2月公布的《中华人民共和国2017年国民经济和社会发展统计公报》，当时初步核算结果为，2017年，第二产业增加值比重为40.5%，第三产业增加值比重为51.6%。其中，第三产业增加值比重与2016年持平，第二产业增加值比重增加0.7个百分点。中华人民共和国国家统计局：《中华人民共和国2017年国民经济和社会发展统计公报》，《人民日报》2018年3月1日，第10版。

③ 张伯里：《加快建设全面开放体系》，《人民日报》2018年7月18日，第7版。

④ 胡鞍钢、张新：《高质量发展迈出一大步——2017年中国经济亮点回眸》，《人民日报》2018年1月22日，第7版。

⑤ 姚景源：《我国经济社会发展取得历史性成就》，《人民日报》2018年4月11日，第7版。

个别年份，消费支出对 GDP 的贡献率始终位居第一。

表 5-1 消费、投资和净出口对国内生产总值的贡献率

单位：%

年份	消费支出	资本形成	货物和服务净出口
1978	38.7	66.7	-5.4
1980	78.1	20.1	1.8
1985	71.9	79.6	-51.5
1990	89	-69.4	80.5
1995	46.7	46.1	7.2
2000	78.8	21.7	-0.5
2005	56.8	33.1	10.1
2006	43.2	42.5	14.3
2007	47.9	44.2	7.8
2008	44	53.3	2.7
2009	57.6	85.3	-42.8
2010	47.4	63.4	-10.8
2011	65.7	41.1	-6.8
2012	55.4	42.1	2.5
2013	50.2	53.1	-3.3
2014	56.3	45	-1.3
2015	69	22.6	8.4
2016	66.5	45	-11.6
2017	57.5	37.7	4.8
2018	65.9	41.5	-7.4
2019	57.8	31.2	11

资料来源：国家统计局：《中国统计年鉴 2020》，http://www.stats.gov.cn/sj/ndsj/。

在 2017 年 12 月召开的中央经济工作会议上，习近平指出："经过努力，我国经济增长实现了从主要依靠工业带动转为工业和服务业共同带动、从主要依靠投资拉动转为消费和投资一起拉动，我国从出口大国转为出口和进口并重的大国。这些都是我们多年想实现而没有实现的重大结构性变革。"[①] 也是在这次会议上，习近平重申了十九大报告的一个重要判断，即

---

① 习近平：《长期坚持、不断丰富发展新时代中国特色社会主义经济思想》，《习近平谈治国理政》（第三卷），外文出版社，2020，第 232 页。

"我国经济已由高速增长阶段转向高质量发展阶段",并且再度强调,"高质量发展,就是能够很好满足人民日益增长的美好生活需要的发展,是体现新发展理念的发展"。① 中央最早提出"新发展理念"是在 2015 年 10 月举行的十八届五中全会上,当时的背景是制定"十三五"规划。也正是在制定未来 5 年的发展规划会议上,习近平总书记首次将"一带一路"定性为"扩大开放的重大战略举措和经济外交的顶层设计"。②

第二节 推动共建"一带一路"向高质量发展转变

2017 年党的十九大提出"高质量发展"包括"转变发展方式",而这个战略目标其实是 2010 年中国政府部署的"加快经济发展方式转变"的核心内容。因此,我们在认识和解读中国政府提出的战略目标时,需要充分加以注意的是,这些战略目标往往蕴含着明确的阶段性任务和抽象的原则性目标,既是一个动态调整的过程,也是一个目标牵引的过程。中央在提出"高质量发展"时,后面还跟着一个"阶段"。正如有学者评述的,"高质量发展既然是一个阶段,就不是短时间内可以完成的,它是渐进的、积小变为大变、从量变到质变的过程"。③ 这样一种从量变到质变的论述,与十年前学者谈及的"结构变化可以引起质变"是同一种认识论,也是"高质量发展"的应有之义。

党的十九大报告指出,推动形成全面开放新格局是建设现代化经济体系的重要组成部分,要以"一带一路"建设为重点,最终形成"陆海联动、东西双向互济的开放格局"。因此,中国提出"高质量发展"反映出中国与世界的关系发展到了新的阶段,这不仅是在国内发展基础上形成的一种新理念和新要求,同时中国也进一步明确,推动高质量发展需要和国际社会形成更加全面的开放格局。

2018 年 8 月 27 日,在推进"一带一路"建设工作 5 周年座谈会上,习近平指出:"推动共建'一带一路'向高质量发展转变,这是下一阶段推

---

① 习近平:《我国经济已由高速增长阶段转向高质量发展阶段》,《习近平谈治国理政》(第三卷),外文出版社,2020,第 238 页。
② 习近平:《以新的发展理念引领发展》,《习近平谈治国理政》(第二卷),外文出版社,2017,第 199 页。
③ 林兆木:《关于我国经济高质量发展的几点认识》,《人民日报》2018 年 1 月 17 日,第 7 版。

进共建'一带一路'工作的基本要求。要坚持稳中求进工作总基调，贯彻新发展理念，集中力量、整合资源，以基础设施等重大项目建设和产能合作为重点，解决好重大项目、金融支撑、投资环境、风险管控、安全保障等关键问题。"[1]

因此，与国内经济发展转向高质量阶段不同的是，"一带一路"转向高质量阶段，其突出的特征是"以基础设施等重大项目建设和产能合作为重点"。将产能合作作为"一带一路"建设核心内容的认识，始于2016年8月17日。当时，习近平总书记在推进"一带一路"建设工作座谈会上强调："以'一带一路'建设为契机，开展跨国互联互通，提高贸易和投资合作水平，推动国际产能和装备制造合作，本质上是通过提高有效供给来催生新的需求，实现世界经济再平衡。特别是在当前世界经济持续低迷的情况下，如果能够使顺周期下形成的巨大产能和建设能力走出去，支持沿线国家推进工业化、现代化和提高基础设施水平的迫切需要，有利于稳定当前世界经济形势。"[2]

从上述论断中可以看出，中国将"产能合作"作为"一带一路"建设的核心有两个基本目标：一是解决中国在顺周期下形成的巨大产能和建设能力"走出去"问题，二是支持共建国家的工业化和现代化。

中国对工业化的探索由来已久。在完成于20世纪40年代的开创性著作《农业与工业化》一书中，张培刚提出，农业国家或经济落后国家，要想做到经济起飞和经济发展，就必须全面（包括城市和农村）实行"工业化"。这和当时我国国内有些人主张的单纯"以农立国"论或"乡村建设"学派，是大不相同的。在该书中，张培刚还总结了农业的五大贡献：食粮、原料、劳动力、市场和资金（包括外汇）等。在该书再版时，张培刚强调，《农业与工业化》一书所提出的全面工业化的思想在中国和世界上长期未得到重视，国际学术界直到20世纪80年代才开始认识到，农业与工业的相互扶持的行动应该受到首要的重视。直到20世纪90年代初，中国才在党的十四大报告中提出高度重视农业、加快发展基础工业和基础设施等要求。从国际经验来看，工业和农业的关系呈现"先以农支工，然后以工促农"的总体

---

[1] 习近平：《坚持对话协商共建共享合作共赢交流互鉴 推动共建"一带一路"走深走实造福人民》，《人民日报》2018年8月28日，第1版。

[2] 习近平：《让"一带一路"建设造福沿线各国人民》，《习近平谈"一带一路"》，中央文献出版社，2018，第115页。

趋势。只有农业产值比重降低到1/3甚至1/4以下,同时农业劳动者人数占全国比重降低到1/3甚至1/4以下,才算达到了工业化标准,二者不可缺一。①

如图5-1所示,按照世界银行提供的数据,20世纪70年代中期,中国农业产值占比已降低到1/3以下,进入90年代以后才又降低至1/4以下。而农村人数占总人口的比重,虽然自改革开放以来有显著下降,但并未达到与农业产值占比相同的比例。如果以农业劳动力占总劳动人口的比重计算,依据世界银行的数据,2019年中国为25.4%,世界平均水平为26.9%,中等偏上收入国家的平均水平为21.6%,而高收入国家为3.1%。而且,需要注意的是,1991年发达国家农业劳动力平均占比为7.0%,其中日本为6.7%,美国为1.9%。就此而言,我国距离一个具有高收入现代化国家应有的结构化特征尚远。

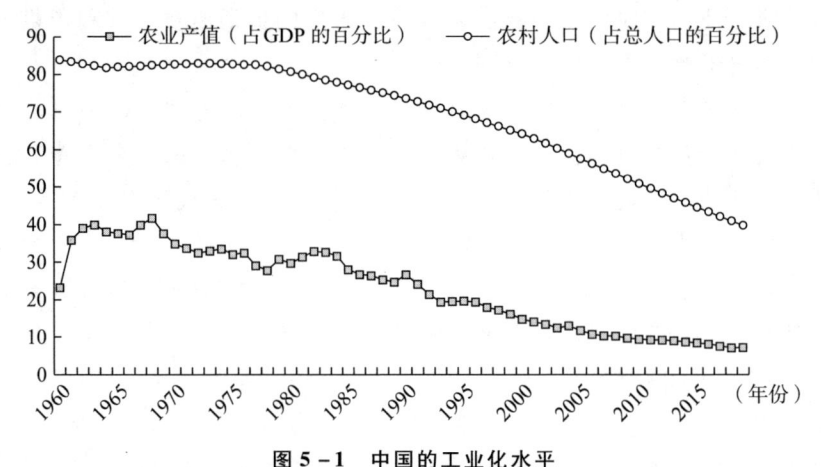

图5-1 中国的工业化水平

资料来源:世界银行,世界发展指数数据库。

中国在快速推进工业化的同时,也存在明显的发展不平衡不充分问题。从不平衡看,东部地区工业化进程快、水平高,而中西部地区工业化进程慢、水平低;从不充分看,中国工业化的质量较低,工业经济"大而不强"的状况未根本改变,一些关键产品的核心技术仍受制于人。因此,按照经济高质量发展的要求,中国工业经济要实现平衡充分发展和全面转型升级仍有很长的路要走。然而,在工业化不平衡不充分发展的前提下,近年来人为"降低"

---

① 张培刚:《农业与工业化》,中国人民大学出版社,2014,第32~42页。

工业地位的观点日益流行,中国工业产出和就业比重持续下降,服务业比重过度快速上升,呈现全面、过早、快速的"去工业化"特征。①

如表5-2所示,从三次产业的就业人员数量看,根据国家统计局的数据,2012~2017年,第二产业的就业人员数逐年减少,其中2015~2017年每年都减少300万人以上。相对应地,第三产业的就业人数快速增加,2013~2017年,第三产业就业人员数每年增加900万人以上,第三产业就业比重每年提升超过1个百分点,这同样反映了快速的"去工业化"。从工业增加值比重看,2008~2016年,全国各地区的工业增加值比重都出现下降,其中,东部和东北地区分别下降9.27和13.26个百分点,中部和西部地区分别下降4.97和5.56个百分点。到2016年,西部地区的工业增加值占地区生产总值的比重为31.14%,已经低于东部(33.17%)、东北(31.81%)和中部地区(37.61%)。从就业比重看,2013~2016年,东部、东北地区的第二产业就业比重分别下降2.36和0.91个百分点,中部和西部地区仅分别上升0.56和0.57个百分点。2016年西部地区的第二产业就业比重为18.45%,远低于东部(33.14%)、东北(21.46%)和中部地区(27.23%)。② 由此可见,近年来全国四大区域都在产出层面出现了"去工业化",东部和东北地区在就业层面也出现了"去工业化"。

表5-2 2012~2017年中国第二产业和第三产业的就业人数变动情况

	就业人数 (万人)		就业人数年增量 (万人)		就业比重 (%)		就业比重年增量 (个百分点)	
	第二产业	第三产业	第二产业	第三产业	第二产业	第三产业	第二产业	第三产业
2012	23241	27690	-71	408	30.3	36.1	0.8	0.4
2013	23170	29636	-71	1946	30.1	38.5	-0.2	2.4
2014	23099	31364	-71	1728	29.9	40.6	-0.2	2.1
2015	22693	32839	-406	1475	29.3	42.4	-0.6	1.8
2016	22350	33757	-343	918	28.8	43.5	-0.5	1.1
2017	21824	34872	-526	1115	28.1	44.9	-0.7	1.4

资料来源:魏后凯、王颂吉:《中国"过度去工业化"现象剖析与理论反思》,《中国工业经济》2019年第1期。

---

① 魏后凯、王颂吉:《中国"过度去工业化"现象剖析与理论反思》,《中国工业经济》2019年第1期。
② 魏后凯、王颂吉:《中国"过度去工业化"现象剖析与理论反思》,《中国工业经济》2019年第1期,第10页。

结合第三次和第四工业普查数据，我们还可以发现，2013~2018年，工业部门的就业人数减少了2500万。如表5-3所示，5年间就业人数减少量在100万以上的工业行业包括煤炭开采和洗选业（264万）、非金属矿物制品业（260.7万）、黑色金属冶炼和压延加工业（224万）、纺织业（192万）、化学原料和化学制品制造业（182.3万）、纺织服装、服饰业（168.6万）、农副食品加工业（157.3万）、皮革、毛皮、羽毛及其制品和制鞋业（123.6万）、电气机械和器材制造业（109.8万），上述9大行业的就业人数减少量达到1682.3万，占过去5年总的就业人数减少量的67.2%。从新增就业行业看，主要集中在汽车制造业（26.6万），金属制品、机械和设备修理业（8.6万）、水的生产和供应业（8.5万）、燃气生产和供应业（6.5万）。其中后两大行业也可以看作推进公共服务均等化的重要举措。此外，截至2018年末，就业人数在500万以上的主要工业行业包括计算机、通信和其他电子设备制造业（1015.2万）、电气机械和器材制造业（734.4万）、非金属矿物制品业（727.1万）、通用设备制造业（710.7万）、金属制品业（650.3万）、纺织服装、服饰业（582.2万）、汽车制造业（555.8万）、专用设备制造业（533.9万）。

表5-3 2013~2018年按行业大类分组的工业企业从业人员变化

单位：万人

	2013年末	2018年末	2013~2018年
合　计	14025.8	11521.5	-2504.3
煤炭开采和洗选业	611.3	347.3	-264
非金属矿物制品业	987.8	727.1	-260.7
黑色金属冶炼和压延加工业	471.8	247.8	-224
纺织业	663.7	471.7	-192
化学原料和化学制品制造业	655.3	473	-182.3
纺织服装、服饰业	750.8	582.2	-168.6
农副食品加工业	584.1	426.8	-157.3
皮革、毛皮、羽毛及其制品和制鞋业	441.9	318.3	-123.6
电气机械和器材制造业	844.2	734.4	-109.8
通用设备制造业	789.4	710.7	-78.7
橡胶和塑料制品业	547.1	471.8	-75.3
非金属矿采选业	124.9	64.8	-60.1

续表

	2013 年末	2018 年末	2013~2018 年
黑色金属矿采选业	98.6	39.7	-58.9
文教、工美、体育和娱乐用品制造业	371.6	315	-56.6
木材加工和木、竹、藤、棕、草制品业	265.4	212.7	-52.7
造纸和纸制品业	219.8	171.7	-48.1
铁路、船舶、航空航天和其他运输设备制造业	236.6	189.5	-47.1
专用设备制造业	580.2	533.9	-46.3
酒、饮料和精制茶制造业	219.3	175.6	-43.7
有色金属冶炼和压延加工业	243.5	202	-41.5
食品制造业	289.5	251.8	-37.7
印刷和记录媒介复制业	195.1	159.5	-35.6
有色金属矿采选业	76.2	40.9	-35.3
电力、热力生产和供应业	370.1	339.9	-30.2
仪器仪表制造业	157.7	129.2	-28.5
石油和天然气开采业	80.1	62.6	-17.5
金属制品业	663.9	650.3	-13.6
计算机、通信和其他电子设备制造业	1028.3	1015.2	-13.1
石油加工、炼焦和核燃料加工业	105.7	93.4	-12.3
医药制造业	242.7	232	-10.7
其他制造业	78.3	68.9	-9.4
化学纤维制造业	56.2	49.3	-6.9
烟草制品业	21.8	16.5	-5.3
废弃资源综合利用业	29.9	26.5	-3.4
其他采矿业	4.2	1.8	-2.4
开采辅助活动	39.7	38.9	-0.8
家具制造业	199.1	198.4	-0.7
燃气生产和供应业	34.6	41.1	+6.5
水的生产和供应业	76.3	84.8	+8.5
金属制品、机械和设备修理业	40	48.6	+8.6
汽车制造业	529.2	555.8	+26.6

资料来源：国家统计局、国务院第三次经济普查办公室：《第三次全国经济普查主要数据公报（第二号）》，2014年12月16日，http://www.stats.gov.cn/sj/zxfb/202302/t20230203_1898652.html；国家统计局：《第四次全国经济普查公报（第三号）》，2019年11月20日，http://www.stats.gov.cn/sj/zxfb/202302/t20230203_1900526.html。

中国国内就业数量减少较大的行业，也是2013～2018年中国企业"走出去"的重要行业。2013年，采矿业对外直接投资累计1061.7亿美元，2018年，采矿业对外直接投资累计1734.8亿美元，5年间增加673.1亿美元，但占比从2013年的16.1%下跌至2018年的8.8%。2013年，采矿业排名仅次于租赁和商务服务业（29.6%）、金融业（17.7%），到了2018年采矿业的排名下跌至第6位。因此，采矿业的对外直接投资已经过了高峰期，呈下降态势。2013年，制造业对外直接投资存量为419.8亿美元，2018年达到1823.1亿美元，5年间增加了1403.3亿美元，占比也从2013年的6.4%上升至2018年末的9.2%。目前，制造业列对外直接投资行业构成的第5位。截至2018年末，装备制造业直接投资存量959.2亿美元，占制造业投资存量的52.6%。对计算机、通信及其他电子设备制造，以及汽车制造、化学原料和化学制品制造、专用设备制造、金属制品、其他制造领域的投资均超过100亿美元。在制造业中，还包括橡胶和塑料制品、铁路船舶航空航天和其他运输设备制造、纺织、食品制造、电气机械和器材制造、黑色金属冶炼和压延加工等领域。采矿业主要分布在石油和天然气开采、有色金属矿采选、黑色金属矿采选、煤炭开采等领域。①

事实上，国际学术界也不乏研究认为，中国在"一带一路"共建国家的非基础设施类投资具有转移国内产能的功能。不过，限于数据可得性以及发表周期，就笔者所见，已经发表的研究成果更为侧重于"一带一路"提出后不久的对外直接投资。例如，一项基于对2014年前后中国在"一带一路"共建国家的直接投资的研究认为，中国企业对外投资在行业上具有很强的选择性，制度质量相对较低的共建国家更有可能从中国获得非基础设施类的直接投资。因此，该研究的一项推断是，中国企业进行直接投资的动机，主要是缓解中国自身的产能过剩和污染问题。② 不过，需要加以注意的是，本章的分析却表明，随着中国经济转向高质量发展阶段，并且中国政府将国内目标转向国际目标，对"一带一路"共建国家的投资，

---

① 商务部、国家统计局、国家外汇管理局：《2013年度中国对外直接投资统计公报》，2014，第21～22页；商务部、国家统计局、国家外汇管理局：《2018年度中国对外直接投资统计公报》，2019，第26～27页。

② Jeffrey B. Nugent and Jiaxuan Lu, "China's Outward Foreign Direct Investment in the Belt and Road Initiative: What Are the Motives for Chinese Firms to Invest?" China Economic Review, Vol. 68, 2021, https://doi.org/10.1016/j.chieco.2021.101628.

也越来越重视产业合作和能力建设,而不仅仅是西方式的产业转移。并且,考虑到中国工业化发展的地区不平衡以及沿海地区拥有对外直接投资的绝对份额,分析的重点应转向沿海地区的发展水平与"一带一路"投资的关联性。

魏后凯等认为,受发展基础、地理区位、开放程度等因素的影响,中国各地区经济发展阶段不同,其工业化进程存在明显的差异,按照传统的工业化阶段划分方法,东部发达地区的北京、上海、天津、浙江、广东、山东等省份已进入工业化后期或后工业化阶段,这些省份的"去工业化"可以在一定程度上看作产业结构升级的表现;而山西、新疆、甘肃、云南、青海、宁夏、陕西、河南等中西部省份尚处于工业化中期,这些省份实现工业化仍有很长的路要走。[①]

从中国对外直接投资的来源地区看,沿海地区也是最主要的。如图5-2所示,中国地方对外非金融类直接投资存量,从2013年末的1649亿美元增长至2019年末的7855亿美元。2019年末,广东、上海、北京、浙江、山东、江苏的对外非金融类直接投资存量达到了5652亿美元,占地方对外投资总额的72.0%,该比重比2013年末增加8.5个百分点。因此,一个基本的结论是,工业化的发展阶段与对外直接投资的数量呈现正相关关系,越是步入工业化后期阶段,对外投资也越增加。对于沿海省份来说,更要关注在"一带一路"共建国家投资所带来的挑战。其中很重要的一方面是,如何通过增加在当地的就业,确保中国投资的安全性,以及与当地建立互利共赢的关系。

2018年10月,国家统计局、科技部、财政部联合发布的《2017年全国科技经费投入统计公报》显示,2017年全国共投入研发经费17606.1亿元,比2016年增长12.3%;研发经费投入强度(研发经费占国内生产总值的比重)为2.13%。自2014年起,研发经费投入强度首次突破2%,该指标是国际上通用的衡量一个国家是否进入创新国家的指标。与发达国家相比,我国研发经费投入呈现四个特点:一是总量与美国的差距正逐年缩小,二是年净增量已超过OECD成员国增量总和,三是增速保持世界领先,四是投入强度已达到中等发达国家水平。研发投入强度的增加有力推动了我国创

---

① 魏后凯、王颂吉:《中国"过度去工业化"现象剖析与理论反思》,《中国工业经济》2019年第1期,第11页。

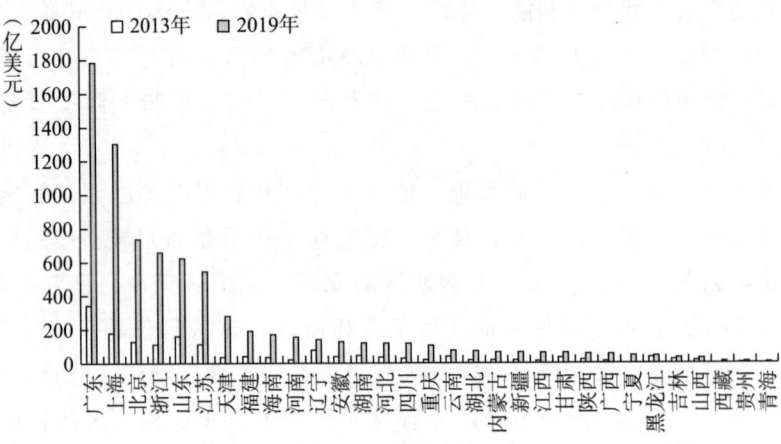

图 5-2 2013 年和 2019 年末中国省级行政区对外非金融类直接投资存量

资料来源：《2019 年度中国对外直接投资统计公报》。

新驱动发展战略的实施，侧面反映了中国经济结构的升级。① 2018 年，规模以上工业企业法人单位研发经费支出 12954.8 亿元，比 2013 年增长 55.7%；研发经费占营业收入的比重为 1.23%。在 1.23% 以上的工业行业包括仪器仪表制造业（2.89%），铁路、船舶、航空航天和其他运输设备制造业（2.64%），医药制造业（2.43%），专用设备制造业（2.41%），计算机、通信和其他电子设备制造业（2.06%），电气机械和器材制造业（2.03%），通用设备制造业（1.89%），其他制造业（1.82%），汽车制造业（1.55%），化学纤维制造业（1.3%），化学原料和化学制品制造业（1.28%），橡胶和塑料制品业（1.25%）。

时隔两年，在中国经济整体上迈入高质量发展阶段之后，中央对"一带一路"中有关基础设施和产能合作的要求也进一步提高了，即要解决好"重大项目、金融支撑、投资环境、风险管控、安全保障等"若干关键问题。

第三节 "一带一路"建设中的民生问题与高质量发展

"民生"是一个有着强烈中国色彩的概念，该词最早出现于《左传》，

---

① 国家统计局：《我国科技投入力度加大 研发经费增速加快》，2018 年 10 月 9 日，http://www.gov.cn/xinwen/2018-10/09/content_5328827.htm。

第五章 "一带一路"建设中的民生问题

意为"民生在勤，勤则不匮"。新中国成立以来，中国持"民生"与"国计"并重的发展建设思路，1954~1995年的40余年间，"国计民生"一词均出现在年度政府工作报告中。① 不过客观而言，改革开放后，在很长一段时间内，追求高速的经济增长具有压倒性地位，而对民生的关注相对而言有所弱化。迈入21世纪之后，中国人均GDP跨过1000美元关口，进入中下等收入国家行列，中央提出了"和谐社会"发展理念。党的十七大将民生提到了前所未有的高度，"加快推进以改善民生为重点的社会建设"成为党的十七大报告中的独立章节。在不同的发展阶段，民生工作的着力点和内容有所不同。在中国从站起来、富起来到强起来的三个阶段，民生的内涵就经历了从吃饱饭、小康到美好生活的阶段性变化。随着中国即将跨入高收入国家行列，民生的内涵也将进一步转变。

国内学者对"民生"的具体内涵进行了深入研究。根据北京师范大学相关课题组2011年的设计，中国民生发展指数包括3个一级指标、13个二级指标、27个三级指标、62个四级指标。其中，"民生质量指数""公共服务指数""社会管理指数"为3个一级指标，权重分别为40%、35%和25%；在二级指标中，属于民生质量的"收入与就业质量"权重为40%，占总权重的16%，为比重最高的一项。进一步而言，"收入与就业质量"二级指标又可以划分为收入、消费与就业3个三级指标，并按城乡进一步区分为8个四级指标。② 在《2017年中国民生发展指数报告》中，该指标体系升级至4.0版本，包括了民生基础、收入消费、居住出行、文化教育、安全健康5个二级指标，权重各为20%，三级指标25个，权重各为4%。③

党的十八大以后，国家统计局在原有《综合发展指数编制方案》基础上，突出"民生"主题，修订为《发展与民生指数编制方案》，测算了国内各地区的发展与民生指数（Development and Lift Index，DLI）。该指标体系包括经济发展（权重20%）、民生改善（权重26%）、社会发展（权重21%）、生态建设（权重20%）和科技创新（权重13%）5个一级指标，

---

① 北京师范大学"中国民生发展报告"课题组：《中国民生发展指数总体设计框架》，《改革》2011年第9期。
② 北京师范大学"中国民生发展报告"课题组：《中国民生发展指数总体设计框架》，《改革》2011年第9期。
③ 北京师范大学政府管理学院、北京师范大学政府管理研究院：《2017年中国民生发展指数报告》，北京师范大学出版社，2018。

其中经济发展包括7个四级指标、民生改善包括13个四级指标、社会发展包括9个四级指标、生态建设包括8个四级指标、科技创新包括5个四级指标，一共42个四级指标。四级指标的权重分别为0.5、1.5、2.0、2.5、3.0、3.5。[①] 在"民生改善"指标中，包括"收入分配"、"生活质量"和"劳动就业"3个二级指标，其中最为重要的5个四级指标是城乡居民收入占GDP比重（3.0%）、城乡居民收入比（3.0%）、城镇居民人均可支配收入（2.5%）、农村居民人均纯收入（2.5%）和城镇登记失业率（2.5%）。对照北京师范大学的研究成果，两者在"民生"内涵的界定以及衡量与测度上基本是一致的。

测算结果显示，2014年我国东、中、西部及东北地区发展与民生指数分别为73.92、64.53、62.14和64.03，均比2013年稳步提升。其中北京（92.12）、上海（86.21）和天津（79.42）分列前三名。从2014年各地区发展与民生指数和人均GDP的排名比较来看，多数省份比较一致，但个别省份的差异比较明显。从相关性角度看，人均GDP也可以被看作衡量发展与民生指数的替代性指标。

因此，简而言之，"民生"的核心内容可以分为三项：收入分配、人均可支配收入以及失业率。"民生"既包括经济、社会、环境、科技等内容，也蕴含着重大的政治立场，即执政为民，以人民为中心。当我们把国内政治生活中的"民生"概念用于定位高质量发展阶段"一带一路"的目标时，就表明中国要突破西式全球化的局限性，努力创造一种包容和均衡的新型全球化。

概括而言，习近平总书记在论述"一带一路"建设的民生问题时，从视角上看，属于将国内的讨论转向国际，而在主要内容上则侧重于三个方面。第一，民生问题与国际安全密切相关。2014年5月2日，习近平主席在亚信第四次峰会主旨讲话中指出，"对亚洲大多数国家来说，发展就是最大安全"，"要建造经得起风雨考验的亚洲安全大厦，就应该聚焦发展主题，积极改善民生，缩小贫富差距，不断夯实安全的根基"。[②] 第二，民生与利益共同体、命运共同体密切相关。2014年6月5日，习近平在中阿合作论

[①]《中国发展报告》编写组编《2016中国发展报告》，中国统计出版社，2017，附件一和附件二，第159~173页。

[②] 习近平：《积极树立亚洲安全观，共创安全合作新局面》，《习近平谈"一带一路"》，中央文献出版社，2018，第27页。

坛第六届部长级会议开幕式上的讲话中指出,"'一带一路'是互利共赢之路,将带动各国经济更加紧密结合起来,推动各国基础设施建设和体制机制创新,创造新的经济和就业增长点,增强各国经济内生动力和抗风险能力","中阿共建'一带一路',应该坚持共商、共建、共享原则。……共享,就是让建设成果更多更公平惠及中阿人民,打造中阿利益共同体和命运共同体"。① 第三,保障民生要优先推动一批示范性项目、重大项目、早期收获项目和标志性项目。2014年11月4日,习近平主持召开中央财经领导小组第八次会议时指出:"推进'一带一路'建设,要抓住关键的标志性工程,力争尽早开花结果。要帮助有关沿线国家开展本国和区域间交通、电力、通信等基础设施规划,共同推进前期预研,提出一批能够照顾双边、多边利益的项目清单。要高度重视和建设一批有利于沿线国家民生改善的项目。"② 11月8日,习近平在"加强互联互通伙伴关系"东道主伙伴对话会上的讲话中指出:"在思考和规划互联互通项目时,需要坚持以人为本,听取基层民众意见,增加基层民众收入,着力解决他们用电、饮水、医疗、上学、就业、上网等现实问题。"③

对西方发达国家而言,目前争议较大的一个问题是逆全球化。民粹主义力量认为,随着发达国家跨国公司向海外进行产业转移,以及推进国际贸易,发达国家内部的低端劳动力的需求就下降了,从而造成严重的失业问题。与此同时,大量文献也发现,发达国家向海外转移产业时,由于大公司相对于接受外资的东道国具有较大的博弈优势,多数东道国被迫接受发达国家为提高国际竞争力维持东道国劳动者低工资的严苛条款。

尽管发达国家内部和发展中国家内部均面临着贫富差距扩大的挑战,但从侧重点来看,"一带一路"惠及民生最为重大的挑战是如何增强低收入国家的获得感,即提高项目所在国的收入,缩小低收入国家的贫富差距以及增加当地的就业。这与"一带一路"在民生方面致力于高质量发展、"聚焦消除贫困、增加就业、改善民生"也是一致的。收入差距还涉及二次分

---

① 习近平:《弘扬丝路精神,深化中阿合作》,《习近平谈"一带一路"》,中央文献出版社,2018,第35页。
② 习近平:《加快推进丝绸之路经济带和二十一世纪海上丝绸之路建设》,《习近平谈"一带一路"》,中央文献出版社,2018,第44页。
③ 习近平:《联通引领发展,伙伴聚焦合作》,《习近平谈"一带一路"》,中央文献出版社,2018,第49页。

配，但这属于"一带一路"共建国家的内政问题，不属于国际政策范畴。因而，在讨论"一带一路"建设如何惠及低收入国家的民生时，重点应该放在增加就业和提高所在国的人均GDP上，最为关键的是提升当地的就业水平。

2017年，笔者曾在《一带一路、新型全球化与大国关系》一文中提出，绝大多数"一带一路"共建国家属于中低收入国家，其面临的主要挑战是如何实现发展。中国和"一带一路"共建国家可以推动以基础设施建设、制造业为核心的工业化和以发展中国家合作为主要内容的新型全球化。对"一带一路"共建国家来说中国的产能是可以利用的。西方发达国家早已步入工业化后期阶段，无法与中国工业化后的巨大产能相竞争，西方国家的全球制造业贸易占比远远低于中国。当然，就规模而言，没有任何一个"一带一路"共建国家可以完全承接中国的产业转移。只有通过若干个国家合作，即某种新型的地区合作才能实现中国的产业转移，这种新型的地区合作可以是"经济走廊"，也可以是中国的境外加工园区等，都需要与共建国家通过"干中学"加以推进。①

2019年4月26日，在北京举行的第二届"一带一路"国际合作高峰论坛开幕式上，习近平再次指出："推动共建'一带一路'沿着高质量发展方向不断前进。"② "一带一路"高质量发展的主要内容包括三个方面：第一，秉持共商共建共享原则，坚持多边主义；第二，坚持开放、绿色、廉洁理念；第三，努力实现高标准、惠民生、可持续目标。

因此，"惠民生"已正式成为"一带一路"建设迈入高质量发展阶段的重要目标之一。中国在国内建设中一直给予"惠民生"很重要的地位，有效缓和了社会矛盾，不仅为中国实现"社会长期稳定奇迹"奠定了基础，也避免了第二大经济体出现民粹主义势力影响全球化发展。从"一带一路"倡议提出伊始，中国政府就高度重视改善参与国家的民生。

当然，应该看到，新冠疫情暴发以来，一些建设项目受阻，但总的来说，"一带一路"建设仍在持续推进。据国际金融论坛发布的《国际金融论坛2021年中国报告》，社交隔离等防疫措施对部分重大项目进展造成暂时

---

① 钟飞腾：《一带一路、新型全球化与大国关系》，《外交评论》2017年第3期。
② 习近平：《齐心开创共建"一带一路"美好未来——在第二届"一带一路"国际合作高峰论坛开幕式上的主旨演讲》，《人民日报》2019年4月27日，第3版。

性影响,但中方并没有因疫情减少对"一带一路"项目的支持。87%的受访央行认为"一带一路"项目有助于后疫情时代经济复苏,大部分受访央行期望"一带一路"倡议能在未来五年促进本国GDP增长。① 据中国海关总署统计,2021年前4个月,中国对"一带一路"共建国家合计进出口3.42万亿元,同比增长24.8%。其中,出口1.95万亿元,同比增长29.5%;进口1.48万亿元,同比增长19.3%。② 据中国商务部数据,2021年前4个月,中国对"一带一路"共建国家非金融类直接投资59.6亿美元,同比增长14%,占同期总额的17.4%,较2020年上升1.8个百分点。在共建国家新签承包工程合同额415.6亿美元,完成营业额234.6亿美元,同比分别增长25.2%和12.9%。③

2021年4月20日,习近平主席在博鳌亚洲论坛2021年年会开幕式上以视频方式发表主旨演讲时再度强调,"面向未来,我们将同各方继续高质量共建'一带一路',践行共商共建共享原则,弘扬开放、绿色、廉洁理念,努力实现高标准、惠民生、可持续目标"。习近平在讲话中还引用了世界银行的报告,认为"到2030年,共建'一带一路'有望帮助全球760万人摆脱极端贫困、3200万人摆脱中度贫困。我们将本着开放包容精神,同愿意参与的各相关方共同努力,把'一带一路'建成'减贫之路'、'增长之路',为人类走向共同繁荣作出积极贡献"。④

第四节 结语

本章认为,推进共建"一带一路"沿着高质量发展方向不断前进,首先源于中国政府落实国内高质量发展的需要,是国内步入新发展阶段后产生的一种新目标。因而,在分析"一带一路"与高质量发展的关系时,首先需要重视中国所处的发展阶段。事实上,冷战结束以来,中国的发展从建设现代化的中国这一较为抽象的目标,呈现三个阶段性变化:从20世纪

---

① 谢希瑶、吴昊:《一带一路倡议有助于后疫情时代绿色复苏》,《人民日报》2021年5月31日,第3版。
② 杜海涛:《货物贸易进出口同比增长28.5%》,《人民日报》2021年5月8日,第1版。
③ 罗珊珊:《我国对一带一路沿线国家非金融类直接投资同比增14%》,《人民日报》2021年5月30日,第1版。
④ 习近平:《同舟共济克时艰,命运与共创未来——在博鳌亚洲论坛2021年年会开幕式上的视频主旨演讲》,《人民日报》2021年4月21日,第2版。

90年代中期的转变经济增长方式,到2008年国际金融危机之后的转变经济发展方式,以及中美贸易摩擦之后提出的高质量发展等。因而,"一带一路"的高质量发展并不是像国际舆论所认为的那样,只是单纯地服务于中国的国际战略目标,是为了跟美国争夺权力。以发展而不是权力为导向,推进"一带一路"高质量发展,也将符合绝大多数国家的需要。

　　本章的分析还表明,2013~2018年,中国国内加快转变经济发展方式的一个重要后果是减少了2500万个工业部门就业岗位。除了国内的产业升级之外,这些减少的工作岗位中,有很大一部分是因为制造业和采掘业等产业已经转移到海外。这一过程,与西方在20世纪的海外直接投资以及20世纪80年代以来向发展中国家转移产业表面上有些许相似,但从根本上说有非常大的不同。一是中国在转移制造业的过程中,提出了以产能合作和基础设施建设为核心的"一带一路"倡议。因此,在向海外转移产业的过程中,中国也致力于帮助共建国家形成发展能力。中国的国际产能合作已经超越了西方式的产业转移,是"制造业+基础设施"的大项目合作。二是中国的工业化并未完全实现,地区之间呈现不平衡性。工业化的发展阶段与对外直接投资的数量呈现正相关关系,越是步入工业化后期阶段,对外投资也越增加。对于在海外拥有大量投资的中国沿海省份来说,今后更应关注在"一带一路"共建国家投资所带来的挑战。其中很重要的一项内容是,如何通过增加当地就业确保中国投资的安全性以及与当地建立互利共赢的关系。

　　正是由于中国政府极为重视大项目合作,民生才越来越成为共建"一带一路"高质量发展的重要目标。民生是一个有着强烈中国色彩的概念,其核心内容可以分为三项:收入分配、人均可支配收入以及失业率。当我们把国内政治生活中的民生概念用于定位高质量发展阶段共建"一带一路"的目标时,就表明中国要突破西式全球化的局限性,努力创造一种包容和均衡的新型全球化。事实上,自"一带一路"倡议提出之后,中国政府一直很重视民生问题。"一带一路"建设中的民生问题与国际安全、利益共同体、命运共同体密切关联,需要通过示范性项目、重大项目来落实,增加基层民众收入,着力解决他们的用电、饮水、医疗、上学、就业、上网等现实问题。正是在民生目标的引领下,中国政府认为应该把"一带一路"建成"减贫之路""增长之路"。

第六章 "一带一路"框架下实现环境可持续发展的机制与路径

周亚敏[*]

2020年的《政府工作报告》强调,要"高质量共建'一带一路'"。早在2019年4月,第二届"一带一路"国际合作高峰论坛就将"高质量共建"写入联合公报。习近平主席指出:"把绿色作为底色,推动绿色基础设施建设、绿色投资、绿色金融,保护好我们赖以生存的共同家园。"[①] 在全球气候变化背景下,绿色发展是各国国内的优先议程,也是全球治理的重要内容。秉持绿色发展理念高质量共建"一带一路",最终目标在于实现国内层面和国际层面的可持续发展。从国内层面而言,"十四五"是进行全面高质量发展转型的新阶段,减污、降碳、低成本协同实现经济社会可持续发展成为当务之急。从国际层面而言,全球在新冠疫情冲击下实现2030年可持续发展目标的难度加大,需要尽早凝聚共识推动实质性的国际绿色合作。秉持绿色发展理念高质量共建"一带一路"需要立足机制化建设,实现各类绿色生产要素的优化配置,为实现高标准对接国际规则,统筹推进经济增长、社会发展和环境保护打下坚实基础。

第一节 实现"一带一路"环境可持续发展的挑战

"一带一路"作为一种发展导向型的区域经济合作倡议,在起步阶段不

---

[*] 周亚敏,经济学博士,中国社会科学院亚太与全球战略研究院研究员,主要研究领域:"一带一路"、全球绿色治理、可持续发展。

[①] 习近平:《齐心开创共建"一带一路"美好未来——在第二届"一带一路"国际合作高峰论坛开幕式上的主旨演讲》,人民出版社,2019,第3页。

以设置规则为门槛,从而为发展中国家参与国际经济合作提供了机遇。①"一带一路"实现高质量发展的核心在于可持续性,涉及经济、社会、民生、环境等多元维度的可持续性。在标准新古典经济学分析框架下,环境问题适用于外部性理论,通常被认为是经济增长的副产品。在"一带一路"框架下实现环境升级和经济增长的包容式发展,不仅需要明确共建国家在全球绿色治理中的地位和处境,更要突破标准古典经济学在分工结构外生给定条件和偏好外生给定条件下观察环境-经济关系的传统视角,从人与自然关系而非人与商品关系的角度去看待发展中遇到的问题。"一带一路"的本质属性决定了环境可持续性关乎其生命力。

"一带一路"的本质是通过提高有效供给来催生新的需求,实现世界经济再平衡,核心内容是促进基础设施建设和互联互通,实现共同繁荣。② 基础设施和公共服务水平的提升,将极大促进交易的效率和丰富经济活动的内容。因此,需要分时段辩证看待"一带一路"建设过程中的环境问题。"一带一路"实现环境可持续发展面临短时段挑战和长时段挑战。短时段而言,"一带一路"共建国家以大型基础设施建设为特征的经济活动快速增加,势必会出现较为明显的环境冲击,那么,如何应对短期内巨量经济活动提升带来的环境冲击?长时段而言,这种短时段的环境冲击存量能否通过长时段的转型发展来化解?在理想状态下,"一带一路"高水平互联互通目标实现后,共建国家及区域在经济结构、发展方式、效率水平等方面可能实现跳跃式发展,推动既有的环境库兹涅茨曲线动态移动,使污染物排放在较短时间内和在较低水平下达峰。但由于"一带一路"共建国家面临混合型经济增长瓶颈,因此要实现理想状态下的中长期跳跃式发展,还存在诸多挑战。

环境经济学认为经济活动对环境质量的影响可分解为三个方面:经济总量越大,对环境的压力越大,即总量效应;产业结构中的污染行业越多,产业的单位产值能耗物耗越高,对环境的压力越大,即结构效应;资源利用效率越低,环境压力越大,即技术效应。中低收入国家面临总量效应、结构效应和技术效应的混合型经济增长瓶颈。有研究表明,在经济总量持

---

① 李向阳:《"一带一路"的高质量发展与机制化建设》,《世界经济与政治》2020年第5期,第51页。
② 习近平:《开辟合作新起点 谋求发展新动力——在"一带一路"国际合作高峰论坛圆桌峰会上的开幕辞》,《人民日报》2017年5月16日,第3版。

续增长的情况下，结构效应对环境质量的贡献远大于技术效应。世界银行对发达国家污染防治数据的宏观统计结果显示，结构调整贡献70%，技术措施贡献30%。① 因此，对中低收入国家而言，实现绿色增长的关键在于结构调整，以确保污染物峰值在更低水平上和更短时间内达峰。但结构调整是一个长时段过程，意味着需要不断降低第二产业比重、提升第三产业比重，实现产业结构从高碳重化工到低碳产业、能源结构从煤炭化到清洁化、产品结构从高碳产品到低碳产品的转变。实现结构调整的基础在于高效率交易和多元化经济活动，"一带一路"以提升互联互通水平和推动自由贸易为目标，有助于共建国家实现宏观层面的环境可持续性。

不能实现全球环境的可持续化将威胁"一带一路"本身的可持续性。② "一带一路"环境可持续性的含义需要区分微观层面和宏观层面。微观层面的环境可持续性意味着，"一带一路"的具体项目和工程必须符合东道国或国际公认的环境评估标准，因为这关乎当地民生和国际舆情。宏观层面的环境可持续性意味着，"一带一路"的整体布局需要镶嵌在全球气候变暖的大背景下，以低碳、绿色和可持续理念来引领和指导分工、投资、贸易和公共服务，推动共建国家共同实现结构转型和绿色增长，突破发达国家走过的"先污染、后治理"和"转移污染而非根除污染"的世界性难题。

发达的经济与优质的环境是各国发展的目标指向，但当前实现二者共同优化的主要是发达国家。发达国家在20世纪50年代将纺织等劳动密集型产业转移，同时发展半导体、通信、电子计算机等技术密集型产业；在20世纪60~70年代，发达国家转移汽车、钢铁、造船等资本密集型和污染密集型产业，开始发展以微电子技术为主的较少消耗能源与资源的知识密集型产业；20世纪90年代以来，发达国家重点发展以信息技术为核心的高新技术，不断推进产业结构高级化和价值链高端化。近年来，特别是新冠疫情以来，全球产业链和分工链过细过长的脆弱性凸显，发达国家提出"制造业回流"战略，试图发展全产业链条以抵御风险和降低对新兴经济体的

---

① Hamilton Kirk et al., "Air Pollution During Growth: Accounting for Governance and Vulnerability," *World Bank Policy Research Working Paper* 3383, 2004, http://documents.worldbank.org/curated/en/671421468761960470/Air-pollution-during-growth-accounting-for-governance-and-vulnerability，访问日期：2020年9月18日。
② 索费恩·萨哈拉维：《环境可持续性的全球治理：公共管理作为关键载体》，莫尧译，《中国机构改革与管理》2018年第11期，第7~8页。

依赖性。无论"制造业回流"战略是否如愿，发达国家已形成成熟的环境法律和监管体系，决定了能够实现回流的必然是低碳化和清洁化的制造业。发达国家在半个多世纪的时间里，实现了产业结构和供给结构的大幅改变，但是其消费结构却没有发生较大变化，这很大程度上是靠全球贸易来平衡的。所以，现在发达国家的绿色低碳模式，并不一定具有全球意义。

发展中国家是"一带一路"的主要参与方，也是全球贸易中主要承接高污染高耗能环节的分工方，因此"一带一路"的环境可持续性不仅需要关注环境问题，更需要关注在全球贸易背景下的南北国家分工，以及其所带来的结构性环境问题。实现"一带一路"环境可持续性的难点不在于具体某个项目或工程的环境评估，而在于能否借助低碳发展使参与国的经济跃升到一个更有竞争力的分工结构，实现环境质量的非边际改善。标准新古典经济学是在分工结构外生给定条件下研究资源配置问题、在偏好外生给定条件下研究消费者效用问题的，无法预见分工结构的非连续变化和消费偏好多元化问题。因此，如果把环境可持续发展看作机遇而非挑战的话，减排减污可能带来的分工结构的非连续变化、全球变暖带来的消费者价值观变化，将可能为全球南方国家摆脱"污染天堂"处境提供契机。

第二节 实现"一带一路"环境可持续发展的机制

"一带一路"的多边属性和区域属性决定了，实现环境可持续发展绝不是某一个国家或几个国家能够独立完成的，而是需要所有参与国的联动式协调式推进。由于环境议题与经济议题密切联系，因此更多地在价值理念层面达成共识，才能在面对两难选择时共同做出最符合可持续发展要求的决策。具体而言，机制化建设绿色"一带一路"需要从尽快完善绿色合作理念、坚定践行共商共建共享原则，以及积极对接普遍接受的国际规则、标准和最佳实践入手。

一 尽快完善绿色合作理念

高质量共建"一带一路"的关键在于凝聚共识完善合作理念，从而形成集思广益、尽施所长的良性互动局面。以构建人类命运共同体实践平台为合作愿景，"一带一路"的高质量发展须将绿色理念落到实处。国际社会关于绿色合作的框架性设计已经非常明确，重点和难点在于如何将国际公

第六章 "一带一路"框架下实现环境可持续发展的机制与路径

约与"一带一路"建设深度融合,以提升"一带一路"的国际认可度。联合国 2015 年通过的《2030 年可持续发展议程》和 2016 年签署的《巴黎协定》,其酝酿期早于 2013 年提出的"一带一路"倡议,其实施期则贯穿于"一带一路"建设的初期和高质量发展阶段。《2030 年可持续发展议程》和《巴黎协定》作为国际社会关于绿色发展的最新共识,涵盖了人类社会未来绿色发展的方方面面,"一带一路"实现可持续发展的机制化建设需要在实践层面探索如何将两大协议内嵌到绿色丝绸之路建设中去,在共同认知、共同话语和共同标准体系下开拓绿色丝绸之路的机制化建设体系。与此同时,中国在生态文明理念指引下,重新思考工业文明时代人与商品的关系,认为应该在人与自然的宏大背景下处理发展中遇到的矛盾,国内生态环境质量也已取得显著改善。"一带一路"共建国家逐渐开始对中国的生态文明建设产生兴趣,也在积极学习相关经验。从本质上而言,《2030 年可持续发展议程》和《巴黎协定》与中国的生态文明建设思想都指向同一个问题,即如何实现人与自然的共同可持续发展,前两者采取明确的指标体系和数值目标加以衡量,而后者传承中国历史文化积淀更加强调因地制宜和因时制宜。因此,以实现"一带一路"环境可持续的机制化建设为出发点,《2030 年可持续发展议程》、《巴黎协定》和生态文明理念,是共建国家进行绿色合作的价值纽带。

第一,需要坚定支持将《2030 年可持续发展议程》融入共建"一带一路"。《2030 年可持续发展议程》是联合国可持续发展事业的最新成果和世界各国的重要共识,具有权威性、认同度高。其对全球环境治理的影响直接体现为,全球环境治理体系的重要性显著上升,未来全球环境治理将形成数据和指标驱动的特点,以及气候变化问题与其他环境问题将在全球和国家层面深度融合。[1] 2030 年可持续发展目标涵盖 17 个领域的目标和 169 个分项目标,集中反映了世界各国的普遍关切。17 个领域的目标是:(1)在全世界消除一切形式的贫困;(2)消除饥饿,实现粮食安全,改善营养状况和促进可持续农业;(3)确保健康的生活方式,促进各年龄段人群的福祉;(4)确保包容和公平的优质教育,让全民终身享有学习机会;(5)实现性别平等,增强所有妇女和女童的权利;(6)为所有人提供水和

---

[1] 董亮:《2030 可持续发展议程对全球及中国环境治理的影响》,《中国人口·资源与环境》2016 年第 1 期,第 8~15 页。

环境卫生并对其进行可持续管理；（7）确保人人获得负担得起的、可靠的和可持续的现代能源；（8）促进持久、包容和可持续的经济增长，促进充分的生产性就业和人人获得体面工作；（9）建造具备抵御灾害能力的基础设施，促进具有包容性的可持续工业化，推动创新；（10）减少国家内部和国家之间的不平等；（11）建设包容、安全、有抵御灾害能力和可持续的城市和人类住区；（12）采用可持续的消费和生产模式；（13）采取紧急行动应对气候变化及其影响；（14）保护和可持续利用海洋和海洋资源以促进可持续发展；（15）保护、恢复和促进可持续利用陆地生态系统，可持续管理森林，防治荒漠化，制止和扭转土地退化，遏制生物多样性的丧失；（16）创建和平、包容的社会以促进可持续发展，让所有人都能诉诸司法，在各级建立有效、负责和包容的机构；（17）加强执行手段，重振可持续发展全球伙伴关系。①"一带一路"倡议要实现的"五通"目标，本质上与上述17个领域目标是相辅相成的，只不过采用了不同的表述方法。《2030年可持续发展议程》与"一带一路"倡议的融合是将世界的需求与中国的主张相结合，有助于构建共同的合作理念和话语体系，减少国际误解和质疑，推动"一带一路"走向世界。因此，"一带一路"环境可持续性的机制化建设取决于如何将"五通"目标及做法转化为国际社会能够理解的17个领域目标。

第二，需要在"一带一路"框架下加强落实《巴黎协定》相关合作。《巴黎协定》要求各国根据自身情况做出国家自主贡献承诺，尽管其规定的减排行动仅限于国内，不涉及对境外投资的监督，但是，对标《巴黎协定》2℃温控目标，在共建国家推动实现绿色转型发展，是高质量共建"一带一路"获得广泛国际支持的基础。由于《巴黎协定》并没有强有力的推进机制，它是一个自愿性的非约束性的国际协议，因而约束力较弱。回望历史，可以看到，推动发达国家减排的《京都议定书》，在遭遇美国退出、日本爽约的情况下，只有欧盟仍勉力履约。正是因为欧盟在履约过程中与广大发展中国家开展合作，推动清洁发展机制（CDM）的创新型合作，参与各方都取得了巨大的经济与环境效益。②因此，积极探索各国国家自主贡献目

---

① 联合国：《改变我们的世界——2030年可持续发展议程》，http://genevese.mofcom.gov.cn/article/wjysj/201604/20160401295679.shtml，访问日期：2020年9月14日。
② 潘家华：《"一带一路"倡议的战略再思考》，《海南大学学报》（人文社会科学版）2020年第1期，第1~10页。

第六章 "一带一路"框架下实现环境可持续发展的机制与路径

标与"一带一路"项目的对接方案,促成各国国内转型需求与"一带一路"绿色投资相呼应,关乎"一带一路"高质量发展的持久性。在《巴黎协定》框架下推动绿色"一带一路"建设,就要按照全球气候治理的目标和要求规范"一带一路"投资,推动中国和共建国家完成国家自主贡献目标,加大后续的国家自主贡献力度,缩小全球排放差距,增强适应能力。[①] 在《巴黎协定》框架下发展中国家与发达国家均被纳入减排协议,而"一带一路"共建国家主要是发展中国家,由此带来的一个直接后果是,气候责任成为东道国阻碍投资者进入的有力借口。一方面,中国具有相对优势的火电技术及设备出口和油气资源投资面临全球道义上的挑战;另一方面,中国出现领先势头的清洁能源投资(水电、风电和太阳能发电)面临环境责任不确定、法律条款模糊的挑战,因而在传统能源和新能源投资方面都面临挑战。《巴黎协定》所规定的以气候变化为基础的法律责任,将成为未来中国企业在"一带一路"共建国家开展能源投资的主要社会责任。[②] 因此,对标《巴黎协定》机制化建设绿色"一带一路"的要点在于,必须尽早布局能源领域与气候领域的交叉型研究,以解决气候政治风险引发的有关投资准入、征税和环境损害认定的法律诉讼。《巴黎协定》的出台为"一带一路"建设向高质量转型提供了两个维度的变化:传统能源投资受限的同时,新能源投资面临新机遇期。《巴黎协定》在减缓和适应方面创立了新的应对机制,特别是资金援助和能力建设方面,如何将这些新型机制转化成像清洁发展机制一样能使各方获益的投资模式,不断推进气候目标与能源目标的兼容,是"一带一路"实现环境可持续发展目标的机制化建设方向。

第三,不断拓展生态文明理念的国际共识。以绿水青山就是金山银山为核心理念的习近平生态文明思想,引领中国走上了生产发展、生态良好、生活幸福的文明发展之路。习近平指出:"我国已成为全球生态文明建设的重要参与者、贡献者、引领者。"[③] 生态文明理念以人与自然的和谐共生为出发点,将人类社会看作一个整体来思考人与自然的关系,使中国这个创

[①] 李慧明:《绿色"一带一路"建设与中国在全球气候治理新形势下的国际责任》,《阅江学刊》2020年第4期,第16页。
[②] 梁晓菲:《"一带一路"战略下的国际能源合作——以气候变化〈巴黎协定〉为视角》,《理论月刊》2017年第5期,第163页。
[③] 中共中央党史和文献研究院编《习近平关于中国特色大国外交论述摘编》,中央文献出版社,2020,第243页。

造了经济发展奇迹的大国,走在了可持续发展的世界前列。①习近平生态文明思想为环境治理提供了国内和国际层面的统一逻辑,即"构筑尊崇自然、绿色发展的生态体系。我们要解决好工业文明带来的矛盾,以人和自然和谐相处为目标,实现世界的可持续发展和人的全面发展"②,将国家个体与世界整体相对于生态环境的关系统一到人与自然、工业文明与生态文明的框架下,为构建地球生命共同体指明了方向。中国国内生态文明建设的成就,比如河北塞罕坝林场、库布其治沙模式等的突出贡献,使得国际社会对中国生态文明建设模式的认可度正在不断提高。《生物多样性公约》第十五次缔约方大会(COP15)于2021年5月17日在云南省昆明市举办,大会主题为"生态文明:共建地球生命共同体",是首次以"生态文明"命名的联合国大会,充分表明了国际社会对生态文明理念的认同。习近平生态文明思想的内核是可持续发展理念,奉行多边主义主张,以共享性和包容性为特征,强调多元治理、公平合理的治理机制。③中国在习近平生态文明思想指引下不断坚持在环境领域的南北合作为主、南南合作和多边合作为辅的治理机制,以促进环境治理权力的扩散,反对环境治理霸权做法,从而实现生态收益公正化和均等化。从美丽中国到美丽世界,习近平生态文明思想为国家可持续发展和世界可持续发展提供宏大视野,为解决好国与国之间为实现环境善治而产生的分歧与矛盾,提供了以生态为本、基于人类命运共同体的发展理念。"一带一路"共建国家大部分仍处于经济升级还未完成、环境升级尚待起步的阶段,实现17个领域的可持续发展目标任重道远,而《巴黎协定》加速全球能源转型和经济转型的节奏,统筹推进经济–环境–气候协同的国家目标、区域目标乃至全球目标至关重要。中国国内在生态文明理念指引下,发展出诸多具有借鉴意义的经验,比如低碳工业园区模式、企业–园区–国家层面的循环经济试验区模式、低碳发展试点模式、智慧城市试点模式等,为中国的经济发展探索出一条绿色增长之路。"一带一路"实现环境可持续的机制化建设,需要将国情差异和地理差异考虑在

---

① 蔡昉:《把构建生态文明纳入哲学社会科学"三大体系"建设之中》,《城市与环境研究》2019年第4期,第5页。
② 习近平:《携手构建合作共赢新伙伴,同心打造人类命运共同体——在第七十届联合国大会一般性辩论时的讲话》,《人民日报》2015年9月29日,第2版。
③ 董亮:《习近平生态文明思想中的全球环境治理观》,《教学与研究》2018年第12期,第33页。

内实现差异化治理,对标生态文明理念能够为因地制宜和因国制宜实现2030年可持续发展目标和全球减排目标提供思路。

二 坚定践行共商共建共享原则

高质量共建"一带一路"的主要任务在于统筹推进经济增长、社会发展和环境保护。绿色转型发展是发达国家和发展中国家的共同挑战,但由于经济结构和发展阶段的差异,各国的转型诉求和能力各有千秋,共商共建共享原则将确保"一带一路"行稳致远。坚定践行共商共建共享原则,主要是集思广益共商绿色转型方案、尽施所长共建绿色经济体系和惠及各方实现绿色收益共享。

一是要集思广益共商绿色转型方案。随着世界经济从单中心到多中心的转变,"一带一路"的开放属性显示出强大生命力,为不同文明和智慧的交融提供了平台。面对全球气候变化和温控目标,低碳经济、循环经济、绿色经济将成为时代主旋律。探索适合国情的绿色转型路径,需要合作各方平等相待、公开透明、充分照顾共建国家的舒适度和合理关切。"一带一路"共建国家资源禀赋差异较大,各个国家绿色转型诉求不同。阿联酋、卡塔尔等传统产油大国,在人均收入水平位居世界前列的情况下,积极调动资金、技术和人才投入到清洁能源的开发利用中,力求利用石油黑金积累的资本来实现绿色转型。不缺油的阿联酋在2020年8月1日正式宣布建成阿拉伯世界的第一个核电站,总投资达224亿美元。作为世界第一大液化天然气生产和出口国,卡塔尔推出"2030国家愿景"规划,核心是通过大力发展经济多元化,到2030年将卡打造成一个可持续发展、具有较强国际竞争力、国民生活水平高的国家。[①] 反观巴基斯坦、孟加拉国、柬埔寨、老挝等南亚和东南亚国家,其人均收入水平和国家环境绩效处于双低状况,实现绿色转型的难度较大。《巴黎协定》要求减少火电项目,但对于这些国家来说,火电项目的规模效应和成本效应对于经济社会的整体结构转型意义重大,因此不能以一刀切的方式要求这些国家直接构建清洁能源体系。"一带一路"共建国家在能源资源的绿色转型方面存在梯度结构,以中东地区收入水平较高的国家为代表,有实力发展高端先进清洁能源体系,而对于大部分中低收入共建国家而言,需要在国情民情基础上在公平权益保障

---

① 贺文萍:《卡塔尔现代化发展进程及发展特色》,《人民论坛》2023年第1期,第92~95页。

下逐步推进绿色转型。

二是要尽施所长共建绿色经济体系。与传统经济增长模式不同，绿色经济增长不仅需要资本、技术和人力等要素投入，还需要纳入生态资本要素。一旦将生产函数的投入要素从传统的三要素拓展为四要素，就会发现比较优势的选项以及组合大增。正如"绿水青山就是金山银山"所表明的，一棵树、一片森林在时间推移中都在积累生态财富，是生产投入中不可或缺的一部分。因此，共建绿色经济体系首先需要在价值取向上突破以功利主义为特征的西方经济学分析框架，将生态要素纳入生产和分配环节，而非仅仅停留在消费环节。构建区域性绿色经济体系需要结合各自的比较优势，一旦认可生态资本要素的不可替代性和价值属性，在对生态要素合理定价的基础上，很多原本处于分工链下游的国家就具备了不可替代的比较优势。"一带一路"共建国家和地区中分布在南北回归线之间的热带国家有80个，热带农作物在这些国家的国民经济中占有重要地位。中国热带农业科学院在推动"一带一路"热带农业科技合作方面发挥引领作用，在种质资源、生物技术、灾害防控等重点领域与相应国家展开联合攻关，已经与非洲、东南亚的热带国家展开了实质性合作。[①] 正是由于地理位置的限制，欧盟和美国等西方国家在热带农业科技合作方面并无比较优势，从而为打造"一带一路"热带农业科学共同体消除了诸多干扰。随着世界绿色转型的推进，各国都在积极挖掘自身的绿色经济潜力来寻求合作、扩大规模和实现优势互补。2020年9月14日中欧领导人正式宣布签署《中欧地理标志协定》，明确对地方特色产品以原产地命名的方式进行保护和控制，比如中国的绍兴酒、安溪铁观音等，欧洲的巴伐利亚啤酒、帕尔玛火腿等。中国的宣纸、蜀锦等具备地方特色的轻工业产品也被欧盟首次纳入。《中欧地理标志协定》的签署，有利于相关产品开拓有效市场，将进一步促进双边地理标志产品贸易发展，扩大中欧贸易规模。这表明，生态要素的价值属性和定价需求已经逐渐被人类社会认可和接受。绿色经济体系并不局限于像农业等原始绿色经济内容，已逐步涉及生产要素的绿色化、生产过程的绿色化、分配环节的绿色化和消费终端的绿色化。"一带一路"共建国家在绿

---

① 刘邓：《中国积极推动共建"一带一路"热带国家农业科学共同体》，中国热带农业科学院网站，2019年9月14日，https://www.catas.cn/contents/3235/231719.html，访问日期：2023年8月28日。

色比较优势方面更为多元化,只有聚沙成塔、积水成渊才能实现共同绿色发展。中国在绿色资金、可再生能源技术、低碳知识等方面均出现引领态势,通过与共建国家开展优势互补的合作,进而为相应国家创造新的绿色比较优势,是"一带一路"高质量发展的方向。

三是要惠及各方实现绿色收益共享。发达的经济与优质的环境是各国发展的目标指向。以生态文明建设为指引,经济效益与生态效益并重的发展理念,使"一带一路"建设有别于西方主导的国际合作,后者主张经济优先因此极力推动资本进入低环境成本的地区以攫取高额利润,体现了资本的优先地位和裹挟作用。但是,发展中国家的生态容量需要承载自身的福祉,而不是处理发达国家的垃圾。造成当今世界"北绿南灰"图景的主要原因在于发达国家利用资本力量掠夺了发展中国家的生态价值。换言之,在全球贸易的大背景下,发达国家实现自身绿色低碳发展是以发展中国家的环境恶化为代价的,因此其"经验"不具有全球意义。反而是不丹、尼泊尔、老挝等没有大规模卷入全球价值链的国家,得以保持自身的良好环境。因此,"一带一路"建设过程中,必须重视绿色收益共享问题,才能获得广泛支持。绿色收益共享并不单纯是一个分配问题,而是涵盖绿色要素的定价问题和绿色收益的核算方法,最终的收益分配也并非通过谈判或合同方式,而是要通过市场方式来实现合理分配。绿色投资成本和绿色收益不匹配将严重影响参与各方的积极性。绿色收益分享可以显著提高绿色投资活动的财务内部收益率,改变绿色投资活动财务可行性的性质,而绿色收益在供应企业、投资企业和核心生产企业之间的合理分配将体现合作共赢、成本和风险共担以及利益共享的商业原则。[①] 因此,"一带一路"实现环境可持续发展的机制化建设需要将绿色收益共享的量化分配纳入体系设计。"一带一路"绿色发展国际联盟的成立,为各方探讨如何机制化共享绿色收益和绿色成果提供了平台。

三 积极对接普遍接受的国际规则、标准和最佳实践

"一带一路"被国际社会广泛接受的前提是,能够与现行全球治理体系构成良好的互动关系。《第二届"一带一路"国际合作高峰论坛圆桌峰会联

[①] 莫凌水、翟永平、张俊杰:《"一带一路"绿色投资标尺和绿色成本效益核算》,《中国人民大学学报》2019年第4期,第34页。

合公报》指出，"我们追求高标准、惠民生、可持续，相关合作将遵守各国法律法规、国际义务和可适用的国际规则标准"①。高质量共建"一带一路"意味着将在更深层次和更广范围上实现与国际规则和标准的机制化对接。"一带一路"环境可持续性的实现，需要在现行全球绿色治理体系的规范、规则和标准下，鼓励各方遵循国际通行的绿色规则，同时也要确保绿色标准的采纳能够适应发展中国家的实际需要，更需要针对世界经济转型出现的新需求探讨新规则和新标准。

一是要鼓励各方遵循国际通行的绿色规则。"一带一路"致力于推动建设开放型世界经济，将以双边合作、三方合作和多边合作等形式同各国发展战略、区域和国际发展议程有效对接并协同增效。鼓励各方遵循国际通行的绿色规则，有助于凝聚共识拓展合作空间加速推进高质量转型。亚洲基础设施投资银行在环境保护方面向世界银行标准看齐的做法，为"一带一路"的环境可持续发展赢得了国际信誉。未来高质量建设"一带一路"势必要在投融资机制、项目建设和运营等环节不断加深与国际绿色规则的对接。采纳现行全球治理体系下业已达成共识的绿色规则和机制，决定了"一带一路"在环境治理方面的合法性。国际社会自20世纪80年代以来逐渐就环境议题的各个领域达成了《联合国海洋法公约》《巴塞尔公约》《生物多样性公约》《京都议定书》《联合国气候变化框架公约》《联合国防治荒漠化公约》《关于持久性有机污染物的斯德哥尔摩公约》《联合国2030可持续发展议程》《巴黎协定》等一系列国际环境公约，成为当今全球绿色治理体系的基石。"一带一路"作为一项具有多边属性的经济合作倡议，坚持履行国际环境协定和相关国际法，有助于掌握相应环境事务的主动权，也有助于公平合理地解决可能出现的环境纠纷。从另一个角度而言，全球绿色治理体系始终处于一个松散非约束状态，这主要是环境问题的负外部性所引发的成本与收益不对称导致的，世界各国环境治理绩效水平悬殊。如果"一带一路"实现环境可持续发展的机制化建设能够准确对接国际通行规则，能够真正推动国际环境协定的履约，则无疑将对全球绿色治理做出重要贡献。一旦国际社会认识到"一带一路"不仅是一项经济合作倡议，而且是实现环境善治的良好平台，世界对于"一带一路"的功能属性和长

---

① 《第二届"一带一路"国际合作高峰论坛圆桌峰会联合公报》，中国一带一路网，2019年4月27日，https://www.yidaiyilu.gov.cn/p/88222.html。

第六章 "一带一路"框架下实现环境可持续发展的机制与路径

远意义将会更加认可,对其的态度也会更友好。

二是绿色标准的采纳要适应发展中国家的实际需要。"一带一路"共建国家大部分属于发展中国家,受经济发展阶段、人均收入水平和国家比较优势的限制,在采纳国际绿色标准方面的能力存在差异。根据《2018年全球环境绩效指数报告》(EPI),在参与评估的180个国家和地区中,排名前5位的分别是瑞士、法国、丹麦、马耳他和瑞典,均为欧洲国家;排名后5位的分别是尼泊尔、印度、刚果民主共和国、孟加拉国和布隆迪,均为"一带一路"相关国家。[①] 大部分"一带一路"共建国家处于EPI指数曲线的中下游,承受经济发展水平低且环境绩效差的双重压力。解决与经济发展水平相关的环境问题所需要的绿色标准,在发展中国家的具体国情背景下,需要适度降维;而解决与生态保护相关的环境问题所需要的绿色标准,由于发展中国家已经处于生态极度脆弱的境况,需要酌情升维。"一带一路"建设对于原生生态资源的保护十分重视。为了方便野生动物的穿行,蒙内铁路共修建了9处大型动物通道,其中包括6处大型桥梁式动物通道,3处涵洞式动物通道。桥梁式动物通道净高均在6.5米以上,而野生动物中的"高个子"长颈鹿成年时"身高"大约为5.5米至5.8米,这一设计能够让长颈鹿不用弯腰就能通过。再比如,中国电建在澳大利亚牧牛山风电项目中为了保护当地稀有鸟类,采用了先进的监控系统,能在几秒钟内完成项目附近楔尾鹰(当地濒危物种)的图像捕捉、识别、预警等一系列动作,一旦有鸟类进入危险区域,系统将自动停止风机运行来避免碰撞。总而言之,为了适应发展中国家的实际需要,"一带一路"建设中所采纳的绿色标准,在保护原生生态资源方面尽可能升维以确保生物多样性目标,在面对受经济水平制约的结构性环境问题时必须考虑经济-环境的协同发展。中国发起制定《"一带一路"绿色投资原则》,启动共建"一带一路"生态环保大数据服务平台,共建"一带一路"可持续城市联盟和绿色发展国际联盟等,都是为寻求适用于"一带一路"的绿色基础原则和标准而努力。

三是要借助"一带一路"国际合作高峰论坛和G20不断深化关于绿色规则和标准的共识。作为"一带一路"框架下成员规模最大、层级最高、所涉议题领域最为丰富的国际机制,"一带一路"国际合作高峰论坛正在稳

[①] Z. A. Wendling, Emerson et al., *2018 Environmental Performance Index*, New Haven, CT: Yale Center for Environmental Law & Policy, https://epi.yale.edu/,访问日期:2020年1月6日。

定步入制度化阶段。参与高峰论坛的有政府部门、民间机构和国际组织，能够深入探讨适用于企业、产业、区域乃至全球四个层面的绿色标准和规则，为打造促进经济社会恢复的绿色复苏之路和释放发展潜力的绿色增长之路奠定基础。"一带一路"作为世界由单中心向多中心转变过程中出现的新生国际合作，势必要不断解决新的问题。尤其是在全球减排行动和实现2030年可持续发展目标下，用新办法解决新旧问题成为不可回避的任务。从更大的视角而言，从传统的"中心－外围"分工体系向更为均衡的全球体系转型过程中，以往的这些"外围国家"如何通过绿色发展来缩小既有的权力鸿沟，摆脱当前在全球分工中的不利地位，需要不断地沟通和加强共识。"一带一路"国际合作高峰论坛在稳步制度化过程中，凸显"绿色丝绸之路"的重要性，致力于全面发展绿色产品、绿色工厂、绿色园区和绿色供应链。从供应端而言，需要培育节能环保、新能源汽车等新兴产业；从生产端而言，需要注重信息技术、节能减排技术，推进制造业绿色改造，引导行业对标达标，提升资源利用效率；从消费端而言，需要倡导绿色、低碳、循环和可持续的生产生活方式。同时，应注重借助 G20 平台推动实现"一带一路"绿色标准的全球主流化。"一带一路"作为主要由发展中国家参与的国际合作，机制化讨论绿色标准和规则固然重要，但要使相关内容获得世界认可，还需要加强与传统"中心国家"的对话和沟通，G20 正是发展中国家和发达国家机制化沟通的良好平台。在绿色转型过程中对于各类新问题的讨论和适用方法，如果能够获得 G20 的一致认可，就代表相应规则和标准的全球主流化。中国倡导发起的 G20 绿色金融研究小组在 2016 年提出推动全球绿色金融发展的七项倡议并将其写入《G20 杭州峰会领导人公报》。中国 2017 年提出推动金融机构开展环境风险分析和改善环境数据可获得性的倡议并将其写入《G20 汉堡行动计划》，以 G20 成果形式为推动绿色金融的全球主流化发挥重要作用。以"一带一路"实践和需求为基础，推动绿色标准和规则的实用性和适用性，最终以 G20 平台推动其全球主流化，是未来"绿色丝绸之路"绿色标准体系的构建方向。

第三节　新形势下机制化建设绿色"一带一路"的路径

高质量共建"一带一路"面临新形势。首先，在全球对外投资整体下滑的趋势下，"一带一路"共建国家的投资逆势增长，全球价值链正处

第六章 "一带一路"框架下实现环境可持续发展的机制与路径

于重构期，以中国为中心的区域生产链和消费链显示出强大活力；其次，在全球煤炭、天然气和石油消费均下降的情况下，可再生能源发电逆势增长，全球能源结构正处于调整期；最后，以《欧洲绿色协议》为代表的新一轮绿色标准和规范开始引领全球绿色低碳转型，涵盖能源效率、可再生能源、碳排放交易、能源税等议题的全球绿色治理体系正在向高质量高标准迈进。

大部分"一带一路"共建国家处于人均收入和环境绩效双低的境况，因此实现经济增长与环境升级的双赢成为共建国家关注的重点领域和关键议题。高质量共建绿色"一带一路"，不仅需要大力推进绿色基础设施建设，更需要在高质量互联互通条件下帮助共建国家实现经济结构转型，进而兼顾环境、减贫、就业和增长的多维度发展目标。在全球价值链重构、全球能源结构转型和全球绿色治理体系升级的新形势下，高质量共建绿色"一带一路"的主要可能路径如下。

第一，充分发挥中国在基础建设领域的全球领先优势，采用先进工程技术措施帮助共建国家解决短时段技术瓶颈。"一带一路"共建国家急需突破的短时段经济增长瓶颈是互联互通。"一带一路"提出在交通、卫生、农业、通信和能源等方面的互联互通，正是实现联合国2030年可持续发展目标的基础。这种互联互通将在促成贫困地区经济结构性转变、培育可持续的生产模式以及对抗气候变化方面发挥关键作用。当前全球基础设施投资的巨大缺口事实上已经成为全球迈向可持续发展的短板约束。根据世界经济论坛公布的数据，到2040年全球对基础设施的投资需求每年高达3.7万亿美元，而每年能够落实的只有2.7万亿美元。[1] 麦肯锡的研究则表明，为了支持当前经济增速持续到2030年则需要每年投入3.3万亿美元进入基础设施领域，其中60%的需求来自新兴经济体。如果将实现可持续发展目标所需的成本纳入考虑，则当前的基础设施投资缺口还将增加1/3。[2] 清洁电力和便捷交通系统的普及对于一国国民经济增长的重要性不言而喻。比如，

---

[1] World Economic Forum, "Strategic Infrastructure: Steps to Prepare and Accelerate Public-Private Partnerships," https://www.weforum.org/reports/strategic-infrastructure-steps-prepare-and-accelerate-public-private-partnerships, 访问日期：2023年8月28日。

[2] J. Woetzel et al., "Bridging Global Infrastructure Gaps," McKinsey Global Institute, McKinsey & Company, 2016, https://www.mckinsey.com/industries/capital-projects-and-infrastructure/our-insights/bridging-global-infrastructure-gaps.

肯尼亚蒙内铁路通车将减少40%的公路二氧化碳排放，极大提升经济效率和能源效率。中国2015年发布的《推动共建丝绸之路经济带和21世纪海上丝绸之路的愿景与行动》明确指出要"强化基础设施绿色低碳化建设和运营管理，在建设中充分考虑气候变化影响"。[①] 鉴于基础设施项目在短时段对环境冲击较大，因此对冲手段主要是工程措施。"一带一路"倡议自提出伊始就强调绿色基础设施建设，反映出共建国家两个方面的迫切需求：一是必须尽快补齐互联互通短板以便融入全球价值链，二是必须考虑全球气候变化而兼顾环境可持续目标。中国国内大力推动生态文明建设和绿色发展为企业的绿色创新提供了制度土壤和激励措施，绿色知识和技术的本土创新逐渐展现出外溢效应，开始对"一带一路"绿色基础设施建设产生正向作用。中国企业承建的巴基斯坦卡西姆燃煤电站，采用世界先进技术实现近零排放，甚至优于世界银行的排放标准。斯里兰卡科伦坡国际集装箱码头采纳中国循环经济经验，利用集装箱重力下降带动小型发电机发电，输送给国家电网。为了保护当地的独特生态禀赋，在修建肯尼亚蒙内铁路时因地制宜设计野生动物迁徙通道。中国也充分利用卫星优势，在"一带一路"基础设施建设中对重大工程生态环境进行遥感监测。因此，不断提升先进工程技术措施在"一带一路"绿色基础设施建设中的运用频率，有助于在新形势下推动"一带一路"建设走深走实。

第二，充分发挥中国作为全球可再生能源的最大投资国所带来的规模效应和集聚效应，带动"一带一路"绿色生产链和共建国家的能源结构转型。从绿色生产力的构建而言，"一带一路"共建国家的产业合作需结合本土生产要素禀赋和外部条件展开，相应的制度保障措施应既能强化合作又能实现可持续发展。中国的劳动密集型和资本密集型制造业的外向支撑作用明显，而资源需求型产业的内向引进地位较高。[②] 对以劳动密集型产业为主体的经济体而言，如非洲和东南亚国家，进行高科技产业合作缺乏相应的软硬件配套，但停留在低端制造业和传统劳动密集型产业则不利于这些国家的环境可持续性。因此，必须对处于全球价值链分工中下游的环节配套清洁技术，才能契合部分东道国劳动力丰富、运营成本低等分工优势，

---

① 国家发展改革委、外交部、商务部：《推动共建丝绸之路经济带和21世纪海上丝绸之路的愿景与行动》，人民出版社，2015，第16页。
② 姚星、蒲岳、吴钢、王博、王磊：《在中国在"一带一路"沿线的产业融合程度及地位：行业比较、地区差异及关联因素》，《经济研究》2019年第9期，第172页。

第六章 "一带一路"框架下实现环境可持续发展的机制与路径

为其内生性绿色增长创造条件。从能源结构转型而言,根据联合国环境规划署发布的《2019可再生能源投资全球趋势》,2010~2019年10年间,中国以7580亿美元的可再生能源投资额位居榜首,美国以3560亿美元位居第二,日本以2020亿美元排名第三,[①] 中国正在积极引领世界可再生能源转型。与此同时,2019年全球经济增长2.9%,而全球能源生产产生的二氧化碳维持在330亿吨水平并未增长,表明存在可以同时实现经济增长和降低污染的能源技术,主要是由于全球范围内推广使用风能和太阳能替代煤炭发电。在《巴黎协定》全球温控1.5℃~2.0℃的目标指引下,"一带一路"共建国家对与中国在低碳能源技术领域进行合作的愿望已十分迫切。根据BP发布的世界能源统计,2019年全球煤电占36.4%,而清洁低碳发电(可再生能源加核电)也正好占36.4%,是历史上首次实现煤电与清洁低碳发电持平。[②] 全球经济发展历史表明,从污染密集型生产到清洁生产、从黑灰色发展到绿色发展、从资源高消耗到可持续消费的转型,其引领者通常具备了充分的资本积累和知识储备,从而有能力对创新型知识在产业层面的试验、试错和规模化运转投入生产要素(资本、技术、劳动力和环境)。随着美国政府转向"美国第一"战略,石油资源丰富的中东地区在政治经济领域逐渐从"向西看"转向"向东看",对中国首倡的"一带一路"建设表现出了良好的合作姿态,对于向清洁可再生能源转型相关合作表现出极大热情。在"一带一路"可再生能源投资中,要对水电、风电和光伏发电的技术限制所造成的次要和次生环境影响有充分考虑,在此基础上充分发挥我国在可再生能源领域的设备优势、技术优势、知识优势和人才优势,着力形成"一带一路"经济结构转型所需的绿色价值链和能源转型,有助于在新形势下将"一带一路"打造成"未来之路"。

第三,充分发挥中国作为全球最大绿色债券市场所带动的先发优势,构建"一带一路"绿色金融保障体系,帮助共建国家实现经济结构转型,在更大幅度和更高水平上实现经济增长与环境升级的良性互动。绿色金融作为驱动绿色发展的双引擎之一,对于实体经济的发展方向具有指引作用,

---

[①] UNEP, "Global Trends in Renewable Energy Investment 2019," https://www.unep.org/resources/report/global-trends-renewable-energy-investment-2019,访问日期:2023年8月28日。

[②] BP, "World Energy Outlook 2020," https://www.bp.com/content/dam/bp/business-sites/en/global/corporate/pdfs/energy-economics/energy-outlook/bp-energy-outlook-2020.pdf,访问日期:2023年8月28日。

引导资本支持低碳、节能、环保的绿色产业和项目。中国在实践中开创的绿色信贷、绿色债券、绿色保险和碳金融为主的绿色金融工具，将在"一带一路"共建国家的转型发展中发挥积极作用。目前对发展中共建国家而言实现绿色转型的最大短板依然是绿色资金不足，全球气候治理框架下发达国家承诺提供的1000亿美元迟迟不能到位，而即便全部到位也是杯水车薪，因此需要设立相应机制积极鼓励公私资金进入。

中国政府2017年5月推出《关于推进绿色"一带一路"建设的指导意见》和《"一带一路"生态环境保护合作规划》，指出全面推进"政策沟通""设施联通""贸易畅通""资金融通""民心相通"绿色化进程，建设绿色技术银行，加强绿色、先进、适用技术在共建"一带一路"发展中国家转移转化。① 2017年9月，《中国对外投资环境风险管理倡议》作为一种自愿倡议正式发布，旨在建立健全"走出去"企业在对外投资过程中环境风险管理的机制和内部流程，确保对外投资项目能做到可持续发展。2018年11月，中英发布了《"一带一路"绿色投资原则》，从战略、运营和创新三个层面制定了七条倡议，包括公司治理、战略制定、项目管理、对外沟通以及绿色金融工具运用等，供参与"一带一路"投资的全球金融机构和企业在自愿基础上采纳和实施。亚洲基础设施投资银行在项目融资决策、投资落实和项目评估过程中引入联合国环境规划署倡导的ESG（环境、社会和治理）原则。《华盛顿邮报》指出，亚投行的环境标准及采购过程与世界银行十分相似。② 此外，在"赤道原则"指引下，中国政府推动建设"一带一路"绿色信用评估和征信体系，开发绿色信贷金融产品，鼓励商业性股权投资基金和社会资金共同参与绿色重点项目。绿色"一带一路"建设的金融保障体系正趋于制度化，为实现高质量共建"一带一路"的机制化建设奠定了基础。

第四，在"一带一路"框架下寻求与《欧洲绿色协议》的合作。2019年12月欧盟委员会发布的《欧洲绿色协议》（绿色新政）提出，欧洲到

---

① 《关于推进绿色"一带一路"建设的指导意见》，中国一带一路网，2017年4月26日，https://www.yidaiyilu.gov.cn/p/12477.html，访问日期：2023年8月28日；《"一带一路"生态环境保护合作规划》，中国一带一路网，2017年5月14日，https://www.yidaiyilu.gov.cn/wcm.files/upload/CMSydylgw/201705/201705140541054.pdf，访问日期：2023年8月28日。

② Simon Denyer, "Asian Development Bank Finds Its Niche," *The Washington Post*, June 24, 2016.

第六章 "一带一路"框架下实现环境可持续发展的机制与路径

2050 年成为全球第一个碳中和大陆,发出强烈的低碳转型信号,预示了广阔的绿色合作空间。《欧洲绿色协议》所涵盖的"七大行动"包括:建设清洁、可负担和安全的能源体系;建设清洁循环的产业体系;推动建筑升级改造;发展智能可持续交通系统;实施"从农场到餐桌"的绿色农业战略;保护自然生态和生物多样性;创建零污染的环境。欧洲绿色新政的本质在于重塑未来发展方式,在提升经济竞争力的同时实现深度脱碳,其核心要素在于进一步推动经济和环境的双升级。能源作为经济发展的血液,是碳排放的重要来源,因此建设"清洁、可负担和安全的能源体系"其本质在于实现绿色发展的源头控制。2020 年上半年,欧洲的电力转型取得新进展,可再生能源发电增长 11%,首次超过化石能源发电量,可再生能源发电量占欧盟 27 国发电量的 40%,而化石燃料发电量占 34%。[①] 欧洲绿色新政也突出了对消费和投资的绿色引导,所倡导的"公正转型机制"和资金安排,对那些仅凭自身努力难以走出污染困境的地区具有重要意义。公正转型与公平转型的最大区别在于,公正转型关注结果平等,公平转型注重分配平等,但实际上面临污染困境的地区往往也面临经济发展困境,因而需要更大力度的资金支持,甚至需要改革性的制度型支持。欧洲绿色新政的提出,预示着中欧在绿色基础设施、绿色金融、绿色技术、绿色贸易、绿色政策方面存在巨大合作空间,围绕能源利用效率、气候变化、环境保护、清洁能源、碳边境调节机制等主题的合作内容十分丰富。欧盟已经将碳边境调节税纳入绿色发展议程,同时也游说美国加入,欧美联手开启碳边境调节税,不仅将对中国的出口贸易造成显著影响,也将对致力于以规则和标准为基础的"一带一路"机制化建设造成影响。因此,应该共同致力于加强中欧绿色发展理念和实践领域的对话,以助力"丝绸之路"向绿色高质量发展阶段迈进。

第五,与美国加强在气候变化领域的合作,在"一带一路"共建国家开展绿色转型领域的第三方合作。拜登上台后第一天美国重回《巴黎协定》,随着美国回到气候变化谈判桌前,中美欧这三大排放"大户"之间的互动将在很大程度上决定全球经济脱碳进程。拜登政府也倾向于支持在美

---

① Dave Jones, Fabian Hein, Matthias Buck and Grace Alster, "The European Power Sector in 2020: Renewables overtake Fossils," https://static.agora-energiewende.de/fileadmin/Projekte/2021/2020_01_EU-Annual-Review_2020/2021 - 02 - 04_Presentation_European_Power_Sector_2020.pdf.

国边境向未能履行气候和环境义务的国家收取类似的"碳调整费"。在中美阿拉斯加高层战略对话上，双方一致同意建立中美气候变化联合工作组，因此气候变化议题成为为数不多的中美将继续合作的领域。虽然美国对"一带一路"持打压态度，但低碳转型是未来大势所趋，相关的投资、贸易、金融服务等都属于新兴产业，具有广阔的发展空间。中美在"一带一路"相关国家开展绿色投资与贸易第三方合作，有助于缓解西方舆论利用环境话语来抹黑"一带一路"，也有助于"绿色丝绸之路"建设的推进。

第四节 结语

中国政府和企业都将"绿色"作为推动"一带一路"建设的底色，坚持"绿水青山就是金山银山"理念，积极履行《巴黎协定》，逐渐从国际绿色责任和绿色标准的追随者转变为引领者。可以说，以可持续发展为优先事项的绿色基础设施、绿色价值链和绿色金融体系正成为"一带一路"建设的标配。在百年未有之大变局背景下，全球生产、生活和消费的各个领域都将发生深刻变革，"一带一路"倡议为相关国家实现创新发展、转型发展和共同发展提供了历史机遇，而绿色"一带一路"建设将有力支持在环境可持续前提下的全球发展。新形势下高质量共建绿色"一带一路"，立足于中国生态文明建设所积累的绿色优势，着眼于一个更加美丽清洁的世界，致力于推动全球可持续发展目标，顺应共建国家实现绿色发展的愿望和全球实现低碳发展的历史潮流，具有强大的凝聚力和生命力。

"一带一路"实现环境可持续发展面临诸多挑战，最核心的挑战依然来自全球分工体系带来的经济－环境失衡。如何在一个结构性矛盾下实现经济－环境协同发展，是共建国家共同面临的难题。适逢全球经济结构和能源结构转型机遇期，发展中国家在正确发展理念、规范指导下，是有可能实现弯道超车和经济的非连续跳跃的。在"一带一路"框架下实现可持续发展必然离不开联合国《2030年可持续发展议程》、《巴黎协定》和生态文明理念的指引，"一带一路"坚决执行与环境议题相关的国际协定，反过来国际社会对"一带一路"的认知提升到环境善治的平台，则会产生正向互动效应。共商绿色转型方案、共建绿色经济体系、共享绿色发展收益，是实现"一带一路"环境可持续发展的第二个机制，有助于破解发达国家以资本裹挟环境的单边霸权式做法和企图将发展中国家锁定为"垃圾处理厂"

第六章 "一带一路"框架下实现环境可持续发展的机制与路径

的战略意图。积极对接国际社会普遍接受的绿色规范、规则和标准，是实现"一带一路"环境可持续发展的第三个机制。绿色转型最终要落到实实在在的生产、分配、消费环节，因此必须通过细化的规则与标准来鉴别和引导。但是，对于绿色标准和规则的采纳也要适应发展中国家的实际需求，如果为了迎合发达国家的认可而设定超越发展中国家实际能力的过高标准，则无疑会损伤发展中国家实现全面可持续发展的基础。对于转型过程中出现的新问题新领域新标准，需要借助"一带一路"国际合作高峰论坛进行及时沟通，也需要借助 G20 平台来推动其全球主流化进程。

机制化建设绿色"一带一路"的具体路径，则需要结合当前中国所具备的比较优势来选择。作为全球可再生能源投资最多、基础建设工程技术水平领先、全球最大的绿色债券市场，中国应该也必须在助推共建国家绿色转型过程中有所作为。经济结构转型是以成熟的基础设施互联互通为前提条件的，中国需要不断将最新工程技术引入"一带一路"建设中，以低碳技术的变革性力量来覆盖基础设施建设的边际环境增量，解决共建国家的短时段经济增长瓶颈问题。能源结构转型不可能一蹴而就，需要经济发展水平提升和技术升级的双重辅助，中国需要在具备条件的共建国家大力推进清洁低碳可再生能源的利用。在"一带一路"建设体系中前瞻性构建绿色金融体系，是为绿色转型构建资金循环系统，久久为功，必有成果。绿色新政的提出预示着欧盟在未来 30 年内依然致力于执全球绿色转型之牛耳，因此"一带一路"建设须加强与欧盟的绿色合作。

第七章 "一带一路"机制化建设中的透明度规则

岳圣淞[*]

透明度（transparency）已经成为当前国际社会对"一带一路"认知的代表性切入点之一。透明度在短时间内被植入"一带一路"语境并迅速产生影响的背后，特定行为体的主观推动作用不容忽视。事实上，在"一带一路"倡议正式提出后的相当长时间内，尽管国际社会中的质疑与负面声音始终存在，但透明度问题在"一带一路"语境中的指向性并未凸显。[①] 透明度质疑的本质是一种政治话语，受到话语施动者的操控，其内涵处在动态变化中。话语制度主义指出，政治话语的生成与演化主要取决于施动者的主观因素，具体包括在主观认知背景下对特定语境的再塑造、对目标话语与客观现实之间叙事逻辑的建构、对自我身份和利益的认知以及对话语施动对象的界定等。[②] 在现实的国际政治实践中，地缘政治、身份认知及对自我利益的界定是影响国家行为体决策的三个相互关联的关键因素。

自2017年起，随着以美国为代表的部分西方国家战略界开始大量发布以"一带一路"为主题的文章、专著、研究报告和政策咨询，政界、军界

---

[*] 岳圣淞，法学博士，中国社会科学院亚太与全球战略研究院副研究员，主要研究领域：话语政治、语言政策、东南亚国际关系。

[①] 笔者认为，在"一带一路"倡议正式提出后的四年间，尽管国际社会始终存在对这一倡议的性质、目标和实现路径等方面的质疑与消极评价，但总体上系统性批判尚不明显。自2017年起，西方学界在经历了5年的"观望期"后，积累了相当数量的、基于对已经落地实施的"一带一路"建设项目的实证分析成果，因而对"一带一路"的负面评价开始形成较为系统的观点，尤以"透明度"批判为甚。

[②] Francisco Panizza and Romina Miorelli, "Taking Discourse Seriously: Discursive Institutionalism and Post-Structuralist Discourse Theory," *Political Studies*, Vol. 61, No. 2, 2013, pp. 301–318.

和商界频繁就"一带一路"表态，有关透明度问题的阐述逐步呈现系统化趋势并迅速引发关注；更重要的是，透明度质疑与"渗透论"、"债务陷阱论"和"新殖民主义论"等一系列负面论调的迅速整合，进一步加剧了国际社会对中国整体对外战略走向的偏见和焦虑情绪，对正处于积极推进中的"一带一路"建设乃至中国整体的对外形象造成了严重影响。通过分析透明度质疑的缘起、发展与影响，本章试图回答以下几个问题：第一，透明度的内涵到底是什么？其在国家间互动特别是经济关系发展过程中究竟发挥了怎样的影响？第二，在"一带一路"建设全球推进的过程中，不同国家提出透明度问题背后的动机是什么？而透明度问题又何以在短时间内迅速引发国际社会广泛关注？第三，如何客观看待并应对"一带一路"建设中面临的透明度问题？

第一节 透明度的概念、理论与实践

学界对透明度概念始终存在争论。随着这一概念应用范围的扩大，其内涵也在不同学科和不同领域（如国际贸易、国际交通运输、环境保护、军备控制等）内不断被泛化。因此，在试图探究"一带一路"语境下透明度质疑的确切含义前，有必要先厘清这一概念的内涵演化路径。

一 透明度概念的内涵及其演化

透明度的概念及由此衍生的相关原则首先确立于国际法，也是国际法得以确立的基本准则之一，其基本意涵是："对以下知识和信息的可获得性与知晓性：(1)国际法主体的条约和做法确立的规范、准则、程序的含义；(2)条约各方和国际法主体就遵守条约和保持主体有效性而制定的有关政策和从事的活动。"[1] 简言之，透明度是对法律本身和行为主体的约束：对于法律、法规或法律程序本身而言，要求能够令所涉及的全体利益攸关方乃至受众群体无差别、无困难、无歧视地易于获取、准确理解且能够实际操作；对于行为主体而言，要求其政策和行为也必须遵守相关法律，使其他当事方能够容易地获得所需的重要信息，并据此进行评估以采取适当行

---

[1] Abram Chayes and Antonia Handler Chayes, *The New Sovereignty: Compliance with International Regulatory Agreements*, Harvard University Press, 1995, pp. 131–135.

动。如不能满足,有关做法则会被认为是非法的、不透明的。①

最先将透明度概念引入国际贸易研究并赋予其经济学内涵的,是印度裔美国经济学家贾格迪什·巴格瓦蒂(Jagdish Bhagwati)。作为自由贸易和全球化的坚定倡导者,巴格瓦蒂认为国家间自由贸易的开展离不开完备而有力的制度约束,而实现这一切的前提是保证参与合作的各方平等知晓相关制度内容,特别是对特定行为及其后果的解释、自身的权利和义务范围等,即制度本身的透明度;除此之外,基于对既往国际贸易实践中制度变迁的长期研究,巴格瓦蒂指出,坚持制度设计和履行过程中遵循以透明度为核心的"阳光原则"可以有效解决因信息不对等而引发的争端,② 因为市场的透明度决定了行为体理性选择的结果:理性选择理论认为,身处社会中的行为体依据理性选择追求其最大经济利益,而透明度则保证了行为体赖以决策的信息充分性。

具体来说,做到充分透明,一方面需要有关各方在协议的谈判、制度的设立和争端的解决过程中遵循公开、公正、可追溯的原则;另一方面,在协议确立后,缔约各方的行为也须接受充分监督,以确保缔约各方能够及时掌握相关信息并做出决策。③ 以 WTO 法律框架下的透明度原则为例,有关透明度条款明确规定任何成员对本国制定和实施的、与国际贸易有关的法律法规、司法判决、行政决定以及相关贸易政策都应当予以及时公布,包括但不限于有关海关法规及关税税率,各类产品的进出口管理措施与要求,有关进出口支付转账的相关规定,以及有关服务贸易和知识产权的法律、法规、政策和措施等,以便其他缔约方政府及贸易商能够及时了解和熟悉。④ 此外,由于 WTO 的多边性质,任何缔约方之间达成的双边和多边贸易协议也必

---

① William B. T. Mock, "An Interdisciplinary Introduction to Legal Transparency: A Tool for Rational Development," *Dickinson Journal of International Law*, Vol. 18, No. 2, 2000, p. 295.

② 巴格瓦蒂所提出的透明度概念是其倡导的"阳光原则"(Sunshine Principle)或"德库拉原则"(Dracula Principle)的核心。他以 19 世纪末 20 世纪初风靡西方文学界的"吸血鬼德库拉"传说为喻,因德库拉见到阳光即现原形,故以此类比强调制度公开、透明的重要性。巴格瓦蒂对这一原则的论述主要以对 WTO 相关条款的研究为实证基础,参见 Jagdish Bhagwati, *The World Trading System at Risk*, Princeton University Press, 1991; Jagdish Bhagwati, *Free Trade, "Fairness," and the New Protectionism: Reflections on an Agenda for the World Trade Organization*, Institute of Economic Affairs for the Wincott Foundation Press, 1995.

③ 沈四宝:《世界贸易组织法教程》,对外经济贸易大学出版社,2005,第 59 页。

④ Petros Mavroids and Robert Wolfe, "From Sunshine to a Common Agent: The Evolving Understanding of Transparency in the WTO," *The Brown Journal of World Affairs*, Vol. 21, No. 2, 2015, pp. 118–120.

须予以公布，以避免其他成员因信息不对等而遭到不公正的贸易对待。①

此外，透明度概念近年来还在国际金融领域得到了深入发展。自1999年国际货币基金组织（IMF）颁布"货币金融政策透明度最佳做法准则"以来，货币政策透明度（monetary policy transparency）便逐渐成为国际金融政策领域的基础性原则之一。广义的货币政策透明度是指一国的中央银行为改善政府与公众在货币政策领域的信息不对称，而采取的主动公开货币政策信息、及时披露货币政策调整的动态、告知公众政策动向对私人财产可能造成的影响等行为。② 随着全球化的持续推进，国家间在金融领域不断深入的合作令货币政策跨国协调成为必需。在此背景下，国家间相互保持货币政策透明就被赋予了一种全新的内涵。根据国际货币基金组织的定义，国际层面的货币政策透明度指的是一种理想的政策环境。在这种环境下，不同国家的货币政策目标及其相应的法律框架、执行机构、经济背景，以及政策决策者的决策依据等一系列信息均能够得到披露，且以公众能够理解的方式被及时公布。具体而言，衡量一国货币政策是否足够透明，应至少关注其以下几个方面信息的发布时效及准确性：第一，明确的货币政策目标；第二，通胀报告及货币政策变化对市场预期的影响；第三，对通胀成因的解释；第四，对过去货币政策效果的评估。③ 经过多年发展，学界围绕货币政策透明度问题的研究已逐渐呈现系统化、理论化趋势，认为市场主体的理性预期、不同主体间的信息不对称和货币政策的动态不一致性共同推动了国际金融环境整体对透明度原则的认知与认可。大量实证研究也证实了维持货币政策透明对国际金融市场稳定与健康发展的重要意义，认为透明度原则的实践有利于公众形成合理预期、提高各国中央银行政策制定的独立性及其声誉；更重要的是，践行货币政策透明度原则可以令外界及时了解一国货币政策的根本目标，通过自主信息披露接受必要的外部监督，总体上有利于国家提升在国际市场中的竞争力和公信力。④

---

① Rohini Acharya, "WTO Procedures to Monitor RTAs," *American Society of International Law, Proceedings of the Annual Meeting*, Vol. 111, 2017, pp. 89 – 90.
② Maria Demertzis and Andrew H. Hallett, "Central Bank Transparency in Theory and Practice," *Journal of Macroeconomics*, Vol. 29, No. 4, 2007, pp. 760 – 789.
③ Petra M. Geraats, "Central Bank Transparency," *The Economic Journal*, Vol. 112, No. 483, 2002, pp. 532 – 565.
④ Petra M. Geraats, "Transparency and Reputation: The Publication of Central Bank Forecasts," *The B. E. Journal of Macroeconomics*, Vol. 5, No. 1, 2005, p. 1.

二 透明度的国际实践

国际社会对透明度原则的重视是主观和客观因素共同作用的结果。一方面,在全球化趋势不断深入发展的今天,国家间交往日益密切、领域不断延伸、利益持续交融、相互依存度不断提升,相应地,各国所承担的国际责任与义务也不断增加,而这些责任与义务大多通过正式的国际文本被固定下来。在这一背景下,各国基于更好地履行相关义务及最大限度地维护自身权利的现实需要,对有关文件透明度的关注度越来越高。特别是在涉及民主、民族自决和主权的具体案例中,当出现需要变更国际法律适用范围和主体的场合时,透明度问题往往会成为各方争议的焦点。另一方面,部分国家的国内体制和政策也对涉及自身利益的国际法律、条约和协议等的透明度问题提出了要求。以美国为例,其国内政治体制和国内立法对信息公开、公众参与等原则的确认在很大程度上影响着美国在参与国际事务过程中对透明度标准的态度,进而影响着美国总体的对外政策走向。[①] 在当前美国对外政策中保护主义抬头的形势下,"缺乏透明度"更是成为美国频繁抨击现有国际制度和国际体系"不公正、不合理"的重要依据,[②] 而呼吁按照符合美国自我利益认知和标准的"透明度改革"则被认为是彰显民主和法治价值等的正确选择。面对这一情况,国际社会更应采取理性客观的态度,审慎回应有关国家透明度质疑背后的真实诉求。

总体上,透明度目前已成为国际经济活动中被大量跨国协议所采纳的核心概念与原则之一。其实质是要确保利益攸关方在采取商业和法律行动时充分知晓相关信息,特别是知晓另一利益攸关方在不履行透明度原则、不进行充分合作的情况下便无法获取的信息。在国际经济活动中,透明度原则被认为是确保国际经济环境整体稳定性和可预见性、确保行为体获得利益的关键,因而在区域乃至全球经贸合作机制化的发展过程中发挥着越来越重要的作用。需要指出的是,在现实透明度规则的实践中,直接以"透明度"为名制定条款的情形并不多见;在大多数情况下,透明度规则都以较为隐晦的方式出现,并配合特定范围、适用场景和类别的条款被提出。

[①] 马乐:《国际投资协定透明度要求变化及其启示——以美国实践为考察对象》,《国际商务研究》2015年第1期,第59~62页。

[②] Park Sang-Chul, "U. S. Protectionism and Trade Imbalance Between the U. S. and Northeast Asian Countries," *International Organization Research Journal*, Vol. 13, No. 2, 2018, p. 77.

第七章 "一带一路"机制化建设中的透明度规则

具体而言，在履约过程中，为确保各协约方利益不受损害，协议会在特定场景下提出对协约方提供信息、参与调查、配合争端解决等方面的要求，这些要求均被视为对透明度规则的遵循和实践；此外，鉴于国家间合作可能涉及法律、规则和标准间的对接与融合问题，不同国家应及时向其他有关方面披露本国相关法律法规的调整及其可能对协议履行产生的影响，也被视为履行透明度规则的重要体现。

本章以经济合作与发展组织（OECD）、《全面与进步跨太平洋伙伴关系协定》（CPTPP）以及《美墨加协定》（USMCA）为基础，通过梳理上述三个合作机制相关协定中涉及透明度问题的条款，试图对比分析当前透明度国际实践的基本形式与规则共性。在上述三种合作机制的框架性协议中，除CPTPP在协定中明确设定了透明度条款外，其他两项协议均未设置专门的透明度规则。总体看来，不同协议中有关透明度规则的内容、适用范围和实现方式存在一定共性。涉及透明度的条款可大致分为程序性条款、技术性条款和保障性条款三个大类；对透明度权益的界定可分为知情、告知、质询、评论和解释等类别；对透明度原则的实践方式可分为主动信息公开（包括全面公开、部分公开、双边或多边告知等不同类型），以及被动信息提供（包括全面分享、有限分享等）两种（见表7-1）。

表7-1 OECD、CPTPP与USMCA相关协定透明度条款对比

指标/合作机制		经济合作与发展组织	《全面与进步跨太平洋伙伴关系协定》	《美墨加协定》
透明度条款	程序性条款	成员信息共享与交换；成员法律框架对接	争端解决机制；信息披露；政策公开	规则修订程序；争端解决机制；法律法规对接规则；信息共享与公开原则；解释性条款
	技术性条款	税收征管信息；政府预算；灾害应急拨款；国际发展援助标准；气候变化合作目标	原产地规则；关税规则；卫生标准；贸易补偿标准；市场准入规则；投资规则；成员人员往来便利化规则；电子商务规则；跨境服务贸易规则；电信规则；金融服务规则	原产地规则；关税规则；卫生标准；贸易补偿标准；政府采购规则；服务贸易规则；投资规则；金融服务规则
	保障性条款	—	劳工保障；知识产权保护；国有企业规则；中小企业规则；环境保护	劳工价值含量标准；排他性条款；竞争规则；知识产权保护；环境保护

续表

指标/合作机制	经济合作与发展组织	《全面与进步跨太平洋伙伴关系协定》	《美墨加协定》
透明度权益界定	知情、告知、质询、解释	知情、告知、质询、评论、解释	知情、告知、质询、解释
透明度执行方式	主动信息公开（全面公开、部分公开、双边或多边告知）；被动信息提供（全面分享、有限分享）		
透明度责任主体	主权国家（OECD成员国）、国际组织、非政府组织	主权国家（缔约国）、国际组织	美国、墨西哥、加拿大政府有关部门，三国合作机制

资料来源：笔者根据 OECD、CPTPP、USMCA 相关协定文本整理制作。相关协议文本参见 OECD、CPTPP 与 USMCA 官方网站，以及 https://www.mfat.govt.nz/assets/Trans-Pacific-Partnership/Text/26.-Transparency-and-Anti-Corruption-Chapter.pdf，https://ustr.gov/trade-agreements/free-trade-agreements/united-states-mexico-canada-agreement/agreement-between，https://data.oecd.org/searchresults/?q = transparency。

三 "一带一路"语境下的透明度问题

通过前文对透明度概念演化及其在国际社会不同领域实践路径的梳理可以发现，透明度概念在现实中的发展存在正面和负面两种趋向，而决定其意义演化的根源在于国家间交往互动的宏观背景、不同国家基于历史和现实等多重因素而形成的对特定问题的认知，以及国家间关系的现实发展水平等。总体来看，西方国家对透明度的认知源于其社会文化、行政管理和政治传统中对"信息公开"和"公民权益"等的基本认同和遵循，国家决策者作为政策执行的主要行为体，决定了如何对"透明度"进行定义、如何限定其在不同领域事务中的适用范围和方式。换言之，对于如何实施透明度原则、在不同行业领域中规定各种值得鼓励的"透明度做法"，都是决策者和规则制定者的主观行为。客观来说，对透明度的强调已经涉及西方社会文化的方方面面。无论是在国家层面、社会层面还是个人层面，对"透明"的追求不仅通过逐步完善的法律和政策工具发挥的强制性作用被赋予了鲜明的法理性色彩，更在现实的多元化互动中被不断积蓄的惯习力量增添了道义与责任的意味。

受此影响，透明度原则在社会实践中越发得到重视，甚至在个别场景和情形中被作为诚信评价的主要标准。随着这一认知趋向影响力的不断扩大，其主要负面影响也越发凸显：行为体由于过度追求"透明原则"的形式效果而很大程度上忽略了对实践本质及其特殊性的重视，导致制度效应被无端放大，造成合作成本的不必要升高。在国际合作实践中，也存在一定程度的过度追求或强化透明度原则的现象，而其原因则更加复杂：一方面，相关合作参与方对合作内容、方式等信息接收存在不对等的情况，导致一方或多方主动要求增加信息披露、增强信息可信性以更好地维护自身利益——这可以归结为客观因素驱动下主观诉求的增强；而另一方面，在有关各方均获得充分信息供给的前提下，仍有部分行为体持续要求扩大信息披露以满足自身需求，并在其诉求无法得到满足时对合作前景做出负面评价、以"信息不透明"为由对特定行为体做出"不负责任"或"故意隐瞒"的指责，属于主观偏见认知主导下的、"有罪推定"式的不合理诉求，应将其与第一类行为相区分。

在"一带一路"具体实践案例中，西方国家对相关合作透明度问题的提出主要源于其对华长期积蓄的偏见认知，认为中国的政治体制和社会制度本身存在所谓的"不透明"现象，这种对中国现实国情的认知不足和不信任令西方国家理所当然地认为，由中国政府主导的对外合作机制不可避免地存在制度缺陷，即"不够透明"，必须通过西方的透明度原则加以完善。由此看来，对西方国家提出的所谓透明度问题，中国作为倡议的主要推动者需要对其进行批判性看待；但与此同时，作为一个新兴倡议和正在逐步完善的国际合作机制，"一带一路"也正是在不断推进的合作中进行着持续的动态调适。从这一意义上说，对透明度原则的高度重视，特别是在制度建设领域对透明度原则的实践，将是未来"一带一路"国际合作在各国各地区实现高质量发展必须重视和优先解决的现实问题。

国际法与经济学范畴内对透明度的定义都涉及两个方面，即法律或制度本身、行为体自身的履约行为。基于此，探讨"一带一路"语境之下的透明度质疑也应包含两方面的内容，即"一带一路"框架下的制度透明度以及中国作为"一带一路"倡议推动者的行为透明度。本章根据不同观点的具体内容的性质将透明度质疑划分为三类：第一，对"一带一路"倡议的根本性质、规划布局和预期目标的透明度质疑；第二，对"一带一路"国际合作具体项目推进过程中的技术性规范和标准的透明度质疑；第三，对"一带一路"国际合作中保障性制度透明度的质疑。

首先，对"一带一路"倡议本质及其预期目标的透明度的质疑主要源自美国,但近年来"中国渗透论"在澳大利亚的持续发酵对澳大利亚国内舆论氛围产生了一定的消极影响。自2018年底以来,澳大利亚政界、媒体和学界围绕澳大利亚如何应对"一带一路"展开了广泛争论,对"一带一路"乃至中国中远期对外战略目标的疑虑日渐浓厚。① 美国政策界普遍对"一带一路"所倡导的互利互惠、互联互通,乃至最终的"五通"愿景持怀疑态度,认为这种目标设定过于模糊,缺乏明确的战略指向性和实际操作性,"无论是在已经身处其中的参与者,还是犹豫不决的观望者,抑或始终持悲观论调的评论家看来,这种看似野心勃勃的口号宣传都无助于这项庞大计划的长远发展,而只会持续加剧各方的疑虑"。② 部分美国研究机构结合对已经实际运作的"一带一路"国际合作项目的考察,更为具体地提出了对中国在基础设施领域大规模投资背后根本意图的质疑,认为中国在项目签约国境内兴建的港口、公路、铁路、机场、发电站等基础设施具有相当程度的战略属性,却刻意淡化甚至忽略对部分民用基础设施转化为军用设施可能性的评估,这种做法实际上是在试图掩盖中国拓展其区域乃至全球影响力的真实意图。③ 也有美国学者对"一带一路"国际合作的战略布局提出质疑,认为其"已远远超出了其最初自我划定的地理界限",是"中国版的马歇尔计划",④ "'一带一路'的路线图已经成为一幅涵盖全球的战略版图,东南亚、中亚、大洋洲、南亚、中东、非洲和加勒比地区都被囊括其中,体现了中国明显的地缘战略野心,但中国对其战略目标的描述却依旧隐晦"。⑤

澳大利亚和新西兰对"一带一路"整体意图的透明度的关切更倾向于对未来合作前景及收益预期的担忧,认为中澳和中新间的自由贸易协定已涵盖了货物、服务、投资、基建等十几个领域,能够基本满足双边经济合

---

① Peter Cai, *Understanding China's Belt and Road Initiative*, Lowy Institute, March 2017, pp. 1-2.
② Nadege Rolland, "China's 'Belt and Road Initiative': Underwhelming or Game-Changer?" *The Washington Quarterly*, Vol. 40, No. 1, 2017, pp. 127-142.
③ William C. Pacatte Ⅲ, "Be Afraid? Be Very Afraid? —Why the United States Needs a Counter-strategy to China's Belt and Road Initiative," Defense 360, CSIS, October 19, 2018, https://defense360.csis.org/author/william-c-pacatte-iii/.
④ Kerensa Gimre, "China's Belt and Road Policy: The New Marshall Plan or New Imperialism?" *Berkeley Journal of International Law*, February 2019.
⑤ Lyailya Nurgaliyeva, "Belt and Road: A Chinese World Order," *International Affairs*, Vol. 95, No. 2, 2019, pp. 503-504.

作的基本需求,因此,尚不明确参与"一带一路"合作框架将为自身带来何种"边际收益",亦难以评估未来"一带一路"倡议与自贸协定框架并行下的合作前景。① 还有澳方学者在对中资企业在澳投资行为、规模和增速分析的基础上指出,目前中国已成为澳大利亚第一大贸易伙伴,澳大利亚对中国的经济依赖与日俱增,中国对澳投资已经导致澳本土经济结构发生实质改变,因而对中国"渗透"甚至"经济入侵"的担忧也随之上升。在这种情况下,中澳开展"一带一路"框架下合作的前景并不明朗。② 此外,澳、新对中国在南太平洋地区与各岛国间开展的"一带一路"建设活动始终保持密切关注,与美国对"一带一路"倡议整体认知趋向于关注其全球布局相比,两国更强调对自身所在地区的关注。截至2025年1月,南太平洋地区共计12个国家正式同中国签署了"一带一路"框架合作协议,实际项目已在多数国家正式落地。③ 澳、新试图对中国与上述国家间的合作性质、方式和目标进行更加深入的了解,以评估中国在该地区整体影响力水平及其对自身的影响。

此外,个别国家以维护国家安全利益为由对已经签署的"一带一路"合作协议甚至已经落地的相关合作项目提出"潜在风险"或"不可控风险"质疑,指责相关协议的签订存在"不透明环节""对潜在风险评估和披露不足",进而对"一带一路"合作人为施加阻碍,这一现象尤为值得关注。客观来说,开展国际合作是国家间基于互利共赢原则、在完全自主自愿的前提下做出的对外决策。在国内政治进程中,对特定对外政策存在不同声音本属正常现象,但对于部分西方国家和实行西方民主制的亚洲国家而言,参与"一带一路"国际合作对其自身的发展利益和价值并不总能得到公正客观的看待和评判,特别是在当前西方主导并持续渲染"中国威胁论"的国际舆论氛围中,部分国家将对华政策进行安全化包装,强行为"一带一路"合作项目贴上"威胁国家安全"的负面标签,很大程度上阻碍了合作

---

① Peter J. Rimmer, "China's Belt and Road Initiative: Underlying Economic and International Relations Dimensions," *Asian-Pacific Economic Literature*, Vol. 32, No. 2, 2018, pp. 3–9.
② Greg Earl, "Economic Diplomacy: Australia's BRI, Aid Revamp and Integrating," The Interpreter by the Lowy Institute, November 19, 2019.
③ 截至2025年1月,南太平洋地区同中国正式签订"一带一路"合作框架协议的12个国家包括:巴布亚新几内亚、斐济、基里巴斯、库克群岛、密克罗尼西亚联邦、瑙鲁、纽埃、萨摩亚、所罗门群岛、汤加、瓦努阿图、新西兰。参见中国一带一路网,https://www.yidaiyilu.gov.cn/country,访问日期:2025年1月23日。

的正常推进；在政党轮替和政府换届过程中，部分国家内部的党派之争和执政理念之争往往选择以"打中国牌"为主要手段，而对"一带一路"合作实施污名化和负面话语建构则成为其实现特定政策目标、推行对华强硬战略的优先行动选择。在此背景下，对"一带一路"国际合作提出的所谓透明度质疑则更具有主观偏见的特征，其根本目的并不是真正解决合作中的机制体制不足问题，而是要以此为借口限制中国对外合作的有效开展、为中资企业海外投资施加限制。对此，中国应当予以充分重视，并考虑制订有效的应对举措以维护自身利益。

其次，在对"一带一路"具体项目推进中的技术性规范和标准的透明度质疑方面，美、澳、新三国均有涉及。大多数质疑以WTO法律体系、联合国贸易和发展会议（UNCTAD）以及自由贸易协定中的相关透明度条款为参照，具体议题则涵盖了投资准入、金融服务、预防腐败和第三方市场合作等方面。通过与既有公认的国际规范和标准进行比照，此类质疑普遍认为当前"一带一路"框架下的具体合作项目所遵循的有关规范和标准的透明度均未达到应有水平，以金融服务最为突出。美国政策界对"一带一路"推进过程中可能因透明度缺失而产生的经济风险尤为关注，认为在当前中国快速推进"一带一路"项目建设的过程中，对项目落地国基本经济状况和债务偿还能力，以及对项目的可行性和投资回报率的评估缺乏公开公正的规范，在对投资和援助对象国的选择上缺乏透明度，特别是缺乏政治道德层面的考量。[1] 同时，由于投融资渠道和方式的不透明性，债务违约不仅会令合作双方利益受损，还可能对国际多边金融机构造成影响，进而引发全球金融体系的连锁反应。[2] 此外，发展中国家在参与"一带一路"建设的国家中占据多数，这些国家普遍存在经济结构脆弱、抗风险能力低下、政府治理能力不足和法律体系不健全等问题。在参与"一带一路"合作过程中，这些国家的债务由于缺乏透明、公开的制度保障，容易出现资金监管漏洞，进而引发系统性腐败和债务违约；而对于债务占GDP比重较高的发展中国家和不发达国家来说，一旦

---

[1] Sam Parker and Gabrielle Chefitz, *Debtbook Diplomacy*: *China's Strategic Leveraging of Its Newfound Economic Influence and the Consequences for U. S. Foreign Policy*, Belfer Center for Science and International Affairs, Harvard Kennedy School, March 2018, pp. 11 – 12.

[2] Simeon Djankov and Sean Miner, eds., *China's Belt and Road Initiative*: *Motives*, *Scope*, *and Challenges*, Peterson Institute for International Economics, Washington, D. C., 2016, pp. 11 – 14.

第七章 "一带一路"机制化建设中的透明度规则

发生债务违约更将引发全面经济崩溃。① 美国政策界对"一带一路"债务问题的持续高度关注与对这一倡议本质的质疑不断交织、相互印证,"债务陷阱论"(debt trap scheme)似乎正在成为"自我实现的预言":中国在债务透明度问题上的主观动机被描述为"有意为之的战略"(deliberative strategy),是"其影响力扩张战略的一部分","中国可能并不过分担心债务违约的问题,甚至对可能产生的坏账规模早有预估。一旦这种情况实际发生,中国就可以实现控制特定国家战略资源的最终目标,且无须担心法律和道德风险"。②

澳大利亚和新西兰对"一带一路"合作中的债务透明度也较为关注,③但关注点主要集中于中国与南太平洋地区岛国在"一带一路"框架下项目的债务现状与规模。尽管大部分观点并未突出强调中国的主观战略意图与债务现状的直接关联,但均指出中国面向南太岛国提供的用于"一带一路"合作项目的贷款普遍具有较高风险,相较成熟的国际金融机制和多边发展银行在南太地区的信贷,"一带一路"融资由于缺乏规范、标准和透明的信贷制度,可能造成大规模债务不可持续现象。④ 此外,"一带一路"合作中的投资准入和第三方市场合作规则的透明度问题也是澳、新两国较为关注的议题,一定程度上反映出两国基于自身利益诉求的现实考量。针对目前"一带一路"合作项目中招投标方式不透明、第三方合作机制尚不成熟的情况,澳、新两国学界均有学者指出,作为一个新兴的国际合作机制,"一带一路"应当体现出其应有的包容性,保证各方平等参与及获益的权利,特别是在南太平洋地区的合作中,应充分发掘创新合作模式和合作理念的潜力,如考虑建立公开透明的第三方市场合作机制,进一步拓展合作的空间

---

① Jonathan E. Hillman, "Corruption Flows Along China's Belt and Road," CSIS, January 2019, https://www.csis.org/analysis/corruption-flows-along-chinas-belt-and-road,访问日期:2019年12月14日。
② 有关美国对"债务陷阱"问题的研究成果,较具代表性的包括美国"全球发展中心"的《中国的领导力与"一带一路"的未来》(2018年7月),新美国安全研究中心的《"一带一路"的信用评级》(2019年4月),美国亚洲协会的《"一带一路"倡议指南》(2019年7月)等。
③ John Kehoe, "Labor's Pacific Infrastructure Bank 'Won't Be about China'," *The Australian Financial Review*, October 29, 2018, p.6.
④ Roland Rajah, Alexandre Dayant and Jonathan Pryke, *Ocean of Debt? Belt and Road and Debt Diplomacy in the Pacific*, Lowy Institute, October 2019, pp.22-23.

和范围,以实现真正意义上的互利共赢。① 但与此同时,澳、新两国对在南太平洋岛国与中国在"一带一路"框架下的合作前景仍有顾虑,对项目可行性、投资风险与盈利能力均表示怀疑。部分研究机构提出参照 WTO 或自由贸易协定制定相关准则以提高透明度,并建议两国采取观望态度,在对已实施的工程项目运行情况进行审慎评估后再考虑参与合作。②

最后,美、澳、新对"一带一路"建设项目中保障性制度的质疑主要集中在管理模式、劳工待遇、施工标准、环境保护和争端解决等方面。部分观点对中资企业在海外建设项目中的运营管理方式提出质疑,指出中资企业在项目落地国的经营与管理不注重与当地劳动保障和劳工权益等相关法律和标准对接,不尊重当地雇员在薪酬标准与劳动待遇协商和维权过程中的实际知情和参与权;③ 在具体项目的生产、运输和实际建设环节缺乏透明公开的监管与核查机制,部分项目缺乏充分的工程前期调研和可行性论证,以及项目建成后运营成本的核算和运营方资质和后期技术支持,造成了不可预期的经济损失;④ 在项目征地、建设施工、资源开发、废弃物排放与污染治理等方面,部分中资企业对当地环保标准缺乏深入了解,有关项目设施的建设和运营打破了当地的环境和生态系统平衡;⑤ 不注重考察项目落地国的社会、文化、风俗等因素对项目可能带来的影响,如部分中资企业在人口稠密地区的项目未能在施工前同当地社群进行有效充分的信息披

---

① 有关澳大利亚和新西兰两国学界对这一问题的观点,参见 Jason Young and Jake Lin, *The Belt and Road Initiative: A New Zealand Appraisal*, New Zealand Contemporary China Research Center, Victoria University of Wellington, Wellington, NZ, August 2018, pp. 26 – 27; Jason Young, "Belt and Road: Australia Cautious, But New Zealand Sees Opportunity," *The Interpreter by the Lowy Institute*, April 2017; Jane Golley and James Laurenceson, "Australia and the BRI: Cooperate, Compete or Challenge," Asia Society Australia, July 2019, https://asiasociety.org/australia/australia-and-bri-cooperate-compete-or-challenge。
② Stephen Jacobi, ed, *Belt and Road Initiative—A Strategic Pathway*, PWC & New Zealand China Council, March 2018, pp. 34 – 36.
③ Alice C. Hughes, "Understanding and Minimizing Environmental Impacts of the Belt and Road Initiative," *Conservation Biology*, Vol. 33, No. 4, 2019, pp. 883 – 890.
④ Michael H. Glantz, Robert J. Ross and Gavin G. Daugherty, *One Belt and One Road: China's Long March Toward 2049*, Sumeru Books Inc., Ottawa, 2019, pp. 108 – 110.
⑤ Michael Standaert, "Belt and Road Projects Could Spark Climate Tipping Point: Report," Bloomberg Environment, September 2019, https://news.bloombergenvironment.com/environment-and-energy/belt-and-road-projects-could-spark-climate-tipping-point-report.

露和沟通，造成当地民众与中资企业间的矛盾纠纷。① 此外，部分观点还涉及对争端解决机制的关切，认为"一带一路"建设缺乏一整套完备的争端解决机制，或者至少目前的争端解决方式无法满足规模不断扩大的投资和建设的需求，无法有效保证相关各方的利益。从"一带一路"具体项目进展过程中产生的争议来看，主要涉及贸易、投资、知识产权保护、产品的检验和安全标准、税法和反竞争法等。由于部分争端的解决仍未严格参照目前通行的国际惯例和成熟机制，在争议的调解与裁决过程中缺乏应有的透明度，对有关缔约方的主观意愿尊重不足，导致争议扩大化，削弱了"一带一路"合作在部分国家的民意基础和社会声誉。②

第二节 "一带一路"透明度问题的成因分析：以美、澳、新为例

本节选择美国、澳大利亚和新西兰作为探究"一带一路"背景下有关透明度实践问题的代表性国家。③ 通过分析美国、澳大利亚和新西兰对"一带一路"国际合作中的"透明度质疑"可以发现，尽管三国的诉求存在一定共性，但因受上述三个因素的共同作用而产生了差异化认知与话语，进而对相关政策行为产生了直接影响。作为南太平洋地区最重要的两大经济体和核心域内国家，澳大利亚和新西兰是"一带一路"南太支线的重要节点。南太平洋地区是"海上丝绸之路"南向延伸的重要区域，是"一带一路"合作参与度最高、项目推进最快和投资最活跃的区域之一。④ 这一地区

---

① Jonathan E. Hillman, *CSIS Briefs*: *China's Belt and Road Is Full of Holes*, CSIS, September 2018.
② 有关"一带一路"争端解决机制的研究和观点，参见 Evgeny Raschevsky, "When 'One Belt One Road' Project Disputes Arise, Who Will Reasolve Then?" Thomson Reuters Practical Law Arbitration Blog, November 2017; Daniel Kliman, "China's Power Play: The Role of Congress in Addressing the Belt and Road," Asia-Pacific Security Program, Center for a New American Security, June 2019, pp. 5 – 6; Zachary Mollengarden, " 'One-Stop' Dispute Resloution on the Belt and Road: Toward an International Commercial Court with Chinese Characteristics," *UCLA Pacific Basic Law Journal*, Vol. 36, No. 1, 2019, pp. 65 – 66。
③ 2019年11月，中国社会科学院"一带一路"课题组对澳大利亚、新西兰、斐济三国主要研究机构、代表性中资企业和中国驻当地使领馆进行了系列调研，以此次调研结果为基础，形成本部分内容。
④ 邢瑞利：《"一带一路"倡议在南太平洋地区的进展、挑战及应对》，《边界与海洋研究》2018年第3期，第93~95页。

的地理条件和国家分布具有独特性，是域内域外大国影响力交织和博弈的重要平台，与该地区各国的合作经验对"一带一路"国际合作具有重要的示范意义，对其整体布局和未来规划具有重要参考价值。与此同时，美国在"一带一路"建设推进过程中的角色和影响亦不容忽视。尽管美国并非"一带一路"共建国家，但由于中美关系本身的复杂性和重要性，以及美国的全球影响力，特别是其在国际舆论场中的绝对优势地位，在探讨国际社会对"一带一路"认知的过程中必须考虑美国的角色，顾及美国的利益和反应。[1]

一 地缘政治与身份认知

（一）美国对"一带一路"的认知

尽管在经历了较长时间的争论后，美国各界对"一带一路"的认知已从最初的"情绪化"阶段逐渐走向理性，但不可否认，在对"一带一路"国际合作的评价中，消极负面认知依旧占据美国舆论界主流。[2]在美国政府对华政策整体语境的约束下，中美关系中的竞争性因素被主观凸显，对华身份和政策的话语建构呈现更加鲜明的进攻性和对抗性特质：自2017年年末起，美国政府在接连公布的《国家安全战略报告》、《国家防务战略报告》、《核态势评估》和国情咨文等重要官方文件中，均以前所未有的严厉措辞将中国定义为"修正主义大国"（revisionist power）、美国的"战略竞争者"（strategic competitor）和"战略对手"（strategic rival）。[3]这反映出美国对中美两国相互身份定位的重大转变、对中国未来战略意图的警惕，以及对美国维护自身全球领导地位前景的担忧。

"一带一路"倡议一经提出，便立即被置于美国对华政策的宏观语境下进行解读，特别是在中国对"一带一路"所涵盖的地理范围做出明确

---

[1] 马建英：《美国对中国"一带一路"倡议的认知与反应》，《世界经济与政治》2015年第10期，第129页。

[2] Kevin G. Cai, "The One Belt One Road and the Asian Infrastructure Investment Bank: Beijing's New Strategy of Geoeconomics and Geopolitics," *Journal of Contemporary China*, Vol. 27, No. 114, 2018, pp. 831–840.

[3] 岳圣淞：《政治修辞视角下特朗普政府对华政策的话语战略探究》，《复旦国际关系评论》2019年第1期，第120~122页。

界定后,① 这一倡议的地缘影响迅速成为美国政策界关注的焦点。作为二战后全球政治、经济与安全秩序的领导者,美国对外战略的核心目标始终是维护自身在国际体系中的绝对优势地位。从地缘战略角度来说,美国在亚太、欧洲、美洲和非洲都具有广泛的利益分布,特别是在亚太地区,其多年来致力于构建的"轴辐式"(hub-and-spokes)同盟体系(轴辐体系)更是被其作为在全球范围内战略资源投送的核心支撑。② 中国在短时间内成为亚太地区首屈一指的区域强国,打破了此前美国在亚太地区长期维持的以"权力均势"为基础的"美国体系"。③

自奥巴马政府时期起,美国开始大幅度调整其亚太战略,提出"亚太再平衡"战略,旨在"进一步维护亚太地区现有的权力结构稳定";而特朗普政府提出的"印太战略"则将地理范围进一步扩大,将印度洋周边的广阔地区全部涵盖进来,力图在更大范围内推动实现美国主导的权力均势,体现出对这一区域地缘影响力的重视。在中美战略博弈态势越发明显的背景下,美国对中国与亚太国家间开展"一带一路"合作的关注度明显提升,更倾向于对中国在南亚、中亚和东亚三个方向上大规模推进基础设施建设的行动意图展开地缘政治语境下的解读,如在对互联互通的认知中刻意突出对中国试图扩张地缘影响力的揣测;将中国同美国在亚太地区传统盟友间的合作关系解读为削弱美国同盟体系、打破地区权力稳定、对冲"印太战略"对华影响的行为;不断渲染中国在亚太国家兴建的基础

---

① 根据2017年5月推进"一带一路"建设工作领导小组办公室发布的《共建"一带一路":理念、实践与中国的贡献》政策文件,中国明确提出了"一带一路"地理意义上的五个重点发展方向。其中,"丝绸之路经济带"包含三个方向:从中国西北、东北经中亚、俄罗斯至欧洲、波罗的海;从中国西北经中亚、西亚至波斯湾和地中海沿岸国家;从中国西南经中南半岛至印度洋。"海上丝绸之路"的两大方向包括:从中国沿海港口穿过南海,经马六甲海峡至印度洋,延伸到欧洲;从中国沿海港口过南海,向南太平洋延伸。有关"一带一路"地域涵盖问题的具体论述,参见李向阳《"一带一路":区域主义还是多边主义?》,《世界经济与政治》2018年第3期,第35~46页。
② "轴辐体系"又称"轮毂式体系",主要是指美国在亚太地区与其盟国之间建立的以美国为轴,以日本、韩国、菲律宾、泰国、澳大利亚和新西兰为辐射的发散式国家间关系网络基本结构。第二次世界大战结束以后,这一架构在美国的主导下逐渐成形,成为美国主导下实现亚太地区政治、经济和安全秩序的稳定基础性架构。有关"轴辐体系"的生成、演化、发展与影响,参见 Victor D. Cha, "Powerplay: Origins of the U. S. Alliance System in Asia," *International Security*, Vol. 34, No. 3, 2010, pp. 171-176。
③ 〔美〕约翰·伊肯伯里主编《美国无敌:均势的未来》,韩召颖译,北京大学出版社,2005,第217页。

设施在未来被用于军事目的的可能性；将中国同亚太地区众多岛国间的合作视为构建突破美国势力影响的"反包围圈"和"岛链战略"的具体实践。①

（二）澳大利亚、新西兰对"一带一路"的认知

相较美国，地缘政治和身份因素对澳大利亚和新西兰在认知"一带一路"倡议的过程中的影响更加复杂。首先，澳大利亚和新西兰同属南太平洋地区国家，不同于世界其他大洲，这一地区的地理条件较为特殊，大小岛国分散于广阔的海域内，形成了国家间地理上各自独立，但政治、经济、安全、文化和社会发展等各领域高度相互依存的独特交往模式。作为南太平洋地区经济体量大、发达程度高、国际影响力强的两个国家，澳大利亚和新西兰在很大程度上发挥着这一地区权力枢纽的关键作用。② 在与南太平洋其他国家的长期共存与互动中，澳大利亚和新西兰的自我身份认同中的"本土化意识"和"保守地域主义意识"不断增长，并进而衍生出一种使命感和泛化的身份概念，③ 将大洋洲乃至南太平洋地区建构为一个整体的"自我"（self）身份，在很多场合仅强调一种超国家层面的集体身份标签，以同域外国家的"他者"（other）身份相区别——这也是澳、新两国长期视南太岛国为"后院"的主要原因。遍布于南太平洋地区的岛国发展水平普遍不高，经济与社会发展在很大程度上依赖澳、新两国的长期援助。④ 历史上，两国与南太诸岛国的身份定位始终是不对等的。作为英联邦的两大成员，澳、新两国自诩盎格鲁-撒克逊人的后代，对南太岛国的控制自殖民主义时期就已经开始。⑤ 第一次世界大战结束后，多数南太岛国成为澳大利亚的托管地；在第二次世界大战中，澳大利亚加入反法西斯阵营对日宣战，

---

① Andrew S. Erickson and Joel Wuthnow, "Barriers, Springboards and Benchmarks: China Conceptualizes the Pacific 'Island Chains'," *The China Quarterly*, Vol. 225, 2016, No. 1 – 6.

② Pan Chengxin, Matthew Clarke and Sophie Loy-Wilson, "Local Agency and Complex Power Shifts in the Era of Belt and Road: Perceptions of Chinese Aid in the South Pacific," *Journal of Contemporary China*, Vol. 28, No. 117, 2019, pp. 387 – 390.

③ Matthew Castle, "Embedding Regional Actors in Social and Historical Context: Australia Integration and Asian-Pacific Regionalism," *Review of International Studies*, Vol. 44, No. 1, 2018, pp. 151 – 173.

④ Stephanie Lawson, "Australia, New Zealand and the Pacific Island Forum: A Critical Review," *Commonwealth & Comparative Politics*, Vol. 55, No. 2, 2017, pp. 214 – 235.

⑤ Stuart Macintyre, *A Concise History of Australia* (Fourth Edition), Cambridge University Press, 2018, pp. 56 – 89.

南太平洋部分岛国成为太平洋战争的战场。二战结束后，随着美国与澳、新两国同盟关系的确立，尽管南太地区被美国纳入其势力范围，名义上的主导权逐渐让渡于美国，但事实管理依旧由澳、新两国实施，并延续至今。[①] 南太地区多数岛国直至20世纪60末至70年代中期才陆续在席卷全球的反殖民化运动中实现独立，但西方国家特别是澳、新两国的影响始终占据主导。

进入21世纪以来，随着经济实力的不断增长和对外合作规模、领域和范围的不断扩大，中国与南太平洋岛国间的经济合作逐渐为西方国家所关注。2014年，习近平主席在访问澳大利亚、新西兰和斐济三国期间，同包括巴布亚新几内亚总理、斐济总理和汤加首相等8位与中国建交的南太岛国领导人举行集体会晤，一致同意建立"相互尊重、共同发展的战略伙伴关系"。随后，斐济、瓦努阿图和萨摩亚先后加入中方牵头建立的亚洲基础设施投资银行，与中方建交的8个南太岛国全部签署了"一带一路"国际合作框架协议。中国在南太地区的经济活动在一定程度上引发了澳、新两国的担忧。长期以来，澳大利亚和新西兰都是南太平洋岛国的主要援助提供国。在两国看来，经济援助和投资始终是维持其在南太地区地缘影响力的关键手段，而"一带一路"建设的推进将逐渐削弱两国在整个地区的政策吸引力和地缘影响力。[②] 事实上，澳、新两国的经济援助和投资已经无法满足南太地区多国日益增长的发展需求。部分南太国家对澳、新两国的援助模式提出质疑，认为其附加条件过于苛刻，对南太国家的主权和对外政策产生了消极影响。相比之下，中国在该地区推进的对外援助和经济合作模式灵活性更强，在很多方面优于澳、新两国，为南太岛国提供了一种全新的选择。"一带一路"倡议并无强制性约束，保证了受援国在项目运作过程中的自主权，更有利于其实现可持续发展。

其次，澳、新两国在对中国崛起、中国的国际地位和影响力持续上升的现实认知上所发生的微妙变化和存在的差异影响了两国对"一带一路"倡议的态度。澳大利亚对中国在其本土影响力增长的警惕久已有之。据统计，截至2018年底，中国移民已成为澳大利亚第二大外来人口群体，仅次

[①] Tim Bryar and Anna Naupa, "The Shifting Tides of Pacific Regionalism," *The Round Table*, Vol. 106, No. 2, 2017, pp. 155–164.

[②] John Gibson and Li Chao, "The 'Belt and Road Initiative' and Comparative Regional Productivity in China," *Asia & the Pacific Policy Studies*, Vol. 5, No. 2, 2018, pp. 168–170.

于英国，占澳人口总数的 2.4%。① 同其他国家和族群的移民相比，中国移民受中国文化传统的影响更深，具有更强的自我身份认同，总体上更难融入澳大利亚主流社群。正因如此，澳大利亚长期以来视在澳华人群体为中国在澳拓展其影响力的"潜在资源和工具"。② 而近年来中国对澳投资规模和增速、中国在南太平洋地区经济活动活跃度的整体提升都进一步加剧了澳大利亚对中国地缘影响力的担忧。同时，尽管同为美国盟友，澳大利亚与美国在对外政策领域的协同程度明显高于新西兰，因而也更易受到美国的影响。近年来，新一轮"中国威胁论"在美国兴起，澳大利亚国内舆论迅速响应，并将其置于本土语境下进行拓展，形成了以"中国渗透论"为代表的消极认知"一带一路"倡议的话语体系。相比之下，作为地理上偏离南太平洋中心板块的国家，新西兰在安全方面并未体现出对美国的过度依赖，且整体对外政策的独立性和自主性程度更高。这种政策偏好客观上赋予了新西兰更大的外交灵活性，使其能长期在中美两个大国间实现适度的政策平衡。尽管由于"中国威胁论"和"中国渗透论"近年来在澳大利亚国内不断升温，新西兰国内舆论也开始出现对"一带一路"的质疑声音，但并未形成主流。③ 中新关系依旧总体保持了平稳发展，双边经贸合作水平不断提升，并于 2019 年 11 月正式签署了升级版中新自贸协定。双方已于 2018 年正式签署关于加强"一带一路"倡议合作的安排备忘录，新西兰由此成为首个同中国签署相关协议的西方国家。

最后，大国间关系及其在南太平洋地区的博弈也持续影响着澳、新两国的地缘观念，进而影响了其对"一带一路"的认知。作为美国在南太平洋地区的两大盟友，澳、新两国是美国实现其在该地区实际影响力辐射的核心力量。美、澳、新三国在意识形态、价值观和社会文化等领域均具有较高的共通性，为三国间的对外政策协调提供了客观基础。在中美战略博弈态势日渐明显的当下，美国对中国未来战略走向的认知对澳、新两国造成了不同程度的影响。但与此同时，随着中国作为区域乃至全球性新兴大

---

① 澳大利亚华人总工会编《澳大利亚华人社区发展报告 2018》，黑龙江人民出版社，2018，第 230~247 页。
② Len Ang, "Engaging Australia's Chinese Diaspora," *East Asia Forum Quarterly*, Vol. 9, No. 4, October-December 2017, pp. 38-39.
③ 这一观点是新西兰前驻华大使、惠灵顿维多利亚大学中国研究中心主任托尼·布朗尼（Tony Browne）于 2019 年 11 月 15 日在与中国社会科学院亚太与全球战略研究院调研团成员座谈时所发表，谈话记录由笔者自行整理。

国的迅速崛起和中澳、中新经贸关系的逐渐升温,中国在两国对外战略中的地位不断提升,已成为两国重要的战略合作伙伴。自2008年全球经济危机以来,中国的国际经济影响力持续稳定增长,已成为全球经济复苏的重要引擎。作为商品出口导向型国家,澳、新两国的经济增长在未来仍将持续受益于中国的快速发展。在"一带一路"倡议和"印太战略"的叠加影响下,如何寻求与中美两国长期、健康和稳定的相处之道,全面平衡两国影响力在南太平洋地区的"叠加效应",是澳、新两国不得不面对的现实问题。[①]

二 利益诉求差异

话语制度主义认为,特定话语的提出反映了行为体对问题的认知,同时也是其在特定语境下对自我身份和利益进行界定的根本手段。[②] 话语反映观念,观念塑造身份,身份决定利益,利益指导实践。[③] 因此,利益诉求的差异也是美、澳、新三国对"一带一路"整体认知,以及对"透明度质疑"相关话语中侧重点明显不同的关键因素。

(一) 美国的利益诉求

在中美关系发展的长期实践中,美国对中国的身份建构从未超越一种基于"他者化"的认知。虽然受到双边关系起伏波动的影响,美国对中国这个"他者"的威胁感知也不断变化,但两国由于意识形态和价值观念的巨大差异所形成的客观上的疏离感始终存在。冷战结束后,由于苏联解体、中美关系缓和,美国对中国在意识形态层面的敌视有所降低,但"冷战思维"的存续令美国依旧对中国的政治体制和发展道路心存芥蒂。随着中美之间实力差距的迅速缩小,美国对中国的战略警惕也相应上升,且逐渐由单纯的物质实力层面转向观念层面——这种威胁感知的扩大在奥巴马政府第二任期后期开始初现端倪,并在特朗普就任后被不断渲染。

长期以来,美国将对外推广其发展模式作为软实力战略的重要组成部分,认为只有争取吸引世界上越来越多的发展中国家,特别是"转轨"国

---

① Brendan Taylor, *Australia as an Asia-Pacific Regional Power: Friendship in Flux?* Routledge, 2007, pp. 23-35.
② Senem Aydin-Duzgit, "European Security and the Accession of Turkey: Identity and Foreign Policy in the European Commission," *Cooperation and Conflict*, Vol. 48, No. 4, 2014, pp. 522-541.
③ Henrik Larsen, "Discourse of State Identity and Post-Lisbon National Foreign Policy: The Case of Denmark," *Cooperation and Conflict*, Vol. 49, No. 3, 2014, pp. 368-385.

家认同并借鉴美国的国家发展和治理模式,才能进一步增强其价值观的吸引力,为长期主导国际秩序、称霸国际体系提供软实力支撑。[1] 从话语政治的角度来看,美国在战后长期维持其霸权地位的稳定,不仅依赖于其超强的物质实力,也离不开与之相辅相成的话语体系和话语战略的实施,其中包括了美国自主建构的对其自身历史的叙事、对其价值观的阐释、对国际体系的基本认知,以及对其在国际体系中的角色定位和合法性的论证。其中,以"华盛顿共识"(Washington Consensus) 为核心的制度话语是美国霸权护持合法性的重要依据,更是其争取国际社会对"美国治下的和平"接受、认同和遵循的基础。[2] 当国际话语场域中出现针对"华盛顿共识"的差异性话语时,美国会立即采取相应的话语制衡战略以降低其对自身话语体系的威胁。[3]

随着经济实力的快速攀升,中国的综合国力显著增强,并于 2010 年正式取代日本成为世界第二大经济体,国际地位和国际影响力均达到了前所未有的高度。对于广大发展中国家来说,中国在短短几十年的时间里迅速成长为一个全球性大国的经验,为之提供了在全球化时代实现发展的范本,且相较西方国家多年来持续倡导的发展模式,中国以自身发展中国家的经历证明了"非西方"模式的可行性,因而更具参考意义和借鉴价值。在美国看来,这种趋向正逐渐销蚀其引以为傲的"华盛顿共识"的吸引力,是"北京共识"(Beijing Consensus) 对其价值观发起的根本性挑战。[4] 因此,国际影响力持续上升的中国正逐渐被美国视为其软实力的竞争对象和国家利益的挑战者,对"一带一路"的认知与评价成为美国维护其全球战略利益而实施话语制衡的重要抓手。在美国强大的国际话语权优势推动下,对"一带一路"的负面认知话语得以在国际社会迅速传播。面对这一情况,中国也加强了对外宣传力度,在各种国际场合主动发声以疏导和驳斥国际舆论的负面话语倾向,且随着参与"一带一路"共建国家规模的不断扩大和一系列具体项目的成功推进,国际社会的质疑和误解得到了一定程度的消

---

[1] Sarah Babb, "The Washington Consensus as Transnational Policy Paradigm: Its Origins, Trajectory and Likely Successor," *Review of International Political Economy*, Vol. 20, No. 2, 2013, pp. 268 - 297.

[2] John Kasich, "Reclaiming Global Leadership: The Right Way to Put America First," *Foreign Affairs*, Vol. 97, No. 4, 2018, p. 102.

[3] 袁莎:《话语制衡与霸权护持》,《世界经济与政治》2017 年第 3 期,第 85 ~ 106 页。

[4] Thomas Ambrosio, "The Rise of the 'China Model' and 'Beijing Consensus': Evidence of Authoritarian Diffusion?" *Contemporary Politics*, Vol. 18, No. 4, 2012, pp. 381 - 399.

第七章 "一带一路"机制化建设中的透明度规则

解。这也令美国逐渐意识到,系统性解构"一带一路"的合法性话语需要更加具体的切入点,故而逐步从整体批判转向对"一带一路"合作机制的批判——透明度质疑由此产生。

对于新确立的国际规范或合作机制来说,制度设计缺陷几乎不可避免,解决这一问题只能通过制度实践各方的不断磨合与调整,以及国际制度环境的客观监督与约束,这一点已经在学界形成了广泛共识。① 客观上,"一带一路"作为一个全新的国际合作机制,需要一系列健全的制度架构和保障机制以确保合作的顺利开展,而透明度原则是制度设计中不可或缺的基本准则之一。美国自战后确立了自身在国际事务各领域的主导地位,在参与制定、实践和维护国际制度和规范方面积累了丰富的经验,这确实是中国作为一个新兴国家所不具备的。因此,美国不断尝试放大"一带一路"的制度弱势以达到系统性解构其合法性基础的目的,并进一步巩固美国主导的国际规范的权威性。

事实上,作为全球投资大国,美国在对外政策中涉及双边和多边投资的协议中历来有重视透明度问题的传统。如在美国作为缔约方的自由贸易协定和双边投资协定中所确立的金融服务条款、投资与环境条款、投资与劳工条款以及争端解决条款中,透明度问题均有涉及,且标准不断提高。② 近年来,美国也开始逐渐认识到发展中国家不断上升的基础设施需求所带来的巨大投资潜力,并出台了一系列跨区域经济计划,如"新丝绸之路计划"(New Silk Road Initiative),旨在通过重建和新建各类基础设施,帮助阿富汗融入中亚地区,并以此为中心打造一个连接中亚和南亚地区的经济圈,实现"资源南下"和"商品北上"的战略目标。③ 在特朗普政府推出的"印太战略"中,"基于开放投资、透明协议和连通性的自由、公平和互惠贸易"以及"大力提升印太地区国家的基础设施联通水平"被明确写入《印太战略报告》,是其核心愿景。④ 由此可以看出,美国在基础设施对外投

---

① Duane Windsor, "Dynamics for Integrative Social Contracts Theory: Norm Evolution and Individual Mobility," *Journal of Business Ethics*, Vol. 149, No. 1, 2018, pp. 83 – 95.
② 马乐:《国际投资协定透明度要求变化及其启示——以美国实践为考察对象》,《国际商务研究》2015 年第 1 期,第 66 页。
③ 《美国:新丝绸之路计划》,中国一带一路网,2016 年 9 月 29 日,https://www.yidaiyilu.gov.cn/zchj/gjjj/1054.htm,访问日期:2019 年 12 月 25 日。
④ *The Department of Defense Indo-Pacific Strategy Report: Preparedness, Partnerships, and Promoting a Networked Region*, The Department of Defense, June 1, 2019.

161

资领域已经与中国的"一带一路"进行了一定程度的竞争，因而更希望通过凸显其合作模式的机制化程度，特别是合作规范的透明度和标准化程度以获得更大的竞争优势，这也是其出于自身利益诉求而提出"透明度质疑"的重要原因之一。

（二）澳大利亚和新西兰的利益诉求

澳、新两国在"一带一路"国际合作中的现实利益与美国具有明显差异，主要是在强烈的本土化意识影响下试图维护其决策地位和自主性，以及实现利益最大化的目标。因此，在透明度问题上，两国诉求的总体出发点并非仅是对"一带一路"合作机制在南太平洋地区实践合理性的质疑，而是更多地探讨澳、新两国如何通过制度化水平的提升以使自身在这一地区的根本利益得到保证。①

目前，澳大利亚商界和地方政府对参与"一带一路"合作普遍抱有浓厚兴趣，在全国五个州和领地政府中，新南威尔士、维多利亚、西澳大利亚和昆士兰均明确表态希望参与"一带一路"建设，并敦促联邦政府尽快考虑正式签署合作协议。而联邦政府对"一带一路"总体上持"折中"（neutral）态度，即暂不考虑在国家层面签署全面合作协议，但支持澳大利亚企业和地方政府采取"一事一议"（case-by-case）的方式参与"一带一路"建设的具体项目。② 这一态度既反映出澳大利亚对"一带一路"总体认知的担忧，又对其收益前景表示谨慎乐观。在无法确切评估全面参与合作所面临的风险的情况下，澳大利亚强烈建议参考国际通行的相关标准，提高"一带一路"国际合作的透明度。在2019年第二届"一带一路"国际合作高峰论坛期间，澳大利亚外交贸易部常务副部长、前驻华大使孙芳安（Frances Adamson）再次强调了这一立场："澳大利亚已准备好更加深度参与'一带一路'合作……但合作应符合国际通行的管理标准和透明度，且保证债务的可持续性。"③

---

① Elena Collinson, "Australian Perspectives on the Belt and Road Initiative," October 30, 2019, https://www.uts.edu.au/acri/research-and-opinion/factsheets/australian-perspectives-belt-and-road-initiative，访问日期：2025年1月23日。

② Elena Collinson, "Australia and the Belt and Road Initiative: An Overview," December 4, 2017, https://www.uts.edu.au/sites/default/files/20171205% 20ACRI% 20Facts_Australia% 20and% 20the% 20Belt% 20and% 20Road% 20Initiative_An% 20overview.pdf，访问日期：2025年1月23日。

③ Frances Adamson, "Remarks at Australia-China Reception, Ambassador's Residence," Beijing, April 25, 2019, https://china.embassy.gov.au/bjing/Speech190425.html，访问日期：2019年12月25日。

第七章 "一带一路"机制化建设中的透明度规则

新西兰官方对参与"一带一路"的态度更加明朗，这得益于中新关系近年来总体平稳的发展态势。但自 2017 年新西兰工党与右翼政党新西兰第一党（New Zealand First）组成联合政府执政以来，新西兰方面不断出现的对华负面声音在一定程度上影响了双边务实合作的推进。2018 年 3 月，新西兰外长文森·彼得斯（Winston Peters）在接受新西兰电视台采访时指出，在尚不清楚参与"一带一路"可能会为新西兰带来何种影响的情况下，前任政府签署"一带一路"共建协议之举"过于仓促"，可能会对新西兰自身与新西兰和南太平洋地区其他岛国间的合作带来风险。他同时呼吁新西兰政府立即修订对南太平洋岛国的援助政策，大幅提高援助比例，以体现新西兰同南太岛国间的"传统关系"。① 此番表态体现了新西兰政府内部对"一带一路"的不同看法，也反映出新西兰右翼政党对外政策主张中强烈的本土化倾向。事实上，新西兰始终对域外国家在南太平洋地区的经济活动持保留态度，对日本和英国等西方国家增加对南太岛国的援助的做法也进行了质疑，认为域外国家并不了解南太平洋地区的实际情况，特别是南太不同岛国的发展需求，因此"域外大国实施援助的出发点并不总是为南太平洋地区的国家考虑"，"域外国家的援助机制缺乏应有的透明度，过度介入只能对这一地区的稳定与繁荣产生负面影响"。②

尽管新西兰右翼政党的表态并不能完全反映官方的态度，但由此也可以看出，新西兰对"一带一路"抱有疑虑，尤其担忧中国在南太平洋地区的角色会削弱新西兰固有的影响力。但与此同时，新西兰也意识到，自身的经济实力有限，已无法满足南太平洋地区日益增长的基础设施投资需求。据统计，新西兰 2018 年的对外援助和投资占 GDP 的比重仅为 0.21%，约合 4.3 亿美元。③ 而 2030 年前，南太平洋地区的总体投资需求预计将超过 31 亿美元。此外，新西兰作为农业大国，在基础设施建设方面的经验并不丰富，且自身同样有较大的投资建设需求。面对这一现实，新西兰不得不考虑引入域外国家共同参与这一地区的投资与合作。因此，新西兰希望提高合作机制的透明度，特别是

---

① "NZ Foreign Minister Questions China's Influence in the Pacific," *Pacific Media Watch*, March 4, 2018, https://asiapacificreport.nz/2018/03/04/nz-foreign-minister-questions-chinas-influence-in-the-pacific/，访问日期：2019 年 12 月 16 日。
② "New Zealand May Exit China's Belt-Road Scheme," *SBS News*, February 2018, https://www.sbs.com.au/news/nz-may-exit-china-s-belt-road-scheme.
③ 新西兰 2018 年的国内生产总值（GDP）约为 2049.24 亿美元。数据来源于世界银行国别数据（新西兰），2019 年 1 月，https://data.worldbank.org/country/new-zealand。

第三方市场合作方面的透明度，以确保在平等参与的基础上实现利益最大化。

第三节 中国如何化解对"一带一路"透明度的质疑

如前文所述，美国、澳大利亚、新西兰等发达国家对"一带一路"透明度的质疑主要集中在对"一带一路"倡议乃至中国对外战略目标的疑虑、对"一带一路"合作前景及收益预期的担忧、对"一带一路"具体项目的技术性规范和标准的质疑、对"一带一路"合作中债务透明度的关注上。中国有必要在正视上述国家的利益诉求的同时，进一步优化投资结构、加强第三方合作、加强与区域性金融机构合作、加强"一带一路"的机制化建设，有效降低部分国家对"一带一路"透明度的质疑。

一 优化投资结构、提高债权透明度，莫让"债务陷阱论"成为自我实现的预言

自2013年中国提出"一带一路"倡议以来，对外投资已经成为中国与相关国家共建"一带一路"的重要方式。据中国商务部统计，截至2018年，中国对"一带一路"相关国家直接投资累计达1727.7亿美元，是2012年"一带一路"倡议提出前（567.6亿美元）的3倍，年均增长20.4%。[①] 不过，随着"一带一路"建设的不断推进和中国对外直接投资规模的不断扩大，[②]"一带一路"相关国家的营商环境风险、经济风险乃至政治风险对中国对外直接投资的影响日益复杂化，"债务陷阱论"更是为"一带一路"的可持续发展增添了许多杂音。

[①] 商务部、国家统计局和国家外汇管理局：《2018年度中国对外直接投资统计公报》，中国商务出版社，2019，第69~70页。

[②] 据UNCTAD统计，截至2018年12月，中国对外直接投资已由2000年的277.68亿美元累计增加至2018年的1.94万亿美元，年均增长26.6%，远高于同期全球对外直接投资增速（8.3%）；占全球对外直接投资比例也由2000年的0.37%增加至2018年的6.26%，中国已经成为仅次于美国和荷兰的世界第三对外直接投资（存量）大国。另据中国商务部、国家统计局和国家外汇管理局统计，截至2018年12月，中国共有4.3万家对外直接投资企业分布在全球188个国家或地区，境外企业覆盖率高达80.7%（其中亚洲地区最高为97.9%，大洋洲最低为50.0%，欧洲、非洲、北美洲、拉丁美洲分别为87.8%、86.7%、75%和65.3%），业务内容涵盖租赁和商务服务、批发零售、金融、信息传输、制造和采矿等18个行业大类。UNCTAD, https://unctadstat.unctad.org/EN/；商务部、国家统计局和国家外汇管理局：《2018年度中国对外投资统计公报》，中国商务出版社，2019，第3~5页。

以中国在南太地区的投资和债权为例。截至2018年底，中国对南太国家累计直接投资31.41亿美元（其中巴布亚新几内亚20.39亿美元、萨摩亚6.84亿美元、斐济1.74亿美元），约占南太地区外商直接投资总额的27.5%。[①] 另据澳大利亚罗伊研究所统计，2011~2017年，南太地区各国债务总额中有37%来自中国，亚洲开发银行（41%）、世界银行（12%）和日本（7%）等传统债权方合计约占南太地区各国外债总额的60%。[②] 就具体国家而言，中国是汤加、萨摩亚和瓦努阿图的最大债权人（见图7-1），分别占该国债务总额的56.5%、39.5%和32.3%；但就整体而言，南太地区的债务仍然由世界银行和美日主导的亚洲开发银行等传统债权人主导，中国并非南太地区各国债务风险上升的主要因素。

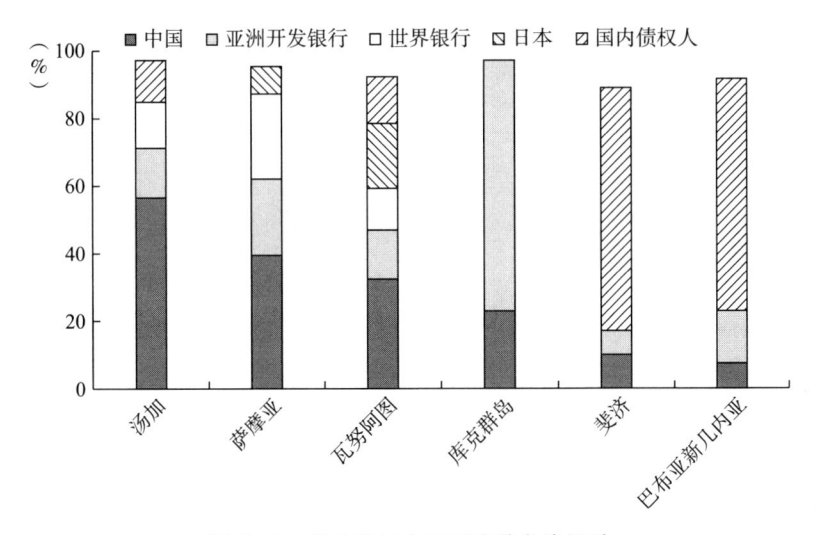

图7-1 南太地区主要国家债务来源地

资料来源：根据罗伊研究所相关数据制成。

尽管如此，考虑到南太地区各国已经高企的负债率和本就脆弱的债务偿还能力（见表7-2），中国采取以优惠贷款为主的信贷模式，或许会影响

---

① 商务部、国家统计局和国家外汇管理局：《2018年度中国对外投资统计公报》，中国商务出版社，2019，第56~61页；UNCTAD统计数据库，https://unctadstat.unctad.org/wds/TableViewer/tableView.aspx。
② Roland Rajah, Alexandre Dayant and Jonathan Pryke, "Ocean of Debt? Belt and Road and Debt Diplomacy in the Pacific," https://www.lowyinstitute.org/publications/ocean-debt-belt-and-road-and-debt-diplomacy-pacific.

高债务风险国家的债务可持续性。而中国作为"后来者"向已被国际货币基金组织界定为高债务风险国家的南太岛国大量贷款（约占该地区此类贷款总额的3/4），或许会加大相关国家的债务压力。这也是共建"一带一路"背景下中国对外投资或正常的信贷行为被传统捐助国或既有债权人指责为"债务陷阱"或"债务外交"的一个非常重要的原因。

表7–2　2017年南太岛国债务状况

指标	巴新	斐济	萨摩亚	汤加	瓦努阿图	所罗门群岛
外债余额（DOD，百万美元）	17366.72	899.44	443.08	169.23	392.99	350.11
外债余额占GNI比重（%）	85.60	18.67	53.50	39.10	46.02	28.61
长期外债余额（DOD，百万美元）	16961.45	753.72	415.72	158.80	287.12	301.22
长期外债占比（%）	97.67	83.80	93.83	93.83	73.06	86.04
短期外债余额（DOD，百万美元）	226.55	50.18	0	1.06	58.50	27.86
短期外债占比（%）	1.30	5.58	0	0.63	14.89	7.96
可变利率外债余额（DOD，百万美元）	15524.87	258.60	0	0	0	204.72
优惠债务余额（DOD，百万美元）	1435.69	330.11	415.72	158.71	287.12	96.51
优惠债务外债总额占比（%）	8.27	36.70	93.83	93.78	73.06	27.56
新外债承诺的平均赠与成分占比（%）	57.19	41.75	66.11	71.53	78.60	—
新外债承诺的平均利率（%）	1.87	3.10	1.34	1.11	0.89	—
新外债承诺的平均偿还期（年）	23.26	19.73	24	30.05	38.61	—
应付未付外债总额（UND，百万美元）	2472.49	287.31	41.16	19.72	139.27	31.33
IMF贷款（DOD，百万美元）	178.72	95.55	27.36	9.37	47.38	21.02
总储备占外债总额比重（%）	9.68	123.97	29.98	117.31	100.54	155.11
人口（万人）	825.4	88.5	19.8	10.1	27.9	61.4
GDP（亿美元）	228.6	50	8.53	4.9	8.6	12.38
年财政收入（亿美元）	34	18	2.3	1.64	2.5	4.98
外债债务率（%）	169.0	36.0	154.5	121.3	68.2	53.6
外债偿还率（%）	27.1	2.3	8.9	9.9	2.1	3.9

资料来源：世界银行数据库。

鉴于澳大利亚和新西兰等国对中国与南太各国在"一带一路"框架下合作性质、合作方式、合作目标的担忧和对中国在南太地区债权现状和规模的关注，在以后的"一带一路"建设中，中国有必要在优化投资结构、提高债权透明度、严控存量规模的同时，继续有针对性地选择贷款国别及领域推动相关业务发展。以南太国家为例，对于那些债务水平较高（经济风险较大）、政治稳定性较差但地缘战略收益较高的国家或地区——如巴布亚新几内亚和斐济——可在适当控制存量规模或展期的情况下，选择细分领域继续对其实施贷款或援助，避免成为"压死骆驼的最后一根稻草"。对于那些经济基础差、偿债能力弱但与中国的双边关系较为稳定的国家——如汤加、密克罗尼西亚和库克群岛——可适当加大赠款力度，至少不低于世界银行和经合组织的最低标准。

二 加强第三方市场合作、正视相关国家的利益诉求

鉴于澳大利亚和新西兰对"一带一路"倡议整体透明度的关切更倾向于对合作前景的担忧，在未来的"一带一路"建设中，中国有必要通过第三方市场合作来进一步拓展"一带一路"的合作空间和范围。[1]"一带一路"框架下的第三方市场合作不仅会产生数倍于独自行动的功效，还会降低运营成本、提高生产效率和异质性资源配置效率，对亚太地区、"一带一路"共建国家的整体发展也会起到积极的促进作用。

目前，中国与新西兰在"一带一路"框架下的第三方市场合作已经展开，[2] 标志性项目是中新两国共同投资援建库克群岛输水管道翻新项目（The Tripartitie Cook Islands/China/New Zealand Rarotonga Water Project）。从项目进展情况看，中新两国在合作机制创新方面达成了广泛共识，在组织架构、项目融资、技术支持、劳工标准和环境保护等方面均确立了透明度较高的条款，但双方同时认为，需要参考国际标准并结合库克群岛的现实条件与需求对部分条款进一步细化，明确权责分工、风险防范以及项目权属等问题。[3] 这一合作项目有望为中国未来在南太平洋地区开展"一带一路"框架下的第三方市场合作提供重要的机制建设经验。

不过，由于澳大利亚、新西兰等国对中国与南太平洋岛国在"一带一

---

[1] 据中国国家发展和改革委员会报告，截至2019年6月，中国已与日本、法国、意大利、英国、澳大利亚等14个国家签署第三方市场合作文件，建立第三方市场合作机制。数据来源：https://www.yidaiyilu.gov.cn/zchj/zcfg/102166.htm。

[2] 新西兰是第一个与中国签署"一带一路"合作协议的发达国家，协议的签署为中新两国进一步深化互利共赢合作和"一带一路"第三方市场合作带来了新的机遇。

[3] Jackie Frizelle, "The Tripartite Cook Island/China/New Zealand Project in the Cook Islands-A New Zealand Perspective," Aid Program, New Zealand Ministry of Foreign Affairs & Trade, September 2017, The Tripartite Cook Island/China/New Zealand Project in the Cook Islands-A New Zealand Perspective.

路"框架下的合作前景仍有顾虑,对项目的可行性、投资风险与盈利能力仍然存疑,未来的"一带一路"第三方市场合作包括在南太地区的第三方市场合作还是应正视相关国家在项目招标、融资标准、项目管理模式、劳工待遇、施工标准、环境保护和争端解决等领域的利益和诉求,在平等参与的基础上实现各方利益的最大化,有效降低相关国家如澳新两国对共建"一带一路"的担忧——担忧"一带一路"建设在南太地区的实践会削弱澳新两国在这一地区的固有影响力。

三 加强亚洲基础设施投资银行与地区性金融机构合作、避免标准与规则之争

自 2015 年 12 月正式成立以来,截至 2018 年底,亚洲基础设施投资银行(AIIB)累计对"一带一路"共建国家投资 123.3 亿美元,涵盖能源、交通、金融、电信等 9 个领域 72 个基础设施项目(见表 7-3),其中 5 个项目由 AIIB 和亚洲开发银行(ADB)共同出资。AIIB 和 ADB 两大地区性金融机构间的合作不仅有助于提高项目招标过程的透明度、有助于债务的可持续管理,也有助于促进双方、第三方在基础设施建设、技术、设备和标准等方面的合作。

表 7-3 亚洲基础设施投资银行项目概况(截至 2018 年底)

国家或地区	融资规模(百万美元)	项目数量(个)	国家或地区	融资规模(百万美元)	项目数量(个)
印度	3154	15	菲律宾	208	1
印度尼西亚	940	5	格鲁吉亚	114	1
土耳其	1500	6	尼泊尔	293	3
俄罗斯	500	1	哈萨克斯坦	47	1
阿塞拜疆	600	1	塔吉克斯坦	88	2
孟加拉国	725	7	乌兹别克斯坦	82	1
阿曼	504	2	柬埔寨	150	2
巴基斯坦	512	4	老挝	80	2
埃及	469	3	缅甸	20	1
斯里兰卡	560	4	其他	1533	9
中国	250	1	合计	12329	72

资料来源:根据亚洲基础设施投资银行官方数据制成。

以南太地区为例，亚洲开发银行、世界银行作为传统债权人在该地区一直发挥着主导作用。根据澳大利亚罗伊研究所的报告，2011～2017年，亚洲开发银行和世界银行合计提供了南太地区各国外债总额的53%。① 如果亚洲基础设施投资银行和亚洲开发银行、世界银行等传统债权人在南太地区加强合作，不仅有助于提高南太地区各国债务的可持续性、有助于标准与规则的统一，也有助于澳新等国与中国在南太地区的第三方市场合作。澳大利亚时任总理斯科特·莫里森（Scott Morrison）在2018年10月接受采访时曾明确表示，"澳大利亚期待与中国在符合国际标准的管理水平和透明度基础上，加强在区域投资和基础设施发展方面的合作"。② 澳大利亚和新西兰同为亚洲开发银行的创始成员和重要成员，以AIIB、ADB为平台，澳大利亚、新西兰和中国在南太地区的第三方市场合作将会有助于澳新两国对共建"一带一路"的认知、有效降低澳新两国对"一带一路"和中国与南太岛国合作的担忧。

四 加强"一带一路"机制化建设、加强话语体系建设

与澳大利亚、新西兰等国更加担心共建"一带一路"会削弱两国在自家"后院"——南太地区的影响力有所不同，美国作为当今国际体系中唯一的霸权国，更倾向于对"一带一路"的合作性质、合作方式和合作目标展开地缘政治语境下的解读。美国更希望通过凸显自身的制度优势和合作的机制化程度特别是合作规范的透明度和标准化程度来降低"一带一路"对自身话语体系的威胁。

在未来的"一带一路"建设中，中国有必要在与"一带一路"共建国家加强机制建设（包括但不限于投资协定或自由贸易协定的签署与升级、双边外交或伙伴关系网络的构建与升级）、有效提高"一带一路"合作规范的透明度和标准化程度的同时，继续推动"一带一路"与相关国家、地区或国际组织的政策沟通和有效对接。以澳大利亚和新西兰两国为例，在澳

---

① Roland Rajah, Alexandre Dayant and Jonathan Pryke, "Ocean of Debt？Belt and Road and Debt Diplomacy in the Pacific," https://www.lowyinstitute.org/publications/ocean-debt-belt-and-road-and-debt-diplomacy-pacific.

② Li Xin and Ke Dawei, "Exclusive：Australia's Prime Minister Says China not Targeted by Investment Restrictions," Caixin, October 9, 2018, https://www.caixinglobal.com/2018-10-09/exclusive-australias-prime-minister-says-china-not-targeted-by-investment-restrictions-101333112.html.

新两国无法确定"一带一路"框架下合作能为澳大利亚和新西兰带来何种"边际收益"、无法评估"一带一路"与自贸协定框架并行下的合作前景的情况下，如果想让澳大利亚和新西兰等国坚定支持"一带一路"，还需"一带一路"在强调自身发展导向的同时，切实做好标准与规则的构建工作，切实打消澳大利亚和新西兰等发达国家对"一带一路"框架下合作前景及收益预期的担忧。

对于"一带一路"透明度的质疑除了大国竞争、地缘政治因素外，还有一个非常重要的原因就是对"一带一路"的错误认知，而对"一带一路"的错误认知归根结底还是对中国作为一个崛起大国的错误认知。这就要求"一带一路"在加强机制化建设、提高政策透明度的同时，切实做好话语体系建设，更好地诠释中国的对外行为。

第四节　结语

自2013年"一带一路"倡议提出以来，以政策沟通、设施联通、贸易畅通、资金融通和民心相通为主要内容，"一带一路"建设已经取得了非常明显的成效。以"一带一路"为框架，"一带一路"的贸易创造效应、投资促进效应、产业聚集效应和空间溢出效应正在为"一带一路"共建国家提高发展质量带来重大机遇。但同时，随着"一带一路"建设的不断推进，部分国家对"一带一路"的错误认知也对其可持续发展带来了负面影响，"债务陷阱论""透明度问题"等也为"一带一路"建设制造了许多杂音。

在中国与南太平洋岛国在"一带一路"框架下进行合作的过程中，澳大利亚、新西兰等传统债权人除了担心"一带一路"会削弱两国在该地区的影响力外，对"一带一路"（第三方）合作的前景、项目的可行性、投资风险与盈利能力也持怀疑态度。美国等域外大国则更倾向于从大国竞争角度对"一带一路"的根本性质、规划布局和预期目标展开地缘政治语境下的解读。在未来的"一带一路"高质量发展中，中国有必要在与"一带一路"共建国家加强机制建设（包括但不限于投资协定或自由贸易协定的签署与升级、双边外交或伙伴关系网络的构建与升级）、有效提高"一带一路"合作规范的透明度和标准化程度的同时，进一步优化投资结构、加强第三方合作、加强与区域性金融机构合作，避免"债务陷阱论""透明度问题"成为自我实现的预言。

第八章 "一带一路"建设的差异化分层路径探析：以东南亚地区为例*

高　程　王　震**

"一带一路"倡议一经提出就成为各方关注的焦点，历经多次高峰论坛之后，中国政府对该倡议未来的发展做出了更加明确的阐释。"一带一路"倡议提出之后，中国与共建国家在互联互通方面取得了丰硕的成果，但作为中国政府提出的新合作平台，由于涉及地区较广、国家类型多样，"一带一路"在前期的推进中难免遇到各种问题和挑战。基于此，在第二届"一带一路"国际合作高峰论坛上，中国国家主席习近平提出了高质量发展的命题。2019年4月27日，习近平主席在第二届"一带一路"国际合作高峰论坛上指出，"中国愿同各方一道，落实好本届高峰论坛各项共识，以绘制'工笔画'的精神，共同推动共建'一带一路'合作走深走实、行稳致远、高质量发展，开创更加美好的未来"。[①]

学界对于如何实现"一带一路"高质量发展提出了不同的思路。"一带一路"倡议本身涵盖领域较广，议题多样，不同学者尝试从各自领域解读推动新阶段高质量发展的路径。例如，李向阳认为"一带一路"倡议虽然

---

* 本章已刊发于《东南亚研究》2021年第2期，原题为《高质量发展"一带一路"倡议的差异化分层路径探析——以东南亚地区为例》。

** 高程，中国社会科学院拉丁美洲研究所副所长、研究员，主要研究领域：大国关系、中国周边战略、大国战略等。王震，河南师范大学世界和平与发展研究院研究员，主要研究领域：中国周边外交、东南亚区域合作。

① 《习近平在第二届"一带一路"国际合作高峰论坛记者会上的讲话（全文）》，2019年4月27日，http://www.xinhuanet.com/2019-04/27/c_1124425067.htm，访问日期：2021年1月5日。

是发展导向，但机制建设是未来发展的题中之义，而机制化是推动"一带一路"高质量发展的重要路径。①"一带一路"的机制化建设切中了当下及未来一段时间中国与共建国家开展更广、更深领域合作的要点，但仍停留在概念层面，尚未能对众多国家和地区提出更具有针对性的、可操作的推进建议。因此，在美国不断施压及中国战略资源有限的背景下，需要对共建国家进行必要的分类，这也是《标准联通共建"一带一路"行动计划（2018~2020年）》中实现"重点国家"分类的必要步骤。②笔者曾在《中国差异化分层经略东南亚国家探析——基于结构与局势及其互动的二元分析框架》一文中就如何差异化分层经营东南亚做出系统分析，但囿于主题、篇幅等未能就操作性方面做出更加系统的分析，本章的分析可视为上述研究的进一步推进。"一带一路"倡议实施的抓手是项目合作，本章试图回答以下问题：在明确"一带一路"倡议合作伙伴类别之后，如何实施有针对性的项目层次推进策略以实现"一带一路"的高质量发展？

第一节　文献综述

现有关于中国与东南亚国家在"一带一路"倡议下合作的研究视角多样，各有侧重，既有关于单一国家对"一带一路"倡议的反应的分析，也涉及"一带一路"在具体国家推进中的利益和挑战的探讨。关于东南亚国家参与共建"一带一路"的差异化研究大致有两类：一是国别研究，探讨相关国家在共建"一带一路"中的重要性及可能面临的风险，侧重必要性分析，涉及以"一带一路"为背景探讨与东南亚国家具体发展战略的对接；二是根据相关国家对"一带一路"的反应对东南亚国家进行分类。

国别研究通常从阐释"一带一路"倡议入手，然后梳理相关国家对"一带一路"倡议的反应，并总结中国在该国推进共建"一带一路"可能面临的风险和挑战。例如，许培源、陈乘风在对马来西亚的相关研究中首先明晰了马来西亚在"一带一路"建设中的重要地位和作用。鉴于纳吉布政府时期马来西亚对"一带一路"倡议的明确支持，作者认为中马之间共建

---

① 李向阳：《"一带一路"的高质量发展与机制化建设》，《世界经济与政治》2020年第5期，第52~71页。

② 《标准联通共建"一带一路"行动计划（2018~2020年）》，中华人民共和国国家发展和改革委员会，http://jgrz.ndrc.gov.cn/c/2019-04-16/487649.shtml。

第八章 "一带一路"建设的差异化分层路径探析：以东南亚地区为例

"一带一路"的路径有加强政策沟通、互联互通等。① 李晨阳、宋少军从缅甸对"一带一路"倡议的认知入手，认为缅甸虽然在政府层面支持共建"一带一路"，但在具体项目上参与较少，缅甸对该倡议具体推进中可能面临的风险表示担忧和疑虑。根据这一分析，李晨阳等认为中国应该重视这种认知差异，并在此基础上制定有针对性的缓解策略。②

印度尼西亚战略与国际研究中心经济部主管达姆里（Yose Rizal Damuri）肯定了"一带一路"给印度尼西亚带来的利好及印度尼西亚在推进共建"一带一路"中的重要地位，但也对共建"一带一路"在其国内的推进表示担忧，特别是对来自中国的工人、中国企业在印度尼西亚投资的信誉，还有技术转让和环境问题及国内中小企业参与"一带一路"的问题等。③ 越南外交部前官员黎洪和（Le Hong Hiep）认为越南虽然在官方层面对"一带一路"倡议表示支持，但在实际项目申请上表现出更多的谨慎，凸显该倡议在越南的推进面临更多挑战。④

上述研究重点分析了东南亚国家对"一带一路"倡议的认知和反应，

---

① 许培源、陈乘风：《马来西亚在"海上丝绸之路"建设中的角色》，《亚太经济》2016年第5期，第70~74页。
② 李晨阳、宋少军：《缅甸对"一带一路"的认知和反应》，《南洋问题研究》2016年第4期，第20~30页。这一类型的研究还可以参见周子励、李榕彬《〈泰叻报〉"一带一路"报道中的中国形象构建探析》，《文化与传播》2020年第1期，第117~121页；吕晓莉、黎海燕《越南对中国"一带一路"倡议的认知——基于对越南官方媒体报道的分析》，《和平与发展》2019年第6期，第87~107页；顾强《越南各阶层对"一带一路"的认知与态度及其应对策略研究——对越南进行的实证调研分析》，《世界经济与政治论坛》2016年第5期，第97~109页。
③ Yose Rizal Damuri et al., "Perceptions and Readiness of Indonesia Towards the Belt and Road Initiative," Centre for Strategic and International Studies, Jakarta, 2019.
④ Le Hong Hiep, "The Belt and Road Initiative in Vietnam: Challenges and Prospects," *Perspective* (*ISEAS*), Vol. 18, 2018, pp. 1-7. 这一类型的研究还可以参见 Jenn-Jaw Soong, and Khac Nghia Nguyen, "China's OBOR Initiative and Vietnam's Political Economy: Economic Integration with Political Conflict," *The Chinese Economy*, Vol. 51, No. 4, 2018, pp. 342-355; Siwage Dharma Negara et al., *Indonesia and China's Belt and Road Initiatives: Perspectives, Issues and Prospects*, ISEAS-Yusof Ishak Institute, 2018; Raymon Krishnan and Bhargav Sriganesh, "One Belt One Road—Opportunities and Risks for Singapore," *Available at SSRN 3048113*, 2017; Kimkong Heng and Sovinda Po, "Cambodia and China's Belt and Road Initiative: Opportunities, Challenges and Future Directions," *UC Occasional Paper Series*, Vol. 1, No. 2, 2017, pp. 1-18; Vannarith Chheang and Heng Pheakdey, "Cambodian Perspective on the Belt and Road Initiative," in *NIDS ASEAN Workshop 2019, China's BRI and ASEAN*, The National Institute for Defense Studies, Japan. NIDS Joint Research Series No. 17, 2019, pp. 5-8.

为笔者系统认识东南亚国家对"一带一路"倡议的态度提供了较为全面的素材支撑，其对双边关系的讨论也为本章的研究提供了必要的参考。不过，由于缺乏对东南亚国家间的横向对比，上述研究无法对东南亚各个国家的重要程度、推进的可行性和难易程度做出系统性的分析和进行分类与排序。特别是在以某一国家为长期研究对象的文献中，虽然作者能够对该国对"一带一路"倡议的认识进行深入分析，但其个人的研究专长和偏好通常会以单个国家的视角主张中国是否应在这一国家大力推进"一带一路"建设，而缺乏系统的对比。

  国别研究中的另一类相关研究是与相关国家的发展战略对接。俞家海、张伟军等人在"一带一路"与缅甸发展战略对接的研究中，首先阐述了两国发展战略对接对中缅两国经贸往来、人文交流等诸多领域的战略意义，之后进一步分析了中国在缅甸推进共建"一带一路"可能面临的风险。① 周方冶在对泰国对接"一带一路"倡议的研究中同样描述了中泰发展战略合作的利好和前景，认为双方围绕"一带一路"进行了多层次、多领域的合作，也取得了丰硕的成果，但未来两国的发展战略对接也面临泰国政治格局调整、大选等因素的影响。② 上述研究几乎涉及东南亚所有国家当下的国家发展战略，如越南的"两廊一圈"、菲律宾的"大建特建"规划、印度尼西亚的"海洋支点战略"、文莱的"2035宏愿"等。③ 这种性质的研究更多的是以"一带一路"倡议为背景，较少涉及"一带一路"的具体项目层面。④

---

① 俞家海、张伟军：《"一带一路"在缅对接现状与挑战》，《印度洋经济体研究》2017年第6期，第61~76页。

② 周方冶：《中泰合作对接"一带一路"的机遇与挑战》，《当代世界》2019年第7期，第69~74页。

③ 金丹：《越南"两廊一圈"战略与"一带一路"倡议对接研究》，《中国-东盟研究》2018年第二辑，第139~154页；李碧华：《越南"两廊一圈"的政策规划建设与中越共建"一带一路"》，《东南亚纵横》2016年第5期，第37~40页；马博：《"一带一路"与印尼"全球海上支点"的战略对接研究》，《国际展望》2015年第6期，第33~50页；何永鹏：《中国"一带一路"与印尼"全球海洋支点"战略的对接分析》，《中国周边外交学刊》2016年第二辑，第114~130页；马博：《文莱"2035宏愿"与"一带一路"的战略对接研究》，《南洋问题研究》2017年第1期，第62~73页；李金明：《"一带一路"建设与菲律宾"大建特建"规划——对"债务陷阱论"的反驳》，《云南社会科学》2019年第4期，第1~7页。

④ 吴崇伯：《"一带一路"框架下中国与东盟产能合作研究》，《南洋问题研究》2016年第3期，第71~81页；杨卓娟：《"一带一路"倡议下投资老挝面临的非传统安全风险研究》，《国别研究》第127~144页；胡春艳：《"一带一路"下的马来西亚华人与（转下页注）

第八章 "一带一路"建设的差异化分层路径探析：以东南亚地区为例

这一类型的研究为笔者了解东南亚国家中短期战略规划及其与"一带一路"倡议的相关性提供了很有价值的分析，也为研究"一带一路"建设在这些国家推进中可能面临的风险提供了多重视角。但该类型的研究更多是从战略对接的必要性进行分析，在研究过程中已经暗含可行性的假定，也正是存在这样的假定，几乎没有不适合战略对接的共建国家。如果所有东南亚国家的发展战略都适宜与"一带一路"对接，那么确定在这些国家推进的轻重缓急将无法实现。因此，上述研究虽然能够对"一带一路"共建国家战略规划和政治发展及"一带一路"推进可能的风险做出必要的分析，但由于缺乏必要的可行性研究，难以对国家做出必要的分类以实现差异化的推进和经营。

对东南亚国家做出分类的研究目前成果有限。在分类研究中，一类是将东南亚国家涵盖其中，分析各个国家对"一带一路"的认知和态度，本质上依旧是国别研究；[1]另一类则是根据东南亚国家对"一带一路"倡议的认知及具体行动做出的分类（见表8-1）。北京大学陈绍锋根据东南亚国家对"海上丝绸之路"的政治立场将东南亚国家大致分为以下三类：一是大力支持的国家（柬埔寨、老挝、泰国）；二是有限支持的国家（印度尼西亚、新加坡、文莱、缅甸）；三是摇摆国家（马来西亚、越南）。[2]仰光大学

（接上页注④）中马文化交流》，《暨南学报》（哲学社会科学版）2016年第4期，第27~32页；杜兰：《"一带一路"建设背景下中国与缅甸的经贸合作》，《东南亚纵横》2017年第1期，第29~35页；者贵昌：《"一带一路"建设背景下中国与泰国金融合作的机遇与挑战》，《东南亚纵横》2017年第1期，第36~42页；吴崇伯：《"一带一路"框架下中国对印尼的投资分析》，《中国周边外交学刊》2017年第一辑，第37~51页；邱普艳：《"一带一路"背景下的中越经济合作：现状与展望》，《和平与发展》2018年第4期，第78~93页；等等。相比之下，国外这一类型的研究相对更加详实，例如Jean-Marc F. Blanchard, "Malaysia and China's MSRI: The Road to China Was Taken Before the (Maritime Silk) Road Was Built," in Jean-Marc F. Blanchard, ed., *China's Maritime Silk Road Initiative and Southeast Asia: Dilemmas, Doubts, and Determination*, Palgrave Macmillan, 2019, pp. 96-104; Chow-Bing Ngeow, "Malaysia-China Cooperation on the Belt and Road Initiative under the Pakatan Harapan Government: Changes, Continuities, and Prospects," in *NIDS ASEAN Workshop 2019, China's BRI and ASEAN*, The National Institute for Defense Studies, Japan. NIDS Joint Research Series No. 17, 2019, pp. 28-35。

[1] 代表性的如Jean-Marc F. Blanchard, ed., *China's Maritime Silk Road Initiative and Southeast Asia: Dilemmas, Doubts, and Determination*, Palgrave Macmillan, 2019。

[2] Shaofeng Chen, "Are Southeast Asian Countries Willingto Join the Chorus of China's Maritime Silk Road Initiative?" in Jean-Marc F. Blanchard, ed., *China's Maritime Silk Road Initiative and Southeast Asia: Dilemmas, Doubts, and Determination*, Palgrave Macmillan, 2019, p. 37.

秋秋盛（Chaw Chaw Sein）教授根据东南亚国家对"一带一路"的立场将东南亚国家分为四类：一是愿意与中国接触的国家；二是已经与中国接触并参与共建"一带一路"的国家；三是不愿与中国接触的国家；四是一直在等待、研究和监测与"一带一路"有关的进展的国家。[①] 新加坡学者李明江等人根据东南亚国家对"一带一路"倡议的反应程度将东南亚国家分为三类：一是拥护"一带一路"的国家（老挝、柬埔寨、文莱、泰国和新加坡）；二是支持但有顾虑的国家（马来西亚、印度尼西亚、菲律宾）；三是口头支持但行动乏力的国家（越南和缅甸）。[②] 周方冶从"地缘引力结构"切入，以定量研究路径呈现了大国竞争与东南亚国家认知的不同图谱。根据他的分析，中国在老挝、柬埔寨、缅甸占据优势地位；美国在新加坡、印度尼西亚、菲律宾占优势；而泰国、马来西亚、越南则是均衡分布状态，也是未来地缘博弈的着力点。[③]

表8-1 部分学者关于东南亚国家分类的路径及结果

作者	变量	中国占优（追随）	美国占优（追随）	相对均衡（对冲）
陈绍锋	对"海上丝绸之路"的政治立场	柬埔寨、老挝、泰国	马来西亚、越南	印度尼西亚、新加坡、文莱、缅甸
李明江	对"一带一路"的反应	老挝、柬埔寨、文莱、泰国、新加坡	越南、缅甸	马来西亚、印度尼西亚、菲律宾
周方冶	地缘引力结构	老挝、柬埔寨、缅甸	新加坡、印度尼西亚、菲律宾	泰国、马来西亚、越南
高程、王震	结构-局势互动	老挝、柬埔寨、缅甸	越南、菲律宾、新加坡	泰国、文莱、马来西亚、印度尼西亚
郑在浩（Chung Jae-ho）	是否与美国结盟 是否有领土争端 政权性质	老挝、柬埔寨、缅甸	泰国、新加坡、菲律宾	马来西亚、印度尼西亚、越南

---

① Chaw Chaw Sein, "Assessing the Perspective of the EU and ASEAN on China's OBOR Initiative," Internal Document for Silk Road Forum, 2015.

② 李明江、李倩如：《"一带一路"倡议在东南亚的进程与展望》，《边界与海洋研究》2019年第2期，第74~88页。

③ 周方冶：《中美战略博弈下的东南亚"地缘引力结构"解析：路径与方法》，《云南社会科学》2020年第5期，第63~71页。

第八章 "一带一路"建设的差异化分层路径探析：以东南亚地区为例

续表

作者	变量	中国占优（追随）	美国占优（追随）	相对均衡（对冲）
杨浩（Alan Hao Yang）	威胁认知 经济预期	缅甸、柬埔寨、文莱	越南、菲律宾、印度尼西亚	新加坡、马来西亚、老挝、泰国

资料来源：笔者根据相关资料制作。郑在浩、杨浩的论述参见 Jae-ho Chung, "East Asia Responds to the Rise of China: Patterns and Variations," *Pacific Affairs*, Vol. 82, No. 4, 2009, pp. 657–675; Ian Tsung-Yen Chen and Alan Hao Yang, "A Harmonized Southeast Asia? Explanatory Typologies of ASEAN Countries' Strategies to the Rise of China," *The Pacific Review*, Vol. 26, No. 3, 2013, pp. 265–288.

上述研究简要汇总了学者根据不同标准对东南亚国家的类别划分，对理解东南亚国家对"一带一路"的认知及策略选择提供了有价值的参考，但由于变量选取以及判断标准等方面的差异，上述研究得出的结果偏差较大。例如，一些学者对新加坡的判断就存在较大差异，它被一些学者视为"一带一路"倡议的积极拥护者，也被另一些学者列入有限支持的国家。从研究目的来看，以上研究多将对东南亚国家的分类而非如何更好地共建"一带一路"作为最终落脚点，并未进一步有针对性地提出在上述不同国家差异化推进的具体策略。此外，以上研究更多较单一地聚焦于当下的经济、安全等领域，对历史长时段结构要素关注不足，因而其对国家的分类缺乏立体和层次感，在相关国家共建"一带一路"的可行性方面仍有进一步研究空间。

综上，对本章关注问题的现有研究有三个特点。一是聚焦具体国家，缺乏国家间的横向对比，并且现有研究更多侧重必要性，相对忽视了可行性；二是在指标或参数选取方面通常聚焦较短时间范畴和当下可视变量；三是在定位方面，大多停留在解释东南亚国家对"一带一路"倡议的不同反应，较少对中国如何有针对性差异化推进共建"一带一路"的可行性进行策略分析。

与以往研究不同，笔者将立足"一带一路"高质量发展的现实需求，构建一个推进共建"一带一路"的项目分层框架。在这一框架中，笔者同时强调东南亚国家自身及对华历史维度和大国对其当前的影响维度，从"长时段结构"与"中时段局势"及二者互动的视角，解析中国在东南亚各国推进共建"一带一路"的可行性和难度，并针对不同类别的国家制订有效和可操作的项目层次推进策略。

第二节 基于东南亚国家类别归属的项目分层分析框架

"一带一路"倡议在东南亚地区推进的可行性和难度并不单单取决于中国的政策，更要考虑相关国家对"一带一路"倡议的认知和反应，而相关国家对"一带一路"倡议的认知既是现阶段东南亚国家与中国彼此互动的结果，同时也是深受长时段历史影响的动态过程。域外大国博弈、国内政治变革等都会带来一国对"一带一路"倡议认知的波动和变化，那么，在不断变换的国际政治中寻找到相对稳定且具有影响力的变量则成为划分东南亚国家类别的基本前提。

一 差异化分层分析框架及东南亚十国分类

基于历史基础和现实条件的差异，中国与东南亚国家之间的互动模式和影响要素存在明显不同。年鉴学派有关长时段及各个时段相互影响的互动分析模式是连接历史与现实的有效路径。布罗代尔以"长时段-地理时间-结构、中时段-社会时间（经济时间）-局势、短时段-个体时间-事件"的分析框架对地中海世界的历史与现实进行了颠覆性的重构，为国家和地区间关系的研究提供了经典的分析框架。但从政治科学的视角而言，布罗代尔对各个重要概念定义的历史性描述使得其分析过程的精致程度大大下降，并且对各个时段互动层面的薄弱论述也成为后世学者批评的对象。[1] 因此，在借鉴"年鉴学派"时段分析框架的基础上，我们重新定义了"长时段-结构"和"中时段-局势"，完善了互动模式，并以可操作性为标准选取了两个维度涵盖的具体变量。此外，各个变量在不同国家拥有负、中、正三种不同性质，并因互动程度差异存在强正、强负等不同属性。对影响要素的划分将明确在东南亚国家推进"一带一路"建设的可行性和难易程度，并最终决定在相关国家开展何种类型的项目合作。

（一）历史长时段的结构性变量

长时段历史变量聚焦长期以来存在的认知、理念结构，它们以间接方式影响东南亚国家对共建"一带一路"的认知，但这种影响持久且不易改变，影响在该国推进的难度。在对长时段-结构的分析中，布罗代尔偏爱

---

[1] 张芝联：《费尔南·布罗代尔的史学方法》，《历史研究》1986年第2期，第30~40页。

"地理限制"和"文明（文化）,"他将"长时段-结构性要素"定义为"长期不变或者变化极慢的，但在历史上起经常、深刻作用的一些因素，如地理、气候、生态环境、社会组织、思想传统等"，而在同一篇文章中又称结构为"社会现实和群众之间形成的一种有机的、严密的和相当稳定的关系"。[1] 但这种宏大的分析单元无法对中国和东南亚做出具象的分析，结合国际关系和社会学中关于"结构"的定义,[2] 我们认为"长时段-结构"是对国家双边关系起到长时期、间接性的作用的历史、文化思想和社会组织等。具体到操作层面，影响中国与东南亚国家关系的长时段结构性变量应包括历史认知、宗教和哲学认同、族群政治以及华侨华人等。

（二）当前与未来中时段的局势性变量

在借鉴经济社会学的周期的基础上，布罗代尔将"中时段-局势"定义为"在较短时期（十年、二十年、五十年以至一二百年）内起伏兴衰、形成周期和节奏的一些对历史起重要作用的现象，如人口消长、物价升降、生产增减、工资变化等等"。[3] 经济、帝国（国家）、社会构成其研究的主体框架。但这种变量的设定相对于双边关系而言显得过于庞杂而难以成为有效的分析要素。对于处于无政府状态中的国家而言，局势往往意味着一段时间内的关系或者约束性的条件，它虽然不是引发突变的直接原因，但却是背后较长时段内的深层次动力。因此"中时段-局势"可以被定义为在当下以及未来一段时间内对双边关系带来持续性和波动性影响的要素。对于中国与东南亚国家而言，这种局势性的变量突出表现为领土争端、安全需求与对外安全依赖、对大国经济的不对称依赖、国内政局和政治稳定性等。

（三）结构变量与局势变量互动下的差异化分析框架

上文中笔者将长时段结构变量与中时段局势变量进行了分类并阐释其在各自维度的作用，但对于理解当下不断发生的冲突性事件而言，单一维度的解释仍不够有力。正如布罗代尔所指出的，"只有结构和局势的结合才

---

[1] 〔法〕布罗代尔：《资本主义论丛》，顾良、张慧君译，中央编译局出版社，1997，第173~204页。
[2] 如华尔兹对结构更多是以组成部分的排列方式加以定义。参见〔美〕肯尼斯·华尔兹《国际政治理论》，信强译，上海人民出版社，2017，第85页。
[3] 张芝联：《费尔南·布罗代尔的史学方法》，《历史研究》1986年第2期，第30~40页。

能给出最终的解释"。① 因此，我们将对"长时段-结构""中时段-局势"两个维度的互动进行分析和探讨，并在此基础上构建一个能够将东南亚国家分类、排序的理论分析框架。

在不同的国家和社会中，结构和局势的构成往往存在差异，同样，其中的互动强度和显著性也有着明显不同。互动强度较大往往会形成"循环效应"，对整个社会带来显著影响和变化。② 如果两个维度的正向因素存在强互动关系则将出现有利于双边关系的"强正循环效应"；反之，如果两个维度出现负向因素的互动，那么则可能出现不利于双边关系的"强负循环效应"。当然，同样存在两个维度的互动程度有限的情况，在这种情况下则并不会对国家间双边关系带来显著的影响（见表8-2）。

表8-2 东南亚国家变量属性及互动关系

变量	越南	缅甸	老挝	柬埔寨	泰国	菲律宾	马来西亚	新加坡	印度尼西亚	文莱
历史认知	**负**	中	**正**	**正**	正	**负**	正	中	中	中
华侨华人	中	中	中	中	正	中	正	正	两面	中
宗教哲学	正	正	正	正	正	正	中	正	中	负
族群政治	中	**正**	中	中	中	中	负	**负**	中	中
	⇡	↕	↕	↕		⇣	⇣			
领土争议	**强负**	中	中	中	中	**强负**	负	中	负	负
政治稳定	中	**正**	中	**正**	中	负	中	中	中	中
安全需求	中	中	中	**强正**	**强负**	**强负**	中	**强负**	中	中
经济依赖	中	**正**	**正**	**正**	正	中	正	中	中	中

注：粗体字为参与互动的变量。实线为"强正循环效应"，虚线为"强负循环效应"，无线表示互动有限或较弱。

资料来源：笔者自制。

具体到东南亚各个国家，各国在两个维度并不具有统一性，并且复杂的社会构成使得各国在互动层面的强度同样存在差异。根据结构性变量与局势性变量两个维度的正、中、负相关指标以及两个维度之间互动性的强弱，可以从理论上构建一个系统的分析框架，并延伸出东南亚国家在推

---

① 〔法〕布罗代尔：《论历史》，刘北成、周立红译，北京大学出版社，2008，第244页。
② 关于循环效应参见〔美〕罗伯特·杰维斯《系统效应：政治与社会生活中的复杂性》，李少军等译，上海人民出版社，2008，第57~58页。

进共建"一带一路"中的四个层次。第一层是助益型国家：推进可行性强、难度小、收益大，为共建"一带一路"可依靠的国家。第二层是无害型国家：推进成本过高，长期性项目推进的难度大，但有限的合作也并不会产生明显不利影响，属于对推进无害，但推进的必要性不足的国家。第三层是两面型国家：这一类型国家推进长期项目虽有风险，但如果推进成功则会产生较大助益；虽有难度，但必要性强，谨慎推进化解风险之后的收益较大。第四层是疑虑型国家：长期性项目推进的社会空间不足，可行性小、难度大。四个层次并非固定不变，会随着相关条件的变化而波动。

根据上文的分析框架，东南亚国家可以分为以下四个层次：一是缅甸、柬埔寨、老挝属于共建"一带一路"环境较好的国家，这三个国家无负向指标，正向指标大多具备，有部分强正向指标，在这三个国家推进共建"一带一路"的可行性强，难度小，收益大；二是泰国、文莱这两个国家以中性因素为主，推进共建"一带一路"在这两国成本较高，但争取不到对"一带一路"的发展影响亦有限；三是具有一定助益的两面型国家——印度尼西亚、马来西亚，这两个国家在两个维度正负向因素相当，且负向因素尚未出现强互动关系，意味着中国与这两个国家共建"一带一路"可争取与改善空间较大，同时由于印度尼西亚和马来西亚在东南亚的重要地位，需要中国积极争取和针对性精耕细作，防止这两个国家滑向对立面；四是对具体参与共建"一带一路"持谨慎态度的国家——越南、新加坡、菲律宾，中国与其开展"一带一路"建设长期性项目的可行性小，难度大。[①]

二 共建"一带一路"在不同类型国家推进的项目层次选择

对东南亚国家重要性、可行性的分类排序是项目分层推进的基础。明确了东南亚国家的类别归属是否就意味着，在实施环境较好的国家就应该不计成本地推进项目，而对于实施空间有限的国家则避而远之？显然这并不是共建"一带一路"的初衷，也不符合现实。当前，中国有限的战略资源除了确保国内发展之外，还要应对其他国家在不同领域的挑战，因此精耕细作推动共建"一带一路"以实现各方利益，最大化契合"一带一路"共商共建原则，也符合各方利益。在"一带一路"框架下，中国政府设定

---

① 该部分的理论分析详见高程、王震《中国差异化分层经略东南亚国家探析——基于结构与局势及其互动的二元分析框架》，《世界经济与政治》2019年第12期，第69~100页。

了"政策沟通""设施联通""贸易畅通""资金融通""民心相通"五个共建领域,在2019年的《共建"一带一路"倡议:进展、贡献与展望》报告中又增加了"产业合作"这一新的合作领域。① 在以上"五通"和产业合作的具体推进中都需要具体项目的支撑,但共建"一带一路"的"五通"和产业合作并不是同步展开的,项目本身也有长期、中期和短期等的区别。

长期项目一般是那些投入时间较长、成本较高,对双边关系的稳定性要求较高的项目;而中短期项目则相对比较灵活,更加注重在当下及未来一段时间内产出明显的收益,因此其对双边关系的要求也相对宽松,且更多是双边关系暂时性缓和的结果。长期项目主要是政府及大型国有企业主导的项目,涉及基础设施建设,特别是铁路、公路、港口等,中短期项目更多是市场主导下私人企业在相关国家的中标工程项目。长期项目对地方影响范围广、时间长,涉及土地征集等耗时耗力的具体事宜,因此对政府和地方社会关系要求较高。

东南亚国家重要性和可行性的排序解决了哪些国家可以不计短期利益进行长期投入而哪些国家更应该偏重中、短期项目的问题,但在具体项目推进中还需要考虑国家发展水平及项目实施空间。发展水平较高的国家往往基础设施较为完善,国内资金较为充裕,中国推进长期性项目的空间不足;相反,国内发展相对不足的国家则需要大量的资金以完善、提升国内基础设施,助推经济发展。根据上文分析,"一带一路"项目分层推进路径可有以下四个层次。

第一层次,有利于长期项目推进的国家。缅甸、柬埔寨和老挝属于对共建"一带一路"认可度较高的国家,中国在这三个国家推进不计短期收益的长期项目投入难度较小、可行性强,而且配合相应的机制化举措保证中国资源投入的可持续性可进一步维持三国参与共建的积极性。这三个国家在结构与局势两个维度没有负向指标,并且正向指标之间存在一个或多个互动效应。缅甸虽然发生了国内政治波动,但两个维度的变量属性并未发生明显变化。此外,三国国内基础设施建设需求较大,与中国具有较强互补性。共建"一带一路"推进离不开三国的支持,而三国与中国整体互动关系及国内政府与地方社会的关系决定了在这三个国家开展长期性项目

---

① 《共建"一带一路"倡议:进展、贡献与展望》,推进"一带一路"建设工作领导小组办公室,2019,http://www.xinhuanet.com/2019-04/22/c_1124400071.htm。

第八章 "一带一路"建设的差异化分层路径探析：以东南亚地区为例

建设的必要性和可行性。

第二层次，项目收益有限的国家。从国家类别层面看，泰国和文莱属于无害型国家，在泰国、文莱开展"一带一路"项目建设虽然具有一定的可行性，但难度较大，且必要性有限。鉴于两国整体经济发展水平及国内政治状况，在这两国进行长期性项目对"一带一路"建设本身影响有限，且在可行性方面有一定难度；而两国在中短期项目上的国内环境或是竞争较为激烈，或是市场空间有限。因此，共建"一带一路"在这两个国家中的长期性项目的投入与最终的收益可能难达预期。

第三层次，谨慎推进长期项目，中短期项目收益可观的国家。马来西亚、印度尼西亚的两面性凸显出这两个国家共建"一带一路"项目的必要性。两国在结构与局势两个维度虽然都有负变量，但正变量同样存在，长期项目虽然有难度，但具备可行性空间。在防控风险、尽可能化解风险基础上，可谨慎推进长期项目。此外，鉴于两国较为庞大的市场和明显的人口优势，且基础设施建设缺口较大，开展中短期项目的收益相对可观。

第四层次，长期项目推进难度较大且可行性不足的国家。越南、菲律宾虽然在政府层面做出了支持"一带一路"的明确表态，但具体推进的难度较大。上述难度涉及其国内政府与社会互动中不对称的关注和对"一带一路"及中国的负面评价。由于社会的整体反应较为负面，"一带一路"建设中的长期项目会面临更多的国内社会挑战，从结构与局势两个维度的互动来看，项目不具备实现最初预期的社会空间及时间。但鉴于国内经济发展需求和中国强大的资金和技术支持及政府对华态度，中短期项目的合作空间较大，且能够获益。但与这一层次国家展开中短期合作需根据其政府对华政策灵活应对。

综上，根据长时段-结构、中时段-局势两个维度变量群不同程度的互动性质差异，笔者对东南亚国家做出必要的排序和分类，构成了项目分层推进路径的前提和基础。基于东南亚国家分层和国家发展阶段以及项目长期、中短期的不同，本章构建了项目分层推进的四个层次。下文将以四个层次代表性国家缅甸、泰国、马来西亚和越南为案例论证上文的分析框架。

第三节　案例分析：项目分层推进策略的具体实践

"一带一路"倡议的顶层设定表明其本身并不是传统意义上的区域经济合作机制，而是可以立足双边、经营小多边的新型合作范式，这也是"一带一路"倡议机制上的创新。因此，在共建"一带一路"中对东南亚国家由突出多边一体化合作到首先立足双边的策略要求中国淡化对东盟的整体思维范式，而将东南亚国家分层次进行精细化的双边经营。东南亚国家的多样性与中国资源的有限性决定了在"一带一路"建设中，对东南亚国家进行差异化推进的必要性。而只有在明确了东南亚国家重要性层次之后，机制和项目层面的具体推进策略才更具有可行性。

一　缅甸

由于长期以来的族群政治、宗教冲突，缅甸国内政治稳定性较差。世界银行连续几年对缅甸进行评估，其稳定指数都是负值，2015年为 -1.17，2021年进一步恶化为 -2.07。[①] 在维持国内稳定的过程中，缅甸政府在合法性以及政策方面需要中国政府的支持。这种支持表现在两个方面。第一，利用中国在国际社会，特别是联合国安理会常任理事国地位，影响涉及缅甸国内政治问题的决议。缅甸政府在处理罗兴亚人问题上的政策引发西方国家和人权组织的反对和抗议，中国就曾在联合国会议上使用否决权阻止外部势力对缅甸国内政治的无理干预。[②] 第二个是经济，利用中国较强的经济实力，促进缅甸国内政治的发展，以发展求稳定。现阶段，中国在缅甸的经济发展中占据主导地位。这种主导地位既是历史形成的，也是当下缅甸寻求国内发展的结果。自1988年政变以来，缅甸受到以美国为主导的西方国家的制裁，国内经济受到严重影响。在此背景下，缅甸将目光投向中国，利用中国不断积累的资金和技术拓展其国内经济发展渠道。因

[①] 数据来自全球治理指标数据库，https://datacatalog.worldbank.org/dataset/worldwide-governance-indicators，访问日期：2022年8月29日。

[②] 中国在联合国的投票是具体的表现，参见 http://unbisnet.un.org:8080/ipac20/ipac.jsp?session=154030Y9X949Q.51738&menu=search&aspect=power&npp=50&ipp=20&spp=20&profile=voting&ri=1&matchopt=0%7C0&source=~%21horizon&index=.VW&term=Myanmar&x=11&y=14&aspect=power，访问日期：2018年11月11日。

此，以缅甸为代表的这一类国家在难度和可行性方面优势明显。

中缅较为稳定的双边关系、缅甸在"一带一路"建设及中国周边外交中的战略地位和缅甸国内发展的诉求等诸多因素助力中国在缅甸投入长期性项目的必要性和可行性。[1] 2017 年 11 月 19 日，国务委员兼外交部部长王毅在内比都提出建设"人字形"经济走廊，受到各方关注。2018 年 9 月 9 日，中国国家发展和改革委员会主任何立峰和缅甸计划与财政部部长吴梭温分别代表两国政府签署了《中华人民共和国政府与缅甸联邦共和国政府关于共建中缅经济走廊的谅解备忘录》，从官方层面确定了共建"人字形"中缅经济走廊。2020 年 1 月 17~18 日，中国国家主席习近平应邀对缅甸进行国事访问，双方发表的联合声明中称将"打造中缅命运共同体"，并同意推动中缅经济走廊从概念规划转向实质建设阶段。[2] 中缅两国已签署了共建"一带一路"的官方文件，中缅油气管道、南北电力传输、皎漂港口建设、中缅公路建设等多个长期性项目在缅甸开展。[3]

缅甸对基础设施建设的巨大需求是共建"一带一路"长期项目开展的一个重要动力因素。根据全球基础设施中心（Global Infrastructure Hub）2017 年发布的数据，缅甸在 2016~2040 年的基础设施建设总需求为 2240 亿美元，而实际投资可能只有 1110 亿美元。其中，2016~2040 年在道路建设方面的实际投资不到 20 亿美元，而实际需求为 41 亿美元，是所有领域中需求缺口最大的。[4]

老挝和柬埔寨的情况与缅甸类似，例如，柬埔寨的总需求为 870 亿美元，而现实积累只有 590 亿美元。[5] 中国与上述三个国家的长期项目合作市场空间巨大，此外，除了重点推进长期项目，中短期项目也能获得较大收益。

长期性项目以及与之相协调的制度建设确保了中国资源投入的可持续性，有助于提升缅甸参与共建"一带一路"的积极性。而缅甸的国家与市

---

[1] Chenyang Li, Shaojun Song, "China's OBOR Initiative and Myanmar's Political Economy," *The Chinese Economy*, Vol. 51, No. 4, 2018, pp. 318-332.

[2] 《中国和缅甸发表联合声明：打造中缅命运共同体》，中国新闻网，http://www.chinanews.com/gn/2020/01-18/9063688.shtm。

[3] Stephanie Olinga-Shannon et al., "Selling the Silk Road Spirit: China's Belt and Road Initiative in Myanmar," *Myanmar Policy Briefing*, Vol. 22, 2019.

[4] Global Infrastructure Hub, https://outlook.gihub.org/countries/Myanmar.

[5] Global Infrastructure Hub, https://outlook.gihub.org/countries/Cambodia.

场关系、国家与社会关系、市场与社会关系等因素将影响中缅经济走廊建设的成败。① 同样，老挝和柬埔寨官方积极拥护"一带一路"，在具体实践中与中国开展多个长期性合作项目，例如中老铁路、柬埔寨西哈努克港口建设等。

需要特别注意的是，对长期性项目的关注并不意味着对中短期项目和利益的舍弃，只是这三个国家在必要性和可行性方面的优势更加突出。此外，缅甸国内政治虽然出现变化，但政府并未就中国投资作出政策调整，并且缅甸在结构与局势两个维度的变量并未发生根本性变革。因此，缅甸依旧可以被归为这一类。

二 泰国

在双边层面，历史上泰国与中国并未发生直接的冲突，相反，清代的清缅战争反而助推泰国从当时缅甸的占领中实现独立和重建。② 冷战时期，由于意识形态的差异，中泰两国分属不同阵营，为敌对关系，1979年"柬埔寨危机"成为改善中泰两国关系的契机，之后两国关系不断发展。在地区层面，历史上泰国虽然长期与中国保持朝贡关系，但泰国对这一关系的解读更多的是经济方面，因此泰国对中国崛起的认知较为温和。③ 由于两国并不存在领土争议，直接影响双边关系的因素有限，再加上两国在宗教、文化等方面的相通之处，2020年的民调数据显示，如果东盟国家要在中国和美国之间选边站队，泰国52.1%的民众选择中国。④

但泰国对华的好感与中国在泰国安全和经济方面的作用并不匹配，美国和日本分别在泰国的安全和经济方面发挥重要作用。泰国是美国在东南亚的重要盟友，尽管美国在20世纪70年代撤出了在泰国的乌塔保军事基地，但这种盟友关系一直存在，并且相互之间有情报共享协议。泰国与美

---

① Kyaw Htet Aung, "The Political Economy of China-Myanmar Bilateral Relations Under the Framework of Belt and Road Initiative," *Journal of Governance and Public Policy*, Vol. 7, No. 2, 2020, pp. 88 – 103.
② 周郢：《明万历壬辰之役"借兵暹罗"发覆》，《历史研究》2017年第6期，第179~187页。
③ 孙学峰、徐勇：《泰国温和应对中国崛起的动因与启示》，《当代亚太》2012年第5期，第80~96页。
④ Siew Mun Tang et al., *The State of Southeast Asia: 2020 Survey Report*, ISEAS-Yusof Ishak Institute, Singapore, 2020, p. 36.

国定期举行联合军事演习，双方的盟友关系在一段时间内仍将存在。① 在经济层面，尽管中国与泰国之间的经济合作不断上升，但日本对泰国的重视，以及长期的经略使得泰国在经济维度对日本的依赖较大，并且呈现上升趋势。从2008~2016年中、日两国在泰国的经济数据来看，日本在泰国出口市场和资金的投入方面总体占据明显优势地位。而在泰国对"一带一路"的整体认知方面，60.5%的民众对正在推进中的项目持有不太信任的态度。②

与老挝、柬埔寨等国家不同，泰国自身的经济实力较强，其国内基础设施建设缺口主要集中在道路、港口建设领域。③ 这两类项目的实施涉及土地征用，但泰国国内民众，特别是非政府组织反应强烈，实施难度较大。例如，中国和泰国双方都比较重视的"中泰铁路"历经一波三折。"中泰铁路"被视为中国与泰国在"一带一路"倡议框架下的重点项目，中方和泰国历经二十多轮谈判，最终确定了施工方案。2017年12月21日，中泰铁路一期工程正式动工，但中泰双方围绕后续合同的谈判协商仍在进行。④ 2022年11月7日，中泰双方举行了中泰铁路合作联合委员会第30次线上会议，双方讨论了项目一期工作进展、二期合作模式等议题。

在与文莱的"一带一路"倡议框架下的合作中，文莱政府提出的"2035宏愿"，特别是发展多元化战略能够为中国投资提供一定的空间，但鉴于文莱伊斯兰教国家特性对商品的限制及自身经济实力和国内基础设施缺口，"一带一路"长期性项目在该国的投入带来的影响也很有限。

三 马来西亚

地理区位往往是讨论马来西亚的重要方面，在东亚朝贡体系和贸易网络中，马来西亚（马六甲）就因地理区位而扮演转运码头等重要角色。建交前后由于受冷战和意识形态的影响，中马双方关系以冲突为主。冷战结束后中马政治经济关系缓和。马来西亚大幅度调整对华政策以及中国的

---

① 曹筱阳：《美泰同盟的合作形式、机制及其前景》，《东南亚研究》2015年第5期，第49~55页。
② Siew Mun Tang, et al., The State of Southeast Asia: 2020 Survey Report, ISEAS-Yusof Ishak Institute, Singapore, 2020, p. 36.
③ Global Infrastructure Hub, https://outlook.gihub.org/countries/Thailand.
④ 《中泰铁路合作项目一期工程正式开工》，新华网，http://www.xinhuanet.com/2017-12/21/c_1122149108.htm。

积极回应,是中马政治经济合作明显增加的主要原因。① 在地区层面,马来西亚虽然也会对中国的主导地位发出不同声音,但整体而言,马来西亚将中国崛起视为机遇而非威胁,马哈蒂尔两次出席"一带一路"国际合作高峰论坛也是对中国近年来发展以及带来机遇的正面肯定。但南海问题等一直是影响双边合作的重要因素。不过,相对于越南和菲律宾,马来西亚的南海政策相对温和克制。

与政治、安全领域相比,中马两国的经贸关系不断攀升,中国是马来西亚主要的出口市场和资金来源国家。中国是马来西亚最大的贸易伙伴,马来西亚经济发展对中国的市场和资金依赖较大。从 2016 年开始,中国在马来西亚的经济影响力开始超过日本,到 2017 年,马来西亚对中国的经济依赖比例达到 30.43%。一般认为,近年来马来西亚经济增长放缓也与中国经济发展的波动有关。②

马来西亚"东海岸铁路项目"(ECRL)的反复曲折反映出中国在马来西亚开展长期性、不计短期收益项目的风险。2016 年马来西亚政府正式立项 ECRL 工程项目,其主要目标是通过缩减东西海岸之间的铁路运行时间,拉动东部地区经济发展,配合东部增长区的经济规划。③ 该项目是纳吉布(Naguib Sawiris)政府时期中马达成的重要基础设施建设项目,也是中国在马来西亚的第一个长期性的铁路项目。双方签订的合同总额高达 655 亿马币,工程期为 7 年,这一项目也被承建方中国交建视为其海外的"旗舰项目"。但 2018 年马来西亚国内政权的变更为该项目的推进蒙上了阴影。马哈蒂尔重掌政权之后开始审查中国在马来西亚的投资项目,并一度叫停了 ECRL。在随后双方的互动中,马哈蒂尔虽然依旧表示对"一带一路"的支持,但在具体项目上表现出"实用主义"倾向。虽然在 2019 年 4 月 ECRL 项目得以复工,但项目金额大大缩减,从 655 亿马币减至 440 亿马币,并且马来西亚承包商所占比例也进一步上升,工期从 2024 年推迟到 2026 年。考虑到马来西亚国内不同阵营有关 ECRL 的分歧,未来该项目推进面临的挑战可想而知,而最终能否按期完

---

① 廖小健:《冷战后中马关系的互动与双赢》,《当代亚太》2005 年第 4 期,第 56 页。
② Cheong K. Cheok, Qianyi Wang, "China's Growth Deceleration—A New Normal for Malaysia Too?" *International Journal of China Studies*, Vol. 8, No. 2, 2017, pp. 199 – 219.
③ "ECRL Key Facts," http://www.mrl.com.my/en/ecrl-key-facts/.

第八章 "一带一路"建设的差异化分层路径探析：以东南亚地区为例

成也很难保证。① 中国在印度尼西亚的长时期铁路项目也面临类似于在马来西亚的挑战，中国－印度尼西亚"雅万高铁"项目在推进中同样一波三折。

马来西亚与印度尼西亚的两面性和内部环境波动特征正说明了中国在这两个国家推进"一带一路"项目的必要性和空间，只是在推进长期项目时，应做好前期的风险评估以及风险出现之后的化解工作。

四 越南

就中越双边关系层面而言，二战之后，中国对越南的统一事业提供了长期援助，但统一之后的越南在中南半岛推行霸权主义政策，导致双边关系恶化，中越两国在陆地和海上进行了多次战争。就地区层面而言，越南对当下中国的崛起持怀疑态度，比如2009年，越南一位高级政府官员表示，越南人对中国在越南建立孔子学院的意图表示极大不信任，认为构成对国家主权的挑战。② 两国近年来在南海领土争端方面的对峙以及越南国内政治进程中对中国形象的构建进一步强化了这一认知。越南翰林院中国研究所前副所长阮庭廉认为："南海问题虽是局部问题，却决定着中越两国关系最终是友好还是敌对这一未来前景。"③

上述因素之间存在强互动关系，并多次引发越南国内的反华浪潮。2016年7月，在"南海仲裁案"最终结果出台前后，越南河内与胡志明市发生规模大小不等的多起反华游行。事件的起因是中国与菲律宾之间的争端，同样存在于中越之间。④ 负面的对华认知在越南的知识精英和民众两个层面影响广泛，有时甚至直接影响两国政府之间的合作。2014年5月，越南胡志明市爆发针对华人工业园区的游行并升级为打砸抢暴力活动。2018年6月10日，越南胡志明市、芽庄、河内、岘港等地爆发示威游行，反对越南

---

① 《马来西亚总理府称东海岸项目将复工 成本降低路线有调整》，中国一带一路网，https://www.yidaiyilu.gov.cn/xwzx/hwxw/85693.htm，访问日期：2021年3月3日。
② Hong Liu, "Opportunities and Anxieties for the Chinese Diaspora in Southeast Asia", *Current History*, Vol. 115, No. 784, 2016, p. 317.
③ 赵卫华：《十二大之后越南政治的演变与中越关系的走势》，《云南行政学院学报》2018年第4期，第149页。
④ Phuong Hoang, "Domestic Protests and Foreign Policy: An Examination of Anti-China Protests in Vietnam and Vietnamese Policy Towards China Regarding the South China Sea," *Journal of Asian Security and International Affairs*, Vol. 6, No. 1, 2019, pp. 1–29.

189

国会拟审议的《关于云屯、北云峰、富国特别行政经济单位法（草案）》中关于允许国外投资者租赁不动产 99 年的条款。草案中并没有提及中国，但越南民众将矛头直接对准中国，认为中国会控制越南土地，迫使越南共产党中央总书记阮富仲出面进行解释。① 从上述分析中可以看出，越南国内社会并没有给中越两国在"一带一路"框架下开展长期性项目合作留出空间。此外，高达 86.8% 的越南民众对"一带一路"的负面认知也进一步佐证了上述分析。② 再加上越南政府官员的谨慎和疑虑，越南虽然在国家层面支持"一带一路"倡议，但几乎没有相关项目贷款的申请。③

需要特别说明的是，虽然在"一带一路"倡议框架下中国与越南等国家在长期性项目方面合作空间有限，但以私人、中小企业为主导的中短期项目仍有较大合作空间。例如，中国商人在越南前江省筹建的龙江工业园项目就实现了"双赢"效应，中国企业获得了利润，并为越南当地带来了就业和创收。④ 该项目虽然在 2007 年开始筹建，但已经成为浙江省"一带一路"建设的重点项目。

此外，在具体实践中，对长期性项目一定要做好相关国家政府和地方社会两个层面的安抚及增信工作。长期性项目对地方社会结构、地理生态的影响最大，也最容易引发民众对中国政府及"一带一路"的负面认识。同时，由于投入时间较长，在相关国家产生明显效益也需要时间，对地方民众和政府的耐心都是巨大考验。因此，中国政府在具体长期性项目推进中，在官方层面要做好双边关系的机制化建设工作，明晰目前双边合作的长期性和中国在该国资源、资金投入的可持续性，增强相关国家政府层面参与长期性合作的信心。而对地方社会，要配合相关国家地方政府在涉及土地等问题上的政策，并做好社区沟通和利益协商工作，履行相应的企业责任。

---

① 《越南又逮捕 8 名反对实施经济特区不动产租赁法的示威者》，俄罗斯卫星通讯社，http://sputniknews.cn/politics/201806181025680809/，访问日期：2021 年 1 月 5 日。
② Siew Mun Tang et al., *The State of Southeast Asia: 2020 Survey Report*, ISEAS-Yusof Ishak Institute, Singapore, 2020, p. 36.
③ Le Hong Hiep "The Belt and Road Initiative in Vietnam: Challenges And Prospects," *Perspective* (*ISEAS*), Vol. 18, 2018, pp. 1 – 7.
④ 相关信息参见 http://ljip.vn/web/zh/。

第八章 "一带一路"建设的差异化分层路径探析：以东南亚地区为例

第四节 结语

"一带一路"建设过程中毫无疑问会遇到各种问题和挑战，中国政府适时提出的高质量发展可视为解决以上问题的重要指导原则。但对于如何实现高质量发展以更好地推进"一带一路"建设，现有研究并没有给出令人满意的答案，特别是在多样化的东南亚地区。通过将影响中国与东南亚国家关系的要素进行系统化的层次划分，笔者构建了一个以"长时段-结构"变量和"中时段-局势"变量为核心的分析框架，以不同层次变量自身的属性和两个层次之间互动的强弱为标准，从理论上实现对东南亚国家的分层和排序。基于对东南亚国家的差异化分类，本章进一步提出了项目分层的具体推进策略，将"一带一路"项目分为长期性项目和中短期项目，并根据国家的类别确定适宜的项目层次。

根据上文的分析，缅甸、柬埔寨和老挝属于适宜推进长期性项目的国家，而长期性项目在泰国和文莱所能发挥的战略作用有限，且竞争激烈、发展空间不足。鉴于马来西亚和印度尼西亚的两面性国家属性，长期性项目在两国虽然可能会面临一些变数，但其两面性正需要推进合作以争取支持，有很强的必要性，在风险把控、化解基础上具有推进空间。同时，考虑到两国较大的市场，中短期项目推进的空间较大。越南、菲律宾和新加坡在结构与局势两个维度的属性决定了这三个国家并不具备推行长期性项目的国内社会空间，推进难度较大且可行性不足。越南、菲律宾未来发展空间较大，且对基础设施建设需求较高，新加坡拥有辐射该地区的经济平台，可鼓励开展对国内社会影响较小的中短期项目，但在中短期项目的实施中也需要做好必要的灵活性方案，根据其政府的对华态度灵活应对。

此外，除了上述双边合作之外，中国可尝试构建以中南半岛为基础的小多边合作路径。在中南半岛地区国家推进"一带一路"项目的难度较小，可行性强。在此过程中可依托泰国构建的中南半岛次区域合作体系，通过发展战略对接及第三方合作等路径拓展中国与相关国家的具体项目合作。

新冠疫情给中国与东南亚国家双边关系带来新的变数，也在一定程度上冲击了"一带一路"具体项目的推进。疫情对中国与东南亚国家双边关系最直接的影响是东南亚国家的对华认知发生了较大波动。在此期间中国与东南亚国家开展的"双轨合作"模式——中国与东盟，中国与东南亚国家——助力东南亚国家的疫情防控。疫情期间中国与东盟举行了特别外长会议,与相关国家就疫情防控和物资援助等积极协商,共同抗击疫情并取得显著成效。

中国与相关国家的合作项目虽然受到冲击,但依旧取得阶段性进展,继中老铁路全线贯通之后,中国参与建设的万象—万荣高速公路也顺利通车。① 以上举措显著提升了中国与东南亚国家的关系,2021年1月11~16日,国务委员兼外交部部长王毅结束非洲访问之后开启东南亚之旅,正式访问缅甸、印度尼西亚、文莱和菲律宾等国,进一步推进双边关系,深化、拓展已有的"一带一路"项目合作。例如,在王毅部长访问前夕,中缅签署了《缅甸曼德勒—皎漂铁路项目可行性研究谅解备忘录》,为曼德勒—皎漂铁路项目的实施奠定了坚实基础。② 因此,新冠疫情虽然给中国与东南亚国家双边关系和"一带一路"项目推进带来一定挑战,但也丰富了"一带一路"合作的领域,完善了相关制度,为落实推进未来双边合作及RCEP框架内的合作奠定了基础。

中国与东南亚相关国家的发展战略对接并不是无条件的,对相关国家分类、具体项目分层能够使国家间的发展战略对接更具成效。应当注意的是,笔者对东南亚国家的分类及相关国家的"一带一路"项目层次并非一成不变,也会根据条件的变化而改变。本章呈现的只是静态的分层与排序,揭示的是在东南亚诸国参与共建"一带一路"的可行性与难度背后的有利条件或症结,目标在于使中国的"一带一路"建设策略更具有针对性,从而能以有限的资源实现合作预期。那么,东南亚国家相关变量未来的变化自然也会影响国家的类别及项目层次适用性。另外,鉴于现有从宏观维度对"一带一路"倡议与东南亚国家发展战略对接的研究已经较为充分,不同层次"一带一路"建设项目在东南亚不同国家的具体对接路径可作为未来进一步研究的课题。

---

① 《中老命运共同体建设迈上高速路》,中华人民共和国驻老挝人民民主共和国大使馆,http://la.mofcom.gov.cn/article/jmxw/202012/20201203025189.shtml。
② 《缅甸曼德勒—皎漂铁路项目可行性研究谅解备忘录》,中华人民共和国驻缅甸联邦大使馆,http://mm.china-embassy.org/chn/sgxw/t1846049.htm,访问日期:2021年1月15日。

第九章 以多边主义应对"塔西佗陷阱":"一带一路"高质量发展中的共建国家认知问题研究

叶海林[*]

2015年3月28日,中国国家发展改革委、外交部、商务部联合发布了《推动共建丝绸之路经济带和21世纪海上丝绸之路的愿景与行动》(简称《愿景与行动》)。根据《愿景与行动》的表述,"一带一路"建设的原则是"共商、共建、共享",目的是"打造政治互信、经济融合、文化包容的利益共同体、命运共同体和责任共同体"[①]。6年之后,中国公布的《中华人民共和国国民经济和社会发展第十四个五年规划和2035年远景目标纲要》为"一带一路"建设专门编列章节,强调"一带一路"高质量发展要"坚持共商共建共享原则,秉持绿色、开放、廉洁理念,深化务实合作,加强安全保障,促进共同发展"[②];强调"一带一路"的包容特点和开放性质,主张"一带一路"建设的共同责任与共同利益,始终是中国政府围绕"一带一路"建设进行国内外话语表达时强调的要点。

"十四五"规划描绘的"一带一路"四大建设重点,在"加强发展战略和政策对接"中,强调"促进共建'一带一路'倡议同区域和国际发展议

---

[*] 叶海林,中国社会科学院西亚非洲研究所研究员,中国南亚学会会长,主要研究领域:南亚国际关系、战略学。
[①] 《经国务院授权三部委联合发布推动共建"一带一路"的愿景与行动》,中国政府网,2015年3月28日,http://www.gov.cn/xinwen/2015-03/28/content_2839723.htm。
[②] 《中华人民共和国国民经济和社会发展第十四个五年规划和2035年远景目标纲要》,新华网,2021年3月13日,http://www.xinhuanet.com/2021-03/13/c_1127205564.htm。

程有效对接、协同增效";在"推进基础设施互联互通"中,主张"打造国际陆海贸易新通道",包括推进"一带一路"空间信息走廊建设;在"深化经贸投资务实合作"中,支持"多边和各国金融机构共同参与投融资";在"架设文明互学互鉴桥梁"中,呼吁"积极与共建'一带一路'国家开展医疗卫生和传染病防控合作,建设健康丝绸之路"。上述重点发展领域的每一项都不是中国能够单独完成的,都需要参与共建"一带一路"的国家的支持与配合。就此而言,虽然对于"一带一路"高质量发展,中国发挥着决定性作用,但共建国家的态度,包括其对"一带一路"建设性质、影响及作用的认知,同样是"一带一路"能否在数年来早期收获的基础上,实现"新阶段、新理念、新格局"下的高质量发展的关键因素,决定着"一带一路"建设的成败,是学术界和政策界需要给予一定关注的问题。

本章在中国社会科学院亚太与全球战略研究院重大理论研究课题"稳妥推进'一带一路'建设"及成果《稳妥推进"一带一路":理论与实践》(中国社会科学出版社2019年第一版)的基础上,立足于笔者承担的"推进'一带一路'的认知风险及其防范"研究,以国际关系视域下的多边主义为切入角度,分析共建国家对"一带一路"建设的认知和心态对"一带一路"高质量发展可能带来的影响以及需要规避的风险,并提供相关对策性思考。

第一节 多边主义理念与"一带一路"高质量发展

党的十八大之后,习近平总书记提出了以建设人类命运共同体为基本方略的新时代中国特色大国外交思想。坚持多边主义是习近平外交思想的重要内容。"世界正在经历百年未有之大变局,既是大发展的时代,也是大变革的时代。21世纪的多边主义要守正出新、面向未来,既要坚持多边主义的核心价值和基本原则,也要立足世界格局变化,着眼应对全球性挑战需要,在广泛协商、凝聚共识基础上改革和完善全球治理体系。"[①] 关于多边主义和"一带一路"建设之间的关系,早在2019年第二届"一带一路"国际合作高峰论坛圆桌峰会上,习近平就强调"要共同推动建设开放型世

---

① 《习近平在世界经济论坛"达沃斯议程"对话会上的特别致辞》,商务部网站,http://jm.mofcom.gov.cn/article/jmxw/202101/20210103034763.shtml。

第九章 以多边主义应对"塔西佗陷阱":"一带一路"高质量发展中的共建国家认知问题研究

界经济,反对保护主义,继续把共建'一带一路'同各国发展战略、区域和国际发展议程有效对接、协同增效,通过双边合作、三方合作、多边合作等各种形式,鼓励更多国家和企业深入参与,做大共同利益的蛋糕。要本着多边主义精神,扎实推进共建'一带一路'机制建设,为各领域务实合作提供坚实保障"①。由中国领导人的表态可以看出,在中国看来,多边主义和"一带一路"建设之间存在着密切的逻辑关联,多边合作是推动"一带一路"建设的重要方式,"一带一路"建设则是体现多边精神的重要平台。

需要强调的是,此处所讨论的多边主义和多边机制,并不是国际经济学语境下和区域主义相区分的多边主义,而是国际关系学语境下与单边主义、双边外交相对的概念。多边主义是国际关系领域的常用概念,国际关系学界一般认为,多边外交是指三个及以上的国际关系行为体在常设的或特别的全球性或地区性的国际组织、国际会议中的互动。多边外交上升为指导国家对外政策的思想和理论,则是多边主义。② 最早提出"多边主义"概念的基欧汉就认为多边主义是"通过特别的安排或通过制度协调三个以上国家的国家政策的实践"③。与多边主义相提并论的通常为"单边主义""孤立主义",多边外交作为一个国际政治概念则往往与双边外交联系在一起进行比较。在大多数情况下,国际关系理论界、政策界以及外交界在具体运用这两个概念时往往并不作严格区分,同时使用多边主义和多边外交这两个概念进行相关表述的文章并不罕见。

在新中国外交传统和习近平外交思想中,坚持和发展多边外交理念始终是重要组成部分。自改革开放之初直到进入新时代,坚持多边路径一直是中国外交的鲜明特色。新时代以来,中国的多边外交更加丰富多彩,在外交全局中的地位更加凸显。中非命运共同体、中拉命运共同体理念相继提出,"一带一路"建设在各个方向相继启动,金砖国家新开发银行、亚洲基础设施投资银行等新型多边金融机制先后在中国的倡议和支持下应运而生。党的十九大之后,国家制定了《中华人民共和国国民经济和社会发展

---

① 《习近平:高质量共建"一带一路"——在第二届"一带一路"国际合作高峰论坛圆桌峰会上的开幕辞》,人民网,http://cpc.people.com.cn/n1/2019/0428/c64094-31053841.html.
② 王明进:《中国对多边外交的认识及参与》,《教学与研究》2004年第5期,第41~46页。
③ Robert Keohane, "Mulitilateralism: An Agenda for Research," *International Journal*, Vol. 45, No. 4, 1990.

第十四个五年规划和2035年远景目标纲要》，明确提出，中国将"积极参与全球经济治理体系改革。坚持平等协商、互利共赢，推动二十国集团等发挥国际经济合作功能。维护多边贸易体制，积极参与世界贸易组织改革，推动完善更加公正合理的全球经济治理体系。积极参与多双边区域投资贸易合作机制，推动新兴领域经济治理规则制定，提高参与国际金融治理能力。实施自由贸易区提升战略，构建面向全球的高标准自由贸易区网络"①，将多边主义作为中国外交为未来中长期发展保驾护航的重要手段。

2020年11月17日至22日，习近平主席接连出席金砖国家领导人第十二次会晤、亚太经合组织第二十七次领导人非正式会议、二十国集团领导人第十五次峰会三场重大多边外交活动，并发表一系列重要讲话。这是新时代中国多边外交的一次集中体现，活动结束之际，时任中国国务委员兼外交部长王毅表示，"习近平主席在二十国集团峰会上着重阐述了中国对全球经济治理的原则主张，对当前及未来一个时期全球经济治理的变革具有重要引领作用。习近平主席在共商共建共享的全球治理观基础上，进一步提出'四个坚持'的主张，即坚持多边主义，坚持开放包容，坚持互利合作，坚持与时俱进"②。

在新时代中国外交实践中，"一带一路"具有极为明显的多边主义特征。共建"一带一路"作为习近平新时代中国外交的重要创新，被普遍认为是中国参与全球治理体系变革、世界经济秩序调整的重要方式和关键途径，是建设人类命运共同体理念的具体体现。

首先，"一带一路"的高质量发展在阶段上实现了从以多边机制为舞台向引领多边机制的跨越。进入21世纪后，中国的外交形成了"四大布局"，即"大国是关键、周边是首要、发展中国家是基础、多边是重要舞台"。在当时的中国外交理论和实践当中，参与多边机制是融入国际社会或者说"与国际接轨"的重要方式，在这一指导方针下，中国积极寻求与美国主导的国际经济体系对接，成功加入了世界贸易组织，为中国经过改革开放初期20年厚积薄发快速成长为全球第二大经济体和最大工业生产基地创造了历史性机遇。但是，随着中国国力的增强，美西方利用其把持的国际规则

---

① 《中华人民共和国国民经济和社会发展第十四个五年规划和2035年远景目标纲要》，新华网，http://www.xinhuanet.com/2021-03/13/c_1127205564.htm。
② 《王毅谈习近平重大多边外交活动成果：引领全球经济治理体系变革》，中国新闻网，https://www.chinanews.com.cn/gn/2020/11-23/9345178.shtml。

第九章 以多边主义应对"塔西佗陷阱":"一带一路"高质量发展中的共建国家认知问题研究

和掌握的国际话语权对中国进行全方位打压的力度和领域不断加剧和扩展。中国如果一味以融入国际社会、与国际接轨为参与多边机制的主要方式,就会陷入美西方规锁中国的制度化陷阱。因此,进入新时代,面对美西方的打压,中国对多边外交理念进行了突破性调整,变参与多边机制为引领多边机制,试图建立不以美国为中心甚至"去美国化"的、中国主导的多边机制,中国在全球多边外交中的积极性、主动性大大增强,通过主场多边外交引领地区和国际议程的意识明显提升。典型案例就是"一带一路"倡议的提出和实践。2017年和2019年,中国召开了两场"一带一路"国际合作高峰论坛,并创设了一系列多边金融机制,包括金砖国家新开发银行和亚投行等,为以多边方式推动"一带一路"高质量发展、引领全球产业链和价值链调整提供制度支撑。

其次,伴随着中美关系的调整,"一带一路"建设的多边实践为实现从对冲"伪多边主义"向倡导"共商共建共享"原则提供了重要平台。在以往的多边外交舞台上,中国往往侧重于抵抗美国以"捍卫国际规则"为名伙同盟友对中国采取的集体施压行动,一般情况下不愿意尝试提出具有替代性的中国方案或者中国理念。这主要是因为中国不愿意被美西方描述为态度上咄咄逼人的"修正主义国家"。近年来,随着"一带一路"建设成果的逐渐显现,中国也开始更加主动地阐述自己的发展理念,乐于向其他国家分享发展经验。习近平指出,中国"拓展了发展中国家走向现代化的途径,给世界上那些既希望加快发展又希望保持自身独立性的国家和民族提供了全新选择,为解决人类问题贡献了中国智慧和中国方案"[①]。以"一带一路"建设为抓手,推动共商共建共享被更多国家所认可,成为中国多边外交的重要内容。崛起的中国能否被国际社会接受为建设性力量,不是由中国能否说服美国决定的——关于中国与美国主导的国际秩序之间的关系,中美之间的分歧既无法掩饰,也无法弥合,也不仅是由中国能否在与美国"伪多边主义"的辩论中占到上风决定的,而是由中国能否让国际社会的大多数成员感受到中国在参与国际规则制定中体现出的公平精神与正义主张,能否让国际社会的大多数成员感受到中国分享发展成果与经验,为人类福祉践行大国责任的真诚和善意所决定的。毫无疑问,国际社会的大多数成

---

① 《习近平在中国共产党第十九次全国代表大会上的报告》,人民网,http://cpc.people.com.cn/n1/2017/1028/c64094-29613660.html。

员在中美两国各自倡导的多边主义理念面前，决定其选择取向的不是——主要不是——中美哪一方的理论更加自洽、更有说服力，而是谁主导的机制和路径更能让其他参与方产生更高的获得感。这恰恰是"一带一路"高质量发展的重要使命。

再次，多边主义指引下的"一带一路"高质量发展在理念上实现了从以扩大共同利益为指引到共建人类命运共同体的飞跃。"一带一路"建设启动之初，主要依托传统双边方式，通过在条件成熟、机遇良好的伙伴国提升基础设施、开展工业园区建设等方式落实。这种方式对共建国家的吸引力主要来自双边互动下产生的利益，存在的问题正如《稳妥推进"一带一路"：理论与实践》中关于"一带一路"认知风险的前期研究中提出的那样，有可能带来"不同实施对象目标相互冲突的风险"[①]，缺乏整体设计的双边路径既可能导致参与方的攀比心理，也容易造成中国与对象国之间关于成本分担与收益分配模式方面的矛盾。随着"一带一路"高质量发展客观需求的提升，突破双边路径，在多边平台上建立规范化、机制化的运行体系，成为"一带一路"建设的新方式。强调"一带一路"的机制化，随之成为中国多边外交的常见诉求，而发挥价值支撑作用的，就是人类命运共同体理念。

推动构建人类命运共同体是习近平外交思想的核心和精髓，是中国在统筹中华民族伟大复兴战略全局和世界百年未有之大变局两个大局基础上，对应该"建设一个什么样的世界，如何建设这个世界"这一核心问题的回答。新冠疫情暴发后，中国呼吁全世界"共同应对全球性挑战"，并承诺将"积极参与重大传染病防控国际合作，推动构建人类卫生健康共同体"。这一主张被列入了中国的"十四五"规划和2035年远景目标。[②] 中国还在"一带一路"建设框架下，大幅度增加了对卫生公共产品的提供，先后在南亚和东南亚尝试建立应对公共卫生危机的物资储备库，而这两个地方，恰恰是"一带一路"早期收获富有成果且对高质量发展具有重要影响的次区域。

综上，多边外交不但是中国分享发展成果、履行大国责任的重要手段，

[①] 李向阳：《稳妥推进"一带一路"：理论与实践》，中国社会科学出版社，2019，第268页。
[②] 《中华人民共和国国民经济和社会发展第十四个五年规划和2035年远景目标纲要》，中国人大网，2021年3月13日，http://www.npc.gov.cn/npc/c2/kgfb/202103/t20210313_310753.html。

第九章　以多边主义应对"塔西佗陷阱"："一带一路"高质量发展中的共建国家认知问题研究

也是中国继续推进"一带一路"建设、保持高质量发展态势的关键举措。坚持多边主义是习近平外交思想的重要内容，是把握当前及未来中国外交学说的重要维度。对于中国来说，多边主义和多边外交是党和政府在对过去几十年来外交宝贵经验进行总结的基础上形成的具有中国特色、体现中国传统文化精髓的外交理念。在中国多边外交理念的指引下，推动"一带一路"建设的高质量发展，是中国在广泛的世界事务中实现和增进国家利益所不可或缺的战略选择。"一带一路"的建设成果，不但会成为检验中国深化全球经济合作努力的评估标准，也会成为衡量中国新发展理念被国际社会认可和接受程度的判断依据。在"一带一路"高质量发展阶段，共建国家的认知和态度，仍然是影响"一带一路"建设效果的重要因素，其潜在风险应引起理论界和政策界的重视。

第二节　当前学术界对"一带一路"高质量发展认知风险的研究

理论界和政策界多年来对"一带一路"建设的潜在风险进行了长期和系统的研究，其中对认知风险的研究占有相当比例，既包括对中国作为建设实施主体的认知风险研究，也涉及对共建国家的认知风险研究。

鉴于中国在"一带一路"建设中扮演的决定性角色，在认知风险方面，以中国为重点观察对象是完全可以理解的。学术界认为，中国本身面临着目标设定偏离和落实手段两方面的风险。一方面，"一带一路"建设目标设定过程中存在认知和判断风险。灵活而多元的目标设置既为"一带一路"建设提供了分阶段实现收获的可能性，也不可避免地会导致风险。[1] 如何服务于缓解现阶段的崛起压力、保证经济崛起的持续性，应当是确定"一带一路"建设的阶段属性和目标的最主要考虑，也应当是明确"一带一路"推进限度和重点的依据。[2] 另一方面，"一带一路"建设存在落实手段与行为的风险。对于中国对外战略来说，经济目标和外交目标之间的关系正在变得复杂，这种复杂性在"一带一路"建设过程中也

---

[1] 叶海林：《中国推进"一带一路"倡议的认知风险及其防范》，《世界经济与政治》2019年第10期，第131页。

[2] 高程：《中美竞争与"一带一路"阶段属性和目标》，《世界经济与政治》2019年第4期，第72页。

在不同方向得到了不同程度的体现，包括不同实施主体行为不协调的风险、个案方式和整体手段关联性不足、经济利益缺乏安全手段支撑。① 有学者认为，就中国本身而言，"海上丝绸之路"的顺利实施取决于三个变量：中国的意愿、政策协调能力和（主要是经济）功能。具体实施者和精英之间、中央和地方政府之间的凝聚力越大，全面实施的可能性就越大；相反，不协调则意味着相关措施的重复、浪费和不完整。② 有学者通过对东亚8个国家20位精英的一对一访谈，总结了他们对"一带一路"的主要看法。针对中国方面，"中国太积极、太主动、规模太大、速度太快、对东道国的利益考虑不够"是经常提到的几点。"一带一路"建设应该从"追求规模与速度"转向"追求质量与效益"，以减少东道国的疑虑与不适应，毕竟，许多东道国从来没有经历过大规模、高速度的建设阶段。从长远、可持续角度考虑，有必要减慢速度、减小规模。③

共建"一带一路"不是中国的独唱，仅仅从中国的认知风险角度开展研究显然无法为"一带一路"的高质量发展提供学术支撑。共建国和其他利益攸关方的认知和态度同样引起了中国理论界和政策界的兴趣。中国的学者们早已注意到，共建"一带一路"引起了周边国家的安全疑虑。中国尝试构建自己主导的各种国际机制、对大国关系的强调、奉行不结盟政策、在海洋争端中采取某些进取性措施，都导致周边国家担心，中国在追求自身国家利益的过程中会推行不利于它们的政策。④ 经济方面，中国在共建"一带一路"过程中，主打经济牌，通过投资建厂、合作兴建基础设施等方式，让共建国家分享中国经济增长的果实。但其中的中小国家则有自身的顾虑，担心对中国的经济依赖程度太高，担心成为新版的"香蕉共和国"，担心中国人的大量涌入，担心增加官员的腐败。另一个挑战是，一些共建国家担心大型项目对生态环境的副作用，一些小国担心大规模投资将改变

---

① 叶海林：《中国推进"一带一路"倡议的认知风险及其防范》，《世界经济与政治》2019年第10期，第134~136页。
② Jean-Marc F. Blanchard, "China's Maritime Silk Road Initiative (MSRI) and Southeast Asia: A Chinese 'Pond' Not 'Lake' in the Works," *Journal of Contemporary China*, Vol. 27, No. 111, 2018, pp. 329–343.
③ 薛力：《东亚国家如何看待"一带一路"——基于对东亚八国精英的访谈》，《东南亚研究》2019年第5期，第135页。
④ 薛力：《中国"一带一路"战略面对的外交风险》，《国际经济评论》2015年第2期，第73~74页。

第九章 以多边主义应对"塔西佗陷阱":"一带一路"高质量发展中的共建国家认知问题研究

自己的文化传统与生活方式。[1]

共建"一带一路"过程中,不仅存在着中国和共建国家各自的认知风险,二者的认知还相互作用、相互影响。不同主体的认知偏差进一步放大了风险效应。中国官方高层以"合作"为核心概念构建出一套"一带一路"官方话语体系,并多次声明其"不是地缘政治的工具",然而,官方话语并未完全消除外界的疑虑。在一些学者看来,"一带一路"代表着中国政府重写当前地缘政治格局的努力。[2] 有人认为,"一带一路"是力图在现有体系内寻求发展的经济计划,也有人将其视为推翻现状的战略部署。[3] 有学者发现,共建"一带一路"显著提高了共建国家的经济社会发展水平,包括人均生产总值、就业率与入学率;却降低了中国在部分共建国家的国家形象。其负面影响可能来自部分海外媒体错误解读带来的"中国威胁论",换言之,"一带一路"建设虽然带动了共建国家的经济社会发展,但也引起了部分国家对于中国快速发展的误解与担忧,从而对"一带一路"产生误解。[4]一些亚洲国家对中国是会利用其日益强大的经济和政治实力为亚洲和世界带来好处,还是会借此成为一个地区或全球霸权国家,即对中国的真实动机和意图有疑虑,这可能会阻碍其在基础设施建设方面与中国的全面合作,从而危及亚投行的运行和共建"一带一路"。[5] 冷战后的地缘政治现实,经由西方地缘政治想象的演绎,充斥着现实主义的国家间竞争内涵。这意味着中国推进基础设施建设和拓展经贸合作的互利共赢行为,很可能被一部分西方地缘政治精英所误读,被歪曲为怀有地缘政治和军事动机的战略举措,旨在打破当前陆权与海权之间的平衡,争取大陆主导权,进而引发地

---

[1] 薛力:《中国"一带一路"战略面对的外交风险》,《国际经济评论》2015年第2期,第74页。
[2] 转引自曲甜、王艳《"一带一路"倡议官方话语解析与国际反响述评》,《当代世界与社会主义》2019年第6期,第197页。
[3] 苏岚:《中国特色社会主义理论体系视角下的"一带一路"倡议》,《东北亚论坛》2020年第2期,魏晓莎译,第102页。
[4] 宋弘、罗长远、栗雅欣:《对外开放新局面下的中国国家形象构建——来自"一带一路"倡议的经验研究》,《经济学(季刊)》2021年第1期,第258~259页。
[5] Hong Yu, "Motivation Behind China's 'One Belt, One Road' Initiatives and Establishment of the Asian Infrastructure Investment Bank," *Journal of Contemporary China*, Vol. 26, No. 105, 2017, p. 364.

缘冲突。[①]

综观现有的研究成果，不难发现，相当多的学者认为，当前，共建国家对"一带一路"的忧虑主要不是来自"一带一路"框架下的具体项目是否能为共建国带来实际利益，而是随着"一带一路"建设的深入，中国的影响力，包括经济影响力和有可能随之而来的政治影响力，是否也会增长。

第三节 "一带一路"共建国家的认知变化及其根源

2013 年至今，一些共建国家对于"一带一路"的态度出现比较明显的变化，有的转向消极，有的则转向积极。转向消极的代表国家是印度，转向积极的代表国家是日本。[②] 印度在"一带一路"提出之初，一度对"一带一路"采取不置可否的态度，一方面回避谈论"一带一路"，另一方面对脱胎于昆明-加尔各答倡议的孟中印缅经济走廊（BCIM）保持一定的开放心态。但随着莫迪的上台，特别是在 2017 年洞朗事件发生后，印度对"一带一路"的态度转变为敌视，既以作为"一带一路"旗舰项目的"中巴经济走廊"（CPEC）和印度关于克什米尔的主权归属立场不符为由表示拒绝参加，又通过各种手段在国际话语平台上质疑"一带一路"本身，"一带一路""债务陷阱说"就起源于印度的反华智库。而日本对"一带一路"的态度经历了一个从最初的消极抵制、保持警惕，到密切关注、认真研究，再到联系接触、主动寻求参与的转变过程，并频频释放积极友好信号，寻求对话和合作。[③] 一些学者认为，日本态度的转变，是因为"一带一路"发展进程中所取得的积极成果，最终促成日本政府认知和态度的转变，并在具体政策上从"消极抵触"转变为"积极接触"，为未来中日在"一带一路"框架下的战略性合作奠定了基础。[④]

作为中国的全面战略协作伙伴，俄罗斯对"一带一路"的态度也经历了

[①] 科林·弗林特、张晓通：《"一带一路"与地缘政治理论创新》，《外交评论》2016 年第 3 期，第 13 页。

[②] 曲甜、王艳：《"一带一路"倡议官方话语解析与国际反响述评》，《当代世界与社会主义》2019 年第 6 期，第 196 页。

[③] 王义桅、崔白露：《日本对"一带一路"的认知变化及其参与的可行性》，《东北亚论坛》2018 年第 4 期，第 96 页。

[④] 陈友骏：《新保守主义意识形态下日本对"一带一路"的认知及态度转变》，《日本问题研究》2019 年第 3 期，第 17 页。

第九章 以多边主义应对"塔西佗陷阱":"一带一路"高质量发展中的共建国家认知问题研究

一个转变过程。在中国提出"一带一路"倡议后,俄罗斯最初抱有多重疑虑,学者、智库也加紧研究中国的战略意图。随着欧亚经济联盟与"一带一路"倡议对接协议的签署,俄罗斯国内对"一带一路"的态度出现了较大转变,[①]开始表示愿意积极参加并且采取了多项具体合作措施。周边中小国家方面,总体来看,当前,东南亚及南亚国家与中国互信不足的问题较为突出,比如在缅甸、越南等国家,"中国威胁论"颇有市场。中亚地区国家情况稍好,但同样存在战略互信缺失的问题。

关于上述认知变化的原因,学术界有着不同的理解。对积极态度的解释,主要观点有二:一是认为相关方基于国家利益需要参加"一带一路",且体会到了"一带一路"带来的实效;二是认为相关方感受到了共建"一带一路"的大趋势,不愿意失去未来可能的机遇。这两种解释的任何一种,都不难找到支持证据。毕竟,尽管存在各种各样对"一带一路"的批评和怀疑,然而不可否认的是,"一带一路"框架下的基础设施项目建设提升了东道国各个层级的互联互通水平,并与当地工业化和农业贸易的尝试结合起来,为它们提供了摆脱孤立、贫穷和边缘化的绝佳机会。[②] 在回报预期方面,有学者指出,"一带一路"倡议提出的时机正好符合全球发展的共同需要。特别是一些基础设施项目建成后,共建国家将很快获得许多好处,这也增强了人们对"一带一路"建设促进经济和社会发展的信心。[③]

在上述因素的作用下,态度转向积极的不仅仅是东南亚和南亚国家,就连作为全球第三大经济体的日本也不例外。近年来,随着"一带一路"共建国不断增加,"一带一路"的影响力不断扩大,日本无法再忽视这个越来越重要的国际合作平台,国内经济发展的现实需求和与中国改善关系的呼声,也引发了日本可能错失经济利益和陷入外交孤立的危机感。[④] 有学者指出,迄今为止"一带一路"建设过程中的最主要突破就是亚洲基础设施投资银行的成立。这一重大创举或许会成为一杆撬棒,成为日本政府真正

---

① 王雪梅:《俄罗斯学者对"一带一路"倡议的认知》,《战略决策研究》2019年第5期,第3~8页。
② Man Hung Thomas Chan, "The Belt and Road Initiative-the New Silk Road: A Research Agenda," *Journal of Contemporary East Asia studies*, Vol. 7, No. 2, 2018, p. 121.
③ Biliang Hu, "Belt and Road Initiative: Five Years on Implementation and Reflection," *Global Journal of Emerging Market Economies*, No. 11, 2019, p. 8.
④ 王义桅、崔白露:《日本对"一带一路"的认知变化及其参与的可行性》,《东北亚论坛》2018年第4期,第96页。

开始反思其对华政策的起点,也促使其开始认真反思其对"一带一路"所采取的"鸵鸟政策"的合理性。[①]

争议的焦点在于对消极态度产生根源的不同理解。像日本这样主要是基于经济回报预期而改变对"一带一路"认知的案例并不多见,仍然有许多国家对"一带一路"经常性地质疑。与"一带一路"建设启动之初对其效果的质疑不同,如前所述,当前的质疑更多集中在"一带一路"是否使中国获得了更大的地缘经济甚至地缘政治影响力方面。印度、东盟甚至巴基斯坦和俄罗斯,围绕类似话题的观点交锋在学术界和媒体圈不断出现,有时也会在官方层面形成涟漪。

关于中国影响力是否过大的辩论已经成为理论界和政策界关注的焦点,这在一定程度上,固然可以被理解为是对"一带一路"现有项目建设效果的肯定,但也揭示了作为新兴大国的中国,推动自己主导的合作架构时可能面临的阻力和风险远远超越了经济和贸易范畴,单纯的利益驱动视角只能描述"一带一路"共建国的积极认知,却无法为消极认知和焦虑态度提供令人满意的解释。

在共建国焦虑性认知的作用下,中国发现自己似乎陷入了"塔西佗陷阱":当"一带一路"合作走向深入,给共建国家带来利益增长时,中国的利他主义行为会被质疑为利用"一带一路"输出影响力;而如果强调"一带一路"的市场属性,通过"一带一路"合作增加中国的利益,中国又会被指责为"新殖民主义",意图掠夺共建国家的资源并占据其市场。这种"无论怎样都是中国的错"的认知偏见,如果就是出自美西方主导的话语霸权、敌视中国的宣传伎俩,对于中国来说,尚且可以被认为是对手的舆论战,症结在于中国能否通过自己的回应消除此类话语的消极影响;但问题在于,对中国动机的质疑并不仅仅来自美西方的宣传机器,在许多共建国家的"一带一路"认知当中也存在,并且没有理由将其完全归因于西方话语霸权在这些国家舆论场上的塑造能力。

在笔者看来,对"一带一路"的质疑,核心在于与中国推动的其他理念及其实践一样,"一带一路"被赋予了强烈的地缘政治和大国博弈内涵。这种意蕴并不单纯来自美西方的宣传引导,而是建立在新兴大国崛起

[①] 陈友骏:《新保守主义意识形态下日本对"一带一路"的认知及态度转变》,《日本问题研究》2019 年第 3 期,第 17 页。

第九章 以多边主义应对"塔西佗陷阱":"一带一路"高质量发展中的共建国家认知问题研究

的历史逻辑基础上。不管中国是否承认,"一带一路"都不会是也不可能是纯粹的经济合作,而不产生任何政治效应附加。不论在路径上采取国际经济学上的地区主义还是多边主义,也不论在驱动力上强调利他主义色彩还是主张市场原则,"一带一路"在共建国家取得的成就都不可避免地会对其政治和社会事务产生影响,也会成为其制定外交政策时或直接或间接的考量要素,从而带来中国地缘影响力乃至全球影响力的增加。这是客观的,是中国想否认也否认不了的,却恰恰是中国在提出"一带一路"倡议时希望尽力避免的。中国反复强调"一带一路"和当年的"马歇尔计划"之间存在本质差别,很大程度上也是希望"一带一路"不被外界误读为中国修正国际经济秩序甚至重构国际规则的战略规划。然而,中国希望避免的外部认知偏差在"一带一路"建设从最初的试验性开展到早期收获,直至现在的高质量发展阶段,始终存在。出现这种情况,固然是因为中国在国际话语平台上的相对弱势地位导致自己期望的外界认知无法出现,更根本的原因还是中国影响力的增加本来就是一个客观事实。这就意味着如果中国要消除共建国家对中国的焦虑,防止这种焦虑转变为对中国推动"一带一路"建设意图的负面认知,中国所需要完成的任务不是否认"一带一路"建设对现行国际经济秩序甚至国际关系格局的影响,而是要努力使这种影响力的增强被共建国家认知为利好消息。换句话说,不是要否认中国影响力增强这一事实本身,而是要提升对中国影响力增强的正面认可。

要提升认可度,减轻负面认知,增强对中国影响力的信心,中国首先需要理解共建国家的负面认知在一定程度上具有合理性,并不完全是被西方话语所主导。共建国家除了俄罗斯和日本分别在国际政治和国际经济领域拥有与中国不相上下的影响力以外,绝大多数国家与中国存在着巨大的实力差距,与中国的关系属于非对称相互依赖。东盟国家就是其中的典型。正如有学者指出的,东盟国家对于收益更渴望,而对代价更具脆弱性。[①] 而东盟及其成员的认知是具有很强代表性的,中美两国各自的话语表达效果只是一方面,更重要的是东盟作为夹在两大国之间抱团取暖的中小国家联盟,对任何一方影响力的增大可能导致的结构失衡都充满焦虑。这种担忧

---

① 毕世鸿、屈婕:《东盟国家对"一带一路"倡议的认知及其应对探析——基于非对称相互依赖视角》,《太平洋学报》2021年第4期,第48页。

并非出于对中国的偏见，而是对丧失地区主导权的恐惧。在一定程度上，可以把东盟的担心以及其时而泛起的负面认知定义为弱势心态导致的忧虑。与此同时，也存在着强势心态导致的焦虑，比如印度。印度是唯一公开拒绝参加"一带一路"建设的世界主要经济体，其对"一带一路"的敌视如前文所述有着各种各样的理由，笔者也曾对此问题进行过长期跟踪与研究，笔者认为，归根结底，印度的拒斥源自其对中印两国的国际身份认知及关系认知和中国存在着巨大差别，[①] 印度从未接受中国在任何涉及中印双边关系和南亚地区事务时的优势身份，印度在面对中国和中国提出的合作规划时，怀有相当强烈的强势心态。那么问题来了，在共建国家的弱势心理和强势心理都有可能导致负面认知的情况下，中国又该如何消除或者减缓这种潜在的风险呢？是通过双边路径逐一解决共建国家的关切，还是采取以多边路径强化"一带一路"建设的群体认知的方式，减轻共建国家面对中国时因实力差距而产生的心理压力呢？随着国际格局的深入调整，后者的政策吸引力正在逐步上升，未来将成为减轻影响"一带一路"高质量发展的共建国认知风险的主要手段。

第四节 以多边主义降低"一带一路"高质量发展阶段共建国认知风险

近年来，中国在亚太地区的影响力进一步上升，多样化发展成为共识，多边主义号召力不断加强，这为以多边方式推动"一带一路"高质量发展创造了更加有利的认知条件。新冠疫情导致全球治理体系遭遇严重削弱，对替代性方案的需求明显上升。各国对公共卫生、经济增长的客观需求要求国际公共产品供给能力提升。特朗普政府时期，美国在抗击疫情方面的糟糕表现，不但体现在美国国内疫情不断反复、造成重大人员伤亡方面，也表现在美国退出多个国际机制，向为维持全球治理体系正常运转提供公共产品意愿降低、投入下降方面。美国的作用从非中性制度的维护者向规则的破坏者转变。拜登上台后，虽然高调宣传"美国回来了""外交回来了"，但具体政策付之阙如、抗疫效果乏善可陈，美国的全球领导作用遭遇

---

① 叶海林：《身份认知偏差对中印关系前景的影响》，《印度洋经济体研究》2020 年第 3 期，第 1~12 页。

第九章 以多边主义应对"塔西佗陷阱":"一带一路"高质量发展中的共建国家认知问题研究

前所未有的质疑。与此同时,其他国家在能力、意愿及地区接受程度等方面难以迅速填补美国留下的空白,全球治理体系被严重削弱。这在亚太地区主要表现为传统、非传统安全领域的治理机制效用明显减弱,甚至在一些领域失去了基本的运转能力。这就导致了对替代性方案的强烈需求。"一带一路"建设已经使共建国家感受到了中国强大的体系化输出能力,使其认识到中国具有为全球特别是"一带一路"共建伙伴提供新公共产品的潜质。

中国率先在世界范围内有效控制了疫情,实现国内经济复苏与复工复产,为援助亚太国家抗疫奠定了物质基础。中国一方面凭借完备的制造业体系,为亚太地区特别是东盟国家提供必要的医疗物资援助;另一方面通过参与建立区域性的疫情联防联控机制和公共卫生应急物资跨国储备,深化抗疫交流与合作,进一步增强地区国家凝聚力。随着区域内国家合作应对疫情的深入,构建"人类卫生健康共同体"不断被亚太国家所接纳,共建"一带一路"的内涵得到丰富与发展。以多边方式推动"一带一路"建设,将有助于中国有效对冲美西方对"一带一路"的抹黑,未来"一带一路"高质量发展越是强调其地区公共产品属性,就越有助于共建国家在双边途径下催生出攀比心理、实力差距焦虑等负面认知要素。

当然,也必须看到,以多边方式推动"一带一路"高质量发展,同样面临着各种各样的挑战。首先,疫情导致"一带一路"共建国家经济发展不平衡加剧,对中国的需求增强。2020年,新冠疫情冲击了全球供给链,各国经济发展也面临较大下行压力。根据国际货币基金组织(IMF)2020年公布的数据,全球实际国内生产总值增长率为-4.4%,七国集团为-5.9%,欧元区为-8.3%,北美地区为-4.9%,而亚太地区为-2.3%。[1] 整体来看,亚太地区经济发展形势虽然相对较好,但区域内经济不平衡发展态势加剧,疫情暴发之初,中国经济增长一度呈现明显下滑趋势。2020年中国第一季度国内生产总值为20.65万亿元,同比下降6.8%。[2] 随后,地区内其他主要经济体疫情形势恶化导致其各自经济增

---

[1] IMF, Real GDP Growth, 2020, https://www.imf.org/external/datamapper/NGDP_RPCH@WEO/OEMDC/ADVEC/WEOWORLD/EAQ/SEQ/SAQ/AZQ/MAE/AS5/AUS/CHN/IND/IDN/JPN/KOR/SGP/USA/VNM.

[2] 《统筹疫情防控和经济社会发展成效显著3月份主要经济指标降幅明显收窄》,中国政府网,2020年4月17日,http://www.gov.cn/xinwen/2020-04/17/content_5503429.htm。

长陷入阶段性衰退,相比之下,随着国内疫情形势好转、生产逐渐恢复、对内对外经济和社会生活相对有序开展,中国经济增长逐渐由负转正,①经济形势整体明显好于域内其他主要经济体。这种差异既增强了共建国家对中国助力恢复经济增长的期待,也导致了其对中国利他主义行为需求的提升,二者之间如何在新高度上保持均衡将成为中国必须认真应对的问题。

其次,主要经济体间的地缘政治经济博弈态势并未因新冠疫情而有所缓和,"一带一路"建设面临价值链断裂的威胁。疫情期间,美国政府继续扩大对华出口限制领域,加大投资审核力度,中国的对外贸易伙伴关系排序也因此发生变化。根据中国海关总署2020年1~10月的进出口贸易相关数据,东盟首次成为中国第一大贸易伙伴。② 为应对美国在战略性技术产业领域对中国的封锁,中国在积极推动以国内技术自主研发替代的同时,也寻求和其他主要技术国家开展合作。基于产业链供给链安全考虑,亚太地区主要经济体纷纷出台政策,试图推动部分重要产业链供给链的本土化和多元化。新冠疫情期间,美国和日本官方鼓励本国企业将部分涉及国家安全的产业链供给链迁回国内。③ 2020年7月,为了推动产业链供给链的多元化进程,日本向印度提出强化供应链韧性的倡议。此后不久,日本、印度和澳大利亚以保证本国供给链安全为由,发表了关于"供应链弹性"的联合声明。④ 在中印边界摩擦一度升级的冲击下,印度总理莫迪表示全球供给链不应仅基于成本,也需要兼顾信任和可靠性,并

---

① 国家统计局:《前三季度经济增长由负转正》,中国政府网,2020年10月19日,http://www.stats.gov.cn/tjsj/zxfb/202010/t20201019_1794596.html。

② 《2020年10月进出口商品国别(地区)总值表》,中国海关总署网站,2020年11月23日,http://www.customs.gov.cn/customs/302249/zfxxgk/2799825/302274/302277/302276/3395832/index.html。

③ Kenneth Rapoza, "Kudlow:'Pay The Moving Costs' of American Companies Leaving China," Forbes, https://www.forbes.com/sites/kenrapoza/2020/04/10/kudlow-pay-the-moving-costs-of-american-companies-leaving-china/; Naomi Tajitsu, Makiko Yamazaki and Ritsuko Shimizu, "ANALYSIS-Japan Wants Manufacturing Back from China, But Breaking up Supply Chains Is Hard to Do," Nasdaq, https://www.nasdaq.com/articles/analysis-japan-wants-manufacturing-back-from-china-but-breaking-up-supply-chains-is-hard。

④ Department of Foreign Affairs and Trade, "Australia-India-Japan Economic Ministers' Joint Statement on Supply Chain," https://www.dfat.gov.au/news/media-release/australia-india-japan-economic-ministers-joint-statement-supply-chain。

第九章 以多边主义应对"塔西佗陷阱":"一带一路"高质量发展中的共建国家认知问题研究

由此鼓吹印度是全球投资者的最佳选项之一。① 整体来看,这一时期亚太地区产业链供给链重构进程的提速,既受亚太地区主要经济体发展水平变化的影响,也是亚太地区主要经济体出于保障自身供给链安全考虑主动为之的结果。

最后,美国调整外交策略,重回多边和机制化方式,"伪多边"和真多边之间冲突加大。

2020 年以来,拜登多次批评特朗普的外交政策,认为"美国优先"原则非但没有使美国再次伟大,反而削弱了美国的全球领导力。拜登上台以后对美国外交政策做出重大调整,重拾美国传统外交工具,重视多边主义与规则制定,强调盟友的价值和意识形态的作用。拜登修正美国外交政策的努力将有助于在一定程度上恢复美国在亚太地区的领导力,这将对亚太地区秩序的演进造成重大影响。2020 年 11 月 17 日拜登在特拉华州威尔明顿的演讲中提到,美国需要与其他民主国家结盟,才能确定未来经济发展的道路和规则。② 拜登对多边主义、世界规则的重视要远超特朗普,显著加大对民主党建制派长期遵循的政策工具的使用,给亚太地区因美国缺位而形成的阶段性多边机制自主性增强带来新的挑战。

美国外交策略的调整将给"一带一路"共建国家的外交政策取向带来新的变数。菲律宾、越南等国将可能改变对美谨慎态度。特朗普政府时期,亚太地区美国的盟友、伙伴国家对美国的地区政策失望,导致美国在亚太地区影响力下降。但这种现象很大程度上是特朗普执政方式和政策的结果而并非源自美国自身绝对实力的下降。当美国重回传统路径时,亚太地区部分国家将可能再度密切与美国的关系,以对冲中国影响力的增强,或者利用美国的介入造势,增大与中国博弈时的筹码,寻求中国给予更多回馈。菲律宾、新加坡等部分东南亚国家就希望大选之后的美国强化对亚太地区

---

① "'If You Want Returns with Reliability, India Is Best Place to Invest': PM Modi Woos Global Investors," *The Economic Times*, https://economictimes.indiatimes.com/news/economy/policy/if-you-want-returns-with-reliability-india-is-best-place-to-invest-pm-modi-woos-global-investors/videoshow/79066017.cms.

② Joseph R. Biden, Jr., "Why America Must Lead Again: Rescuing U.S. Foreign Policy after Trump," *Foreign Affairs*, March/April 2020, https://www.foreignaffairs.com/articles/united-states/2020-01-23/why-america-must-lead-again.

事务的参与，发挥地区领导力。① 美国外交策略的调整，将导致亚太地区内部的张力增大，并影响中国"一带一路"建设的效能。

第五节 结语

当前和今后一个时期，"伪多边主义"和多边主义之间的斗争仍将持续，并将随着国际力量对比的变动而发展演变。现行国际体系正在遭受伪装为多边主义的美国单边主义的严重冲击，尽管如此，真正的多边主义仍是人心所向、大势所趋。构建更加公正合理的国际政治经济新秩序的进程仍在推进，虽然面临新的复杂因素，但国际社会合作基础依然存在，合作空间仍然广阔。中国特色的多边主义要守正出新、面向未来，既要坚持多边主义的核心价值和基本原则，也要立足世界格局变化，着眼应对全球性挑战。孟子说"天下之生久矣，一治一乱"②，人类历史特别是国际关系史是在治乱交替间曲折发展的。国际失序意味着混乱、动荡甚至战争，但也意味着重建秩序、重塑规则、推动人类社会再上新台阶的机会正在孕育。乱与治是能够相互转换的，也必然相互转换。对于快速发展的中国来说，在治乱交替之际，维护和扩展自身利益，追寻"两个一百年"奋斗目标，实现中华民族伟大复兴，既需要维护"治"，努力延长中国崛起的战略机遇期；也需要警惕"乱"，防止国际失序祸及中国，打乱中国复兴节奏；更需要认识到"乱"和"治"之间的辩证关系，从"乱"中看到实现"治"的路径、方式与时机。正如东晋道家、名医葛洪所说的，"明治病之术者，杜未生之疾；达治乱之要者，遏将来之患"③。

正如习近平主席 2020 年 11 月 10 日在上海合作组织成员国元首理事会第二十次会议上的讲话中指出的，"我们要以实际行动践行多边主义，秉持共商共建共享原则，完善全球治理、维护国际秩序。中国将坚定不移奉行互利共赢的开放战略。欢迎各方把握中国发展新机遇，积极深化对华合

---

① Prime Minister's Office Singapore, "Congratulatory Letters from PM Lee Hsien Loong to US President-Elect Joe Biden and Vice President-Elect Kamala Harris," https://www.pmo.gov.sg/Newsroom/Congratulatory-Letters-from-Prime-Minister-Lee-Hsien-Loong-to-US-President-Elect-Joe-Biden.
② 《孟子·滕文公下》。
③ 《抱朴子·用刑》。

第九章 以多边主义应对"塔西佗陷阱":"一带一路"高质量发展中的共建国家认知问题研究

作"[①]。全球舞台足够大,既容得下中国,也容得下广大发展中国家,实际上同样容得下美西方发达世界。对抗思维、零和博弈不但会削弱多边主义在国际舞台上所能发挥的建设性作用,而且最终会伤害国际社会全体成员的长远利益。中国主张的多边主义,基础是国际社会坚定维护联合国的权威和地位,恪守联合国宪章的宗旨和原则,维护以国际法为基础的国际秩序,支持联合国更有效地凝聚全球共识,动员全球资源,协调全球行动。这不但是中国的理念追求、价值表达,也是中国外交实践的真诚体现。

中国特色多边主义的精神内核源自"己所不欲勿施于人"的古代共商智慧,源自"众人拾柴火焰高"的古代共建智慧,也源自"两个和尚抬水吃"的古代共享智慧,凝聚了我们民族先人对人类命运的思考成果,体现了古圣先贤和亿兆万民的道义境界,彰显了中国古典文明关于王、霸与德、力的关系区别于西方丛林法则的辩证认识,是人类应对治乱循环应该汲取也能够汲取的宝贵精神财富。习近平总书记强调,"世界命运握在各国人民手中,人类前途系于各国人民的抉择"[②],新型多边主义能否成为人类在百年未有之大变局之际应对全球挑战的思想武器,不但将决定"一带一路"建设高质量发展的未来前景,也将决定国际社会能否跳出用战争重构秩序的历史悲剧循环。

[①] 《习近平出席上海合作组织成员国元首理事会第二十次会议并发表重要讲话》,求是网,2020 年 11 月 10 日,http://www.qstheory.cn/yaowen/2020-11/10/c_1126723175.htm。

[②] 习近平:《决胜全面建成小康社会 夺取新时代中国特色社会主义伟大胜利》,《人民日报》2017 年 10 月 28 日,第 1 版。

第十章 "一带一路"建设中的安全保障

刘 乐[*]

和平稳定的安全环境是"一带一路"高质量发展的基本前提。就此而言,"一带一路"的安全保障自然也是"一带一路"机制化建设的重要内容。对此,中国政府倡导完善共建"一带一路"的安全保障体系。同时,联合国大会和联合国安理会也相继通过决议,呼吁国际社会为包括"一带一路"在内的区域发展倡议提供安全保障。[①] 鉴于此,本章旨在分析共建"一带一路"过程中具体面临哪些安全风险,又如何进行安全保障。

第一节 安全维度的"一带一路"

作为中国扩大开放的重大战略举措和经济外交的顶层设计,[②] "一带一路"的经济属性不言自明。与此同时,安全维度的"一带一路"也同样重要和值得关注。具体来说,"一带一路"的安全内涵主要表现在"一带一路"建设过程中所面临的安全风险以及相应的安全保障上。

一 "一带一路"的安全风险

"一带一路"的安全风险是指在"一带一路"建设过程中相关安排、项

---

[*] 刘乐,中国社会科学院亚太与全球战略研究院副研究员,主要研究领域:安全政治、"一带一路"与中国国际战略。
[①] A/71/L.13,联合国官网,2016年11月15日,https://undocs.org/zh/A/71/L.13,第11页;S/RES/2344(2017),联合国官网,2017年3月17日,https://undocs.org/zh/S/RES/2344(2017),第8页。
[②] 习近平:《习近平谈"一带一路"》,中央文献出版社,2018,第84页。

目和人员所面临的威胁与挑战。① 就此而言，我们对于"一带一路"的安全风险识别不宜窄化或泛化：一方面，"一带一路"的安全风险并不只与中国相关，而是牵涉"一带一路"建设的各参与者以及具体安全风险的各相关方；② 另一方面，不能将中国面临的所有海外安全风险通通视为"一带一路"的安全风险，更不能将"一带一路"相关国家和地区面临的安全问题一概归为"一带一路"的安全风险。窄化或泛化"一带一路"的安全风险不仅会导致国际社会对于中国以及共建"一带一路"不必要的猜忌和疑虑，还会导致中国需要为"一带一路"承担额外甚至是过度的安全责任。

总体来说，"一带一路"建设所面临的安全风险在理论上可以分为两种基本类型：一般安全风险和特别安全风险。其中，前者是指任何类似区域经济合作都会面临的无差别的安全风险，并不因"一带一路"而产生、增多或加剧；后者是指明确因"一带一路"而起或明确以"一带一路"为对象的针对性的安全风险。③

具体来说，根据威胁挑战的不同类型，"一带一路"建设所面临的安全风险可以细分为武装冲突、恐怖袭击、有组织犯罪和群体性事件等不同种类。

第一，武装冲突。按照规模大小和范围，武装冲突又可以分为世界大战、地区战争、国家间战争、内战、叛乱等。作为烈度最高的安全风险，武装冲突的爆发及其外溢不仅导致经济项目难以继续开展，更将直接冲击和损害相关人员的生命和财产安全。对于"一带一路"建设来说，武装冲突无疑是最为重大的安全风险。例如，缅甸"民地武"问题与缅北地区武装冲突、巴基斯坦俾路支分离主义组织及其武装叛乱活动等就对中缅经济走廊、中巴经济走廊等"一带一路"重点项目的推进造成诸多负面影响。④

---

① 广义上的安全风险涵盖了政治性风险（如政策风险）、经济性风险（如金融风险）、文化性风险（如意识形态风险）等安全概念泛化之后的风险类型，而狭义上的安全风险则指向潜在或实际的会造成人员伤亡的威胁力量和挑战因素（尤其是人为的），如恐怖主义、族群冲突等。
② 总体来说，"一带一路"建设的参与者至少包括政府与企业两大类的六个主体：中国政府与中资企业、东道国政府与东道国企业、第三方国家政府与第三方国家企业。除此之外，"一带一路"建设的相关方还包括政府间国际组织和非政府组织。李向阳：《"一带一路"的高质量发展与机制化建设》，《世界经济与政治》2020 年第 5 期，第 61 页。
③ 在实际建设过程中，"一带一路"其实同时面临这些安全风险。据此，笔者讨论的是"一带一路"面临的所有安全风险，而不仅是专门针对"一带一路"的安全风险。
④ 张晓伟：《缅北冲突对"一带一路"在缅推进的影响机理》，《世界地理研究》2018 年第 2 期，第 28~32 页；张元：《巴基斯坦俾路支分离主义研究》，中国社会科学出版社，2019，第 125~128 页。

第二，恐怖袭击。恐怖袭击是恐怖组织和恐怖分子进行恐怖主义活动的主要方式之一。一方面，为了制造更为耸动的新闻效果，恐怖袭击开始前的目标选定往往针对具有代表性和象征性的对象；另一方面，为了制造更大规模的恐慌状态，恐怖袭击开始后的目标选取往往又是无差别的。就此而言，恐怖袭击不仅会造成人员伤亡和财产损失等原生危害，还会造成营商环境恶化等次生危害。相应地，"一带一路"建设项目及相关人员既有可能成为恐怖袭击的目标，也会因恐怖主义活动所导致的安全环境恶化而深受影响。对此，中国代表就在联合国安理会呼吁各方加强合作，切实保护互联互通项目和跨境基础设施免遭恐怖袭击，为开展"一带一路"建设提供安全保障。[1]

第三，有组织犯罪。绑架、海盗等有组织犯罪严重干扰了正常的经济活动，是对相关人员人身和财产安全的严重威胁。其一，绑架。人质绑架是犯罪集团和非法组织勒索赎金和向政府施压的主要方式之一。在"一带一路"建设过程中，相关项目人员在绑架活动高发地就面临此类有组织犯罪的潜在威胁。其二，海盗。从事海上劫掠的海盗是海上安全的主要威胁之一。当前，全球海盗活动的热点地区大多与"21世纪海上丝绸之路"建设的主要地区相重合。[2] 有鉴于此，海盗活动显然是"海上丝路"港口安全、海上运输安全和海上通道安全难以忽视的风险因素。

第四，群体性事件。自"一带一路"倡议提出以来，一些组织和政客持续对之进行质疑、攻击、歪曲、抹黑和造谣，并力图将之污名化。[3] 在这

---

[1] S/PV.7882，联合国官网，2017年2月13日，https：//www.un.org/zh/documents/view_doc.asp？symbol=S/PV.7882，第20页。

[2] 全球海盗活动的热点地区主要有几内亚湾、亚丁湾、孟加拉湾、东南亚水域（马六甲海峡、西里伯斯海和苏禄海）、加勒比海。International Maritime Bureau, *Piracy and Armed Robbery Against Ships—2019 Annual Report*, January 2020, p. 5.

[3] 目前，强加于"一带一路"的罪名有经济渗透、债务陷阱、资源掠夺、转移污染、地缘政治工具、谋求势力范围、新殖民主义等。污名化"一带一路"的代表性文本，参见 Jeff M. Smith, "China and Sri Lanka: Between a Dream and a Nightmare," *The Diplomat*, November 18, 2016, https://thediplomat.com/2016/11/china-and-sri-lanka-between-a-dream-and-a-nightmare/; Brahma Chellaney, "China's Debt-Trap Diplomacy," *Project Syndicate*, January 23, 2017, https://www.project-syndicate.org/commentary/china-one-belt-one-road-loans-debt-by-brahma-chellaney-2017–01; Stephen Kevin Bannon's Speech at J-CPAC Event in Tokyo, Japan, December 17, 2017, https://www.breitbart.com/radio/2017/12/16/bannon-in-tokyo-america-and-japan-enter-the-valley-of-decision/; Office of the Spokesperson, U. S. Department of State, China's Environmental Abuses Fact Sheet, September 25, 2020, https://www.state.gov/chinas-environmental-abuses-fact-sheet/。

种政治炒作下，加之一些海外中资企业在当地的社会责任缺位，[1] 一些"一带一路"共建国家内部难免出现杂音，并可能诱发反华抗议示威游行甚至是排华、仇华的暴力骚乱。在此类群体性事件中，相关中国企业和中方人员因其象征意义尤其容易被针对。

如上所述，武装冲突、恐怖袭击、有组织犯罪和群体性事件是"一带一路"建设面临的主要安全风险。与此同时，"一带一路"建设所面临的各类安全风险也可能相互转化、交叠强化和外溢泛化，并通过"一带一路"构建的联通体系散播。[2] 对此，"一带一路"的安全风险应对既要立足于具体威胁挑战开展安全保障工作，更要通盘考量建立多层次、跨地区、综合性的安全保障体系。

二 "一带一路"安全保障的理论和实践基础

"一带一路"以发展而非安全为导向是指"一带一路"主要追求国际经济合作而非谋求战略安全利益，但这并不意味着"一带一路"没有安全需求因而排斥安全目标和回避安全合作。[3] 恰恰相反，"一带一路"高质量发展离不开全面、充分和可靠的安全保障。

安全保障是指通过运用相关力量预防、应对和减少外力因素所造成的威胁和挑战。作为一个新兴的研究议题，"一带一路"的安全保障可资借鉴的研究视角主要有安全经济学、海外安全保护、非战争军事行动、私营安保公司等。

第一，安全经济学。为了应对各式各样的（尤其是由经济全球化进程所进一步扩大的）安全风险，政府和企业对于安全相关产品和服务的需求日益迫切。在此背景下，满足这一需求的安全产业以及旨在研究如何通过相关活动以预防和减少造成生命和财产损失的安全经济学（security economy）应然兴起。[4] 安全经济学强调，经济效益的实现离不开有效的安全投

---

[1] 陈定定、张子轩、金子真：《中国企业海外经营的政治风险——以缅甸和巴布亚新几内亚为例》，《国际经济评论》2020年第5期，第170~171页。
[2] 赵明昊：《"一带一路"建设的安全保障问题刍议》，《国际论坛》2016年第2期，第3页。
[3] 从更宏观的视角来看，经济外交新平台的定位、"五通"建设与人类命运共同体的目标，决定了"一带一路"既要有经济领域的合作，又要有非经济领域的合作，比如安全合作。李向阳：《构建"一带一路"需要优先处理的关系》，《国际经济评论》2015年第1期，第61页。
[4] Barrie Stevens, "The Emerging Security Economy: An Introduction," in OECD, *The Security Economy*, 2004, pp. 8-10.

入。在此，安全的内涵不仅包括避免安全事故的安全生产，还涵盖了捍卫安全环境的安全保障。例如，BP、壳牌、埃克森美孚等国际能源企业都已建立健康、安全、安保和环境（Health, Safety, Security and Environment, HSSE）管理体系及相关部门。[①] 因此，安全保障自然也是安全投入的重要列支条目。

第二，海外安全保护。海外利益安全和海外公共安全是一国政府海外安全的主要内容。对此，各国政府积极通过包括领事保护在内的多种方式进行海外利益保护和海外公民保护，以避免和减少本国海外人员伤亡和财产损失。例如，中国外交部领事司（领事保护中心）就发布了《中国领事保护和协助指南》和《中国企业海外安全风险防范指南》。但是，经济全球化进程中以人为核心的跨境流动致使国家的属人治权与属地治权从一体走向分离、国家间的属人治权与属地治权从分立走向混同。与之相伴，国籍国在海外利益保护中面临传统保护手段的效用困境（行动成本和沟通成本）、与东道国的合作困境（政治意愿和安全能力）以及保护行动的法理困境（国际法制约和国内法制约）。[②] "一带一路"的建设和发展必然在规模和频率上促进人员的跨境流动（如劳务输出）并显著地增加共建国家的海外利益，从而对包括中国在内的相关国家的海外利益保护和海外公民保护提出了新的要求。对此，国籍国如何有效加强"一带一路"相关的海外安全维护以及协调与东道国在"一带一路"安全保障中的关系就是值得思考和需要处理的问题。

第三，非战争军事行动。非战争军事行动（Military Operations Other Than War, MOOTW）是指在除战争外的军事行动范畴内使用军事力量的行动。[③] 作为国家行为体在和平时期运用军事力量的重要方式，非战争军事行动的内涵丰富，包括灾害救援、平乱、关键设施保护、维和、非战斗人员

[①] BP, "Health, Safety, Security and Environment," https://www.bp.com/en/global/corporate/careers/professionals/career-areas/hsse.html; Shell, "Health, Safety, Security and Environment," https://www.shell.com/careers/about-careers-at-shell/degree-matcher/health-safety-security-and-environment-hsse.html; Exxon Mobil, "Health, Safety, Security and Environment," https://corporate.exxonmobil.com/Company/Careers/Safety-security-health-environment-career-path.

[②] 刘莲莲：《国家海外利益保护机制论析》，《世界经济与政治》2017年第10期，第134~142页。

[③] The Joint Chiefs of Staff, Joint Pub 3-07, *Joint Doctrine for Military Operations Other Than War*, Washington, D.C., June 16, 1995, p. vii.

撤离等多种具体形式，而其中大多也是国际经济合作的本土安全保障和海外安全保障的重要内容。① 就此而言，非战争军事行动的兴起标志着国家军事力量的多样化运用方式，也表明了军事部门参与"一带一路"安全保障的可行性和可操作性。同时，鉴于国家军事力量海外投射的敏感性，包括中国在内的相关国家对于"一带一路"安全保障的海外军事部署宜采取柔性军事存在的方式，突出军事力量运用所承担的民事功能。②

第四，私营安保公司。私营安保公司是国际社会新兴的安全治理主体。③ 相应地，国际社会也逐步构建起以《武装冲突期间各国关于私营军事和安保服务公司营业的相关国际法律义务和良好惯例的蒙特勒文件》（简称《蒙特勒文件》）和《私营安保服务供应商国际行为守则》（简称《国际行为守则》）为基础的国际治理框架，并衍生出两个国际组织《蒙特勒文件》论坛（Montreux Document Forum）和国际行为守则协会（International Code of Conduct Association，ICoCA）。④ 对此，安全私有化和安全市场化是理解私营安保公司兴起及其作用的重要视角。其一，安全私有化。与安全国家化

---

① 基思·波恩（Keith E. Bonn）和安东尼·贝克（Anthony E. Baker）将非战争军事行动划分为主要在国内实施和主要在国外实施两种基本类型。〔美〕基思·波恩、安东尼·贝克：《美国非战争军事行动指南：国内国际稳定与支援行动的战术、技术、程序》，杨宇杰等译，邸奇光等校，中国人民解放军出版社，2011，第13~14页。对于"一带一路"之类的国际经济合作来说，前者可以对应当地政府的在地安全保障，后者则可以对应母国政府的海外安全保障。
② 狭义的海外军事存在专指海外军事基地，即刚性军事存在；广义的海外军事存在则分为海外军事基地和柔性军事存在。具体来说，柔性军事存在包括临时部署的武装力量、技术停靠站和停泊处、联合军事演习场地、武官机构、军事补给站、维修基地、海外军火仓库、联合情报站、侦察设施、航空航天跟踪设施、地震监测站、临时使用的军事设施、军事巡逻、海外维和部队、派驻军事训练人员和顾问等。孙德刚：《论新时期中国在中东的柔性军事存在》，《世界经济与政治》2014年第8期，第9~11页。
③ 当然，私营安保公司在提供安保服务的同时，也存在滥用武力以及雇佣兵化（战争工具和战争贩子）的隐患，并由此导致不安全环境的恶性循环。〔意〕亚历山德罗·阿尔杜伊诺：《保卫新丝绸之路：挑战与机遇下的中国私营安保公司》，唐杰等译，上海人民出版社，2019，第97~99、260~261页。
④ 肖河：《国际私营安保治理与中国海外利益维护》，《世界经济与政治》2018年第1期，第101~105页。中国是《蒙特勒文件》的首批缔约国。A/63/467-S/2008/636，联合国官网，https://undocs.org/en/A/63/467。截至2025年1月，中国共有3家私营安保公司〔华信中安（北京）保安服务有限公司、浙江狮盾安保科技有限公司、浙江猎人特卫安保集团有限公司〕和2家社会组织（海南中金鹰和平发展基金会、浙江大学非传统安全与和平发展研究中心）是国际行为守则协会的会员。其中，华信中安（北京）保安服务有限公司是认证会员。List of the Members, ICoCA, https://www.icoca.ch/en/membership。

相对，安全私有化是指安全领域的权力结构由国家垄断逐渐转向公私混合的现象。具体来说，安全私有化包括两种类型：自上而下的安全私有化是指国家或国际组织主动的安全功能外包，自下而上的安全私有化是指非国家行为体在安全公共产品供应不足或缺失情况下的自发努力。其中，私营安保公司是为数不多的能够相对获得国际认可而具有一定合法性的安全私有化行为体。[①] 其二，安全市场化。安全市场化是安全私有化的主要实现形式。赵可金和李少杰认为，安全需求扩大与安全供给不足之间的安全鸿沟导致政府一方面向企业转移安全责任，另一方面支持和鼓励私营安保公司，从而产生安全需求的市场化和安全供给的市场化，并由此推动市场力量参与安全治理。[②] 在"一带一路"建设过程中，政府和企业是同样重要的两类主体。对于"一带一路"的安全保障来说，企业主体的相关需求不仅需要政府主体来满足，同时也需要企业担负起自身责任，并充分借助私营安保公司、保险公司[③]、安全援助公司[④]等第三方安保力量。

综上所述，安全维度是观察、认识和理解"一带一路"的另一视角。其中，"一带一路"的安全内涵可以分为以武装冲突、恐怖袭击、有组织犯罪和群体性事件为主要内容的安全风险，以及为了应对这些威胁挑战所开展的安全保障。接下来，笔者将回顾和梳理目前"一带一路"安全保障的主要方式以及可供选择的其他方式。

第二节 "一带一路"安全保障的主要方式

鉴于"一带一路"建设所面临的诸多安全风险，全面、充分和可靠的安全保障是"一带一路"稳妥推进和可持续发展的必要前提。对此，中国

[①] 张春：《安全私有化的当代发展及其国际政治意义》，《世界经济与政治》2016 年第 6 期，第 5~13 页。

[②] 赵可金、李少杰：《探索中国海外安全治理市场化》，《世界经济与政治》2015 年第 10 期，第 143 页。

[③] 一方面，购买保险将显著降低事发后投保人的经济损失；另一方面，为了避免或减少保费赔付，保险公司往往也有充分的经济动机向客户提供配套安全服务。"How Insurance Companies Keep a Lid on Ransom Inflation," *The Economist*, May 26, 2018, pp. 64 – 65.

[④] 例如，国际 SOS 公司就为其客户提供紧急援助、人员追踪、医疗健康、培训咨询等安全服务。International SOS, "Medical & Security Services," https://www.internationalsos.com/medical-and-security-services.

与其他"一带一路"共建国家正在积极开展合作,为"一带一路"建设提供安全保障;同时,"一带一路"参建企业也将自身在海外经营过程中的安保做法嫁接到"一带一路"的安全保障中。具体来说,目前"一带一路"的安全保障主要有市场化方式、东道国方式和工作组方式三种。

一 市场化方式

市场化方式是指由安保行业的相关企业和人员提供安全服务,例如安保公司、咨询公司、保险公司和救援公司。据统计,全球安保行业的从业人员已达1950万~2550万人,合法拥有170万~370万枪支。① 其中,私营安保公司(Private Security Company,PSC)是目前市场化安全保障的主要力量。一般来说,安保公司的安全服务主要包括风险评估、安全咨询和设计、安全培训、现场保护、安保审计、紧急撤退和紧急医疗服务。②

在中国,安保公司这种市场化的安全保障方式已经获得中国政府和行业社团的认可。③ 2018年3月21日,中国商务部对外投资与经济合作司同中国对外承包工程商会共同发布了《境外中资企业机构和人员安全管理指南》,并提出境外中资企业应根据项目所在区域的风险等级,有针对性地配备安保人员。同时,该指南还列举了四种安保队伍选择方案:雇佣普通保安人员、雇佣专业安保人员、选择政府军警力量、签约安保公司。④

以"一带一路"能源合作的安全保障为例。能源合作是"一带一路"建设的重要组成部分。其中,中国石油天然气集团有限公司(以下简称中石油)在"一带一路"的国际油气合作中发挥着重要作用。据统计,截至2017年年底,中石油在19个"一带一路"共建国家运作着49个油气合作

---

① 余万里、蒋千璐:《全球安保行业的发展状况与业态特征》,《公共外交季刊》2019年第2期,第24页。
② 凤凰国际智库:《2016年企业海外安全管理报告》,https://pit.ifeng.com/event/special/haiwaianquanguanlibaogao/chapter3.shtml。
③ 2010年1月1日,中国国务院颁布的《保安服务管理条例》正式施行。自此,私营安保公司获准向中国企业提供武装护卫服务。但受相关法律限制,在中国国内合法持有武器的私营安保公司无法携带国内合法武器开展海外安保业务;同时,在中国国内注册的私营安保公司在海外也不能合法持枪。C. Clover, "Chinese Private Security Companies Go Global," *Financial Times*, February 26, 2017, https://www.ft.com/content/2a1ce1c8-fa7c-11e6-9516-2d969e0d3b65.
④ 商务部对外投资与经济合作司、中国对外承包工程商会:《境外中资企业机构和人员安全管理指南》,中华人民共和国商务部官网,http://hzs.mofcom.gov.cn/article/aa/201803/20180302722842.shtml,第162~163页。

项目，累计投资占公司海外总投资的60%以上，累计油气权益产量占海外权益总产量的50%左右。① 有鉴于此，中石油积极借鉴公司海外社会安全管理的相关经验，② 向私营安保公司等进行安保服务采购，对自身的"一带一路"项目进行市场化安全保障。其中，中石油将海外社会安全风险分为四级，并分级采取相应的管理措施（见表10-1）。同时，中石油明确规定，在高风险国家的项目安保投入比例应达到投资额或合同额的3%~5%。③

表10-1 中石油的海外社会安全风险管理

风险等级	管理措施
低风险	落实必要的安保措施
中等风险	项目在实施前应做好安全评估，制订应急预案，落实风险防范措施
高风险	·项目实施前，落实社会安全风险评估，制订安保方案，经公司审核批准后方可实施 ·项目实施中，根据项目所在地社会安全局势变化情况，持续完善安保方案，持续修订应急预案并组织演练
极高风险	公司统一明确社会安全管理要求，执行强化的社会管理政策

资料来源：《中国石油天然气集团有限公司企业社会责任报告》，第35页，中石油官网，http://www.cnpc.com.cn/cnpc/qyshzrbg/201904/6b17b08faceb4abebf238a922ba3a8b4/files/9a11ea6bbb4c476eba4bd4c519da7303.pdf。

以中石油在伊拉克的"一带一路"项目建设为例。面对伊拉克严峻的安保形势，中石油在伊拉克雇国际安保公司为其提供安保服务，并建立了伊拉克政府、各项目和参建单位一体化的安保防恐体系，以及"三大一统一"（大安保、大后勤、大环境，统一组织领导和协调）的管理体系。④ 其中，国际安保公司是中石油在伊安全的重要保障力量。一方面，安保公司有助于填补安保漏洞。例如，根据中石油与伊拉克政府签订的协议，伊方为中石油提供安全服务，但伊拉克石油警察并不负责中方的营地安全和出

---

① 《中国石油天然气集团有限公司年度报告（2017）》，中石油官网，http://www.cnpc.com.cn/cnpc/ndbg/201805/a6237b7cc69b48a5889a6d0ecd26915f/files/6cf1ef6b88e84347afd0aee777792139.pdf，第12页。
② 2004年，中石油在国际事业部下成立了海外防恐安全和健康、安全与环境（HSE）办公室。
③ 《中企覆盖全球160多个国家 海外安保投入数十亿美元》，人民网，2017年8月29日，http://world.people.com.cn/n1/2017/0829/c1002-29501804.html。
④ 《中国石油在伊拉克：企业社会责任专题报告》，中石油官网，https://www.cnpc.com.cn/cnpc/gbbg/201904/52b80d8a51f6424dbadd8ce6d0b28a30/files/ac36a8d745344d3b24d01eeb125b9cb.pdf，第28页。

行安全。[①] 据此，引入安保公司能够促进实现全方位的安全保障。另一方面，安保公司有利于增强安保力量。例如，据中石油伊拉克艾哈代布钻井项目的一线工作人员反馈，伊拉克石油警察的安保能力、工作态度和武器装备都有待提高。[②] 据此，引入安保公司可以增强安全保障的有效性和可靠性。当然，关于安保公司的具体选择（中资、东道国还是第三国外资安保公司），包括中石油在内的雇主企业还需要在经济成本、能力资质和地方性规则之间进行权衡和综合考量。

二 东道国方式

东道国方式是指由海外项目的所在国提供安全保障。一般来说，东道国方式的安全保障力量主要来自该国的国防、警察和情报部门。在此，东道国对于海外项目的安全保障有其独特优势和前提条件。

首先，对于海外项目而言，东道国的安全保障具有显而易见的先天优势。第一，政治优势。在政治方面，由东道国政府提供安全保障具有较低的外交敏感性。一方面，这种方式一般不会引起东道国和该地区其他国家对于外部力量进行安全介入的疑虑；另一方面，由本国军警力量提供安全保障可以避免治外法权方面的争议，也比较容易为东道国民众和社会团体接受。当然，东道国过度的安全保障则难免激起舆论反弹。第二，组织优势。在组织方面，由东道国政府提供安全保障也更具实践效力。一方面，东道国的军警部门本身就是该国重要的安全建制，同时还建有相应的工作网络和情报系统，因而可以大大提高安全保障的行动效率；另一方面，东道国的军警力量对于本国的安全事务和社会环境更为熟悉，同时还具有明显的语言和文化优势，因而可以大大降低安全保障的行动成本。

其次，东道国方式的前提条件是项目所在国同时拥有充分的政治意愿和充足的安全能力提供安全保障。第一，政治意愿。政治意愿回答了东道国为什么要向外资项目提供安全保障的问题。具体来说，东道国提供安全保障的行为动机可以分为政治性动机和经济性动机。其中，政治性动机是指东道国与外资项目母国之间良好的外交关系将推动东道国重视对于这些

---

① 王靖：《民营安保企业可成维护我国海外利益安全的基本力量》，环球网，2016 年 7 月 26 日，https://opinion.huanqiu.com/article/9CaKrnJWHQq。
② 魏明国、刁国玉、康国：《伊拉克艾哈代布钻井项目安保方案研究》，《中国安全生产科学技术》2010 年增刊，第 30 页。

项目的安全保障，尤其是对于双边关系具有重大意义的旗舰项目；经济性动机是指外资项目对于东道国显著的经济意义（投资规模、就业拉动、产业升级、经济增长）会促使东道国重视对于这些项目的安全保障。第二，安全能力。安全能力回答了东道国为什么能向外资项目提供安全保障的问题。具体来说，东道国的安全能力盈余是其向外资项目提供安全保障的必要条件。其一，当东道国自身陷入内战或国际战争时，自然无暇向外资项目提供安全保障；其二，如果东道国自身的军警力量本就十分薄弱，自然也无力抽调额外的安全力量向外资项目提供安全保障。

以中巴经济走廊的安全保障为例。中巴经济走廊（China-Pakistan Economic Corridor，CPEC）是新时代中巴合作的标志性工程，也是"一带一路"的重要先行先试项目。[1] 当前，巴基斯坦正积极向中巴经济走廊提供安全保障，并由此形成了极具代表性的"一带一路"安全保障的东道国方式。

首先，巴基斯坦拥有非常充分的政治意愿和比较充足的安全能力为中巴经济走廊提供东道国安全保障。

第一，非常充分的政治意愿。中巴两国高度重视中巴经济走廊建设及其安全保障工作。自建立全天候战略合作伙伴关系以来，中巴两国对于中巴经济走廊的定位逐步升级，即从"一带一路"的重大项目[2]到"一带一路"的标志性项目[3]再到"一带一路"高质量发展的示范工程[4]。为了推进中巴经济走廊建设，两国于2013年7月签署了《中巴经济走廊合作备忘录》，并同意成立联合合作委员会制定经济走廊计划。[5] 与此同时，鉴于巴基斯坦国内不容乐观的安全形势，特别是多次出现针对中国机构和中国公

---

[1]《王毅：中巴经济走廊将成为中巴合作更加亮丽的名片》，中华人民共和国外交部官网，2019年3月19日，https://www.fmprc.gov.cn/web/wjbzhd/t1646679.shtml。

[2]《中华人民共和国和巴基斯坦伊斯兰共和国关于建立全天候战略合作伙伴关系的联合声明》，中华人民共和国外交部官网，2015年4月21日，https://www.fmprc.gov.cn/web/gjhdq_676201/gj_676203/yz_676205/1206_676308/1207_676320/t1256274.shtml。

[3]《中华人民共和国和巴基斯坦伊斯兰共和国关于加强中巴全天候战略合作伙伴关系、打造新时代更紧密中巴命运共同体的联合声明》，中华人民共和国外交部官网，2018年11月4日，https://www.fmprc.gov.cn/web/gjhdq_676201/gj_676203/yz_676205/1206_676308/1207_676320/t1610023.shtml。

[4]《中华人民共和国和巴基斯坦伊斯兰共和国关于深化中巴全天候战略合作伙伴关系的联合声明》，中华人民共和国外交部官网，2020年3月17日，https://www.fmprc.gov.cn/web/gjhdq_676201/gj_676203/yz_676205/1206_676308/1207_676320/t1757041.shtml。

[5]《"一带一路"与中巴经济走廊建设》，人民网，2017年1月13日，http://world.people.com.cn/n1/2017/0113/c1002-29022097.html。

民的袭击事件,[①] 中巴两国高度重视中巴经济走廊建设项目和人员的安全保障工作。2015年4月20日,巴基斯坦总理谢里夫在同来访的中国国家主席习近平会谈时表示,巴中经济走廊是两国合作的标志性项目,对促进本地区和平与繁荣意义重大。巴基斯坦愿同中方密切配合,尽最大努力保证中国在巴基斯坦人员安全。[②]

第二,比较充足的安全能力。作为南亚地区的主要大国之一,巴基斯坦较之其他南亚国家拥有相对充足的武装、警察和情报力量。在全球和地区排名方面,根据全球火力(Global Firepower)的数据,巴基斯坦2005~2020年的军力排名稳居世界前二十和南亚地区第二。[③] 在人员数量方面,据国际战略研究所(International Institute for Strategic Studies,IISS)发布的《军事力量对比》(*The Military Balance*)报告,巴基斯坦2011~2020年的武装力量基本维持在92.10万至94.78万人之间。其中,现役部队(陆军、海军和空军)基本维持在61.70万至65.38万人之间,准军事部队基本维持在28.20万至30.40万人之间。[④]

其次,巴基斯坦为中巴经济走廊提供东道国安全保障可以分为政治支持和力量部署两个方面。

第一,政治支持。中巴经济走廊的安全保障得到了巴基斯坦方面有力的政治支持。一方面,由巴基斯坦向中巴经济走廊提供安全保障已被写入中巴相关的合作协议和发展规划。例如,2014年11月8日,中国国家能源局同巴基斯坦水电部签署了《中华人民共和国政府和巴基斯坦伊斯兰共和国政府关于中巴经济走廊能源项目合作的协议》。根据该协议,巴方将采取必要的措施,确保项目的安全运营和中方人员的安全。[⑤] 又如,2017年12月18日,巴基斯坦计划、发展和改革部在其发布的《中巴经济走廊远景规

---

① 商务部国际贸易经济合作研究院、中国驻巴基斯坦大使馆经济商务处、商务部对外投资和经济合作司:《对外投资合作国别(地区)指南:巴基斯坦(2019年版)》,第44~45页。另据统计,2001~2015年,中国公民在巴基斯坦共遭遇恐怖袭击20起,死亡45人,受伤21人。王奇、梅建明:《中巴经济走廊沿线恐怖威胁分析及对策》,《南亚研究》2017年第4期,第37页。
② 《习近平同巴基斯坦总理谢里夫举行会谈 双方决定将中巴关系提升为全天候战略合作伙伴关系》,新华网,http://www.xinhuanet.com//world/2015-04/21/c_1115031072.htm。
③ "GlobalFirepower.com Ranks (2005 to Present)," Global Firepower, https://www.globalfirepower.com/global-ranks-previous.asp。
④ IISS, *The Military Balance*, Vol. 111-120, 2011-2020, Chapter 6.
⑤ 《中华人民共和国政府和巴基斯坦伊斯兰共和国政府关于中巴经济走廊能源项目合作的协议》,中国条约数据库,http://treaty.mfa.gov.cn/Treaty/web/detail1.jsp?objid=1531877024844。

划（2017~2030）》中提出，巴基斯坦将为中巴经济走廊建设提供更高水平的安全保障。① 另一方面，巴基斯坦军方也将中巴经济走廊的安全保障列为巴基斯坦国家安全的优先事项。②

第二，力量部署。巴基斯坦为中巴经济走廊建设制订了四层安保计划（four-layer security plan）。③ 其一，人员安保。据估计，巴基斯坦派出由边防部队、警察和民兵所组成的大约3.2万人的安保力量为中国工人提供安全保障。其二，特别安全部队。巴基斯坦专门成立了一支由9个步兵营（9000人）和6个民兵战斗队（6000人）组成的特别安全部队，并将指挥部设在拉瓦尔品第和卡拉奇附近，分别负责北方和南方两个区域。其三，海军特遣队。2016年12月13日，巴基斯坦海军组建了一支旨在保卫中巴经济走廊和瓜达尔港安全的海军特遣队TF-88。其四，海上巡逻艇。巴基斯坦海军将中国向其移交的4艘海上巡逻艇（Hingol号、Basol号、Dasht号和Zhob号）部署在瓜达尔港海岸，并通过不间断游弋保卫瓜达尔港区的运行以及中国工程建设人员的安全。④ 2019年5月16日，巴基斯坦三军新闻局局长阿西夫·加富尔（Asif Gafoor）在接受记者采访时表示，为了保障中巴经济走廊建设和相关人员安全，巴基斯坦专门组建了由约2.5万名士兵组成的部队，并计划再增组一个师的力量。⑤ 综合来看，巴基斯坦政府围绕中巴经济走廊建设已经建立了一支纵贯央地以及横跨军警等不同部门的综合安保力量。同时，巴基斯坦的安保计划还纳入了来自中国的安保人员。⑥ 但客观地说，巴基斯坦为中巴经济走廊提供的安全保障力量还存在数量相对不足、

---

① Ministry of Planning, Development & Reform, Government of Pakistan, *Long Term Plan for China-Pakistan Economic Corridor*（2017-2030）, December 18, 2017, http://cpec.gov.pk/brain/public/uploads/documents/CPEC-LTP.pdf, p. 26.
② International Crisis Group, *China-Pakistan Economic Corridor: Opportunities and Risks*, June 29, 2018, p. 7.
③ Khuram Iqbal, "Significance and Security of CPEC: A Pakistani Perspective," *China International Studies*, No. 5, 2017, pp. 145-146.
④ 《守望瓜达尔港，为中巴经济走廊"点睛"》，《光明日报》2017年10月13日，第16版。
⑤ 《巴基斯坦坚决为中巴经济走廊建设保驾护航——访巴三军新闻局局长阿西夫·加富尔》，新华网，2019年5月17日，http://www.xinhuanet.com/world/2019-05/17/c_1124507960.htm。
⑥ Zahid Gishkori, "Economic Corridor: Pakistan, China Agree on Four-layer Security," *The Express Tribune*, November 1, 2015, https://new.tribune.com.pk/story/983033/economic-corridor-pakistan-china-agree-on-four-layer-security.

缺乏协同调度、行动权限模糊等现实问题。①

三 工作组方式

工作组方式是指项目相关国政府间以此形式协调安保事务。一般来说，工作组方式主要是通过定期会晤和工作磋商的形式来就双方共同关心的安保议题进行交流与合作。在此，工作组的参与方往往来自多个部门，这有利于双方就各种安保事务进行广泛协调，并有助于推动一些焦点问题的集中处理。就"一带一路"国际合作而言，工作组方式是推动共建"一带一路"的重要双边合作机制。例如，中国政府发布的《推动共建丝绸之路经济带和21世纪海上丝绸之路的愿景与行动》就明确提出，建立完善双边联合工作机制，研究推进"一带一路"建设的实施方案、行动路线图。② 其中，建立和运行"一带一路"安全保障联合工作组就是"一带一路"建设过程中完善双边联合工作机制的重要实践构成。

以中国-吉尔吉斯斯坦"一带一路"联合工作组的安全保障为例。吉尔吉斯斯坦是最早支持和参与共建"一带一路"的国家之一。作为"丝绸之路经济带"的重要国家，吉尔吉斯斯坦正在务实开展共建"一带一路"的国际合作，并积极参与打造中国-中亚-西亚经济走廊。对于中吉关系而言，共建"一带一路"已经成为中吉合作的主线。③ 其中，相关项目和人员的安全保障工作也是中吉共建"一带一路"双边合作的重要内容。

近年来，吉尔吉斯斯坦国内时有发生针对中方人员和中国企业的暴力冲突和袭击事件。④ 同时，以"三股势力"为代表的中亚地区的跨境安全威胁也对中吉共建"一带一路"构成严峻挑战。对此，中吉两国建立了"一带一路"安全保障联合工作组，并通过这一合作机制积极加强相关项目和人员的安全保障。

---

① 郝洲：《中巴经济走廊的难题》，财经网，2017年5月5日，http://magazine.caijing.com.cn/20170505/4268604.shtml。
② 中华人民共和国国家发展和改革委员会、外交部、商务部：《推动共建丝绸之路经济带和21世纪海上丝绸之路的愿景与行动》，人民出版社，2015，第15页。
③ 《习近平同吉尔吉斯斯坦总统热恩别科夫会谈》，新华网，http://www.xinhuanet.com/politics/leaders/2019-06/13/c_1124619073.htm。
④ Deming Li, "Kyrgyzstan Still a Mine Field for Investors," *Global Times*, October 28, 2012, http://www.globaltimes.cn/content/740848.shtml; International Crisis Group, *Central Asia's Silk Road Rivalries*, July 27, 2017, p.11.

目前，中吉共建"一带一路"安全保障联合工作组为司局级。其中，中方的牵头单位为中国外交部涉外安全事务司，吉方的牵头单位为吉尔吉斯斯坦外交部第一政治司。① 对此，中国和吉尔吉斯斯坦也在两国联合声明中对双方相关部门就"一带一路"安全保障所探索的工作组方式予以认可和支持。2018年6月7日，中吉两国元首在共同签署的《中华人民共和国和吉尔吉斯共和国关于建立全面战略伙伴关系联合声明》中提出，双方将充分发挥中吉共建"一带一路"安全保障联合工作组机制作用，为两国共建"一带一路"合作提供全方位安全保障。② 2019年6月13日，中吉两国元首在共同签署的《中华人民共和国和吉尔吉斯共和国关于进一步深化全面战略伙伴关系的联合声明》中重申，双方将充分落实中吉共建"一带一路"安全保障联合工作组机制的任务，为达成目标，将在上述机制框架内加强安全保障情报信息交流。③

此外，中国驻外使领馆也在积极探索其他类似的工作机制。例如，中国驻阿富汗、津巴布韦、马达加斯加大使馆就相继建立了由中国大使馆、东道国相关部门和当地中资企业共同参与的"一带一路"建设安全保障三方联席会议机制。④

四 其他可选方式

如上所述，当前"一带一路"的安全保障形成了市场化、东道国和工

---

① 《吉中工作组讨论"一带一路"项目联建安全保障问题》，卡巴尔通讯社，2017年12月24日，http://cn.kabar.kg/news/kyrgyzstan-4/；"Ⅱ Meeting of Kyrgyz-Chinese Joint Working Group Held in Bishkek," Kabar, November 15, 2018, http://en.kabar.kg/news/ii-meeting-of-kyrgyz-chinese-joint-working-group-held-at-kyrgyz-mfa/。

② 《中华人民共和国和吉尔吉斯共和国关于建立全面战略伙伴关系联合声明》，中华人民共和国外交部官网，2018年6月7日，https://www.fmprc.gov.cn/web/gjhdq_676201/gj_676203/yz_676205/1206_676548/1207_676560/t1566593.shtml。

③ 《中华人民共和国和吉尔吉斯共和国关于进一步深化全面战略伙伴关系的联合声明》，中华人民共和国外交部官网，2019年6月13日，https://www.fmprc.gov.cn/web/gjhdq_676201/gj_676203/yz_676205/1206_676548/1207_676560/t1671981.shtml。

④ 《中阿携手加强"一带一路"相关项目的安全保障》，中华人民共和国驻阿富汗伊斯兰共和国大使馆官网，2018年8月15日，http://af.china-embassy.org/chn/zagx/t1585300.htm；《驻津巴布韦使馆举办"一带一路"安全风险防范三方协调会》，中华人民共和国驻津巴布韦共和国大使馆经商处官网，2019年9月20日，http://zimbabwe.mofcom.gov.cn/article/jmxw/201909/20190902900619.shtml；《驻马达加斯加使馆举办在马"一带一路"建设安全保障三方联席工作会议》，中华人民共和国驻马达加斯加共和国大使馆官网，2019年9月21日，http://mg.china-embassy.org/chn/dszl/dshd/t1699840.htm。

第十章 "一带一路"建设中的安全保障

作组三种主要方式。然而，国家对于自身海外利益的安全保障以及国际社会就此展开的相关合作并不止这些方式。就此而言，"一带一路"的安全保障可以充分借鉴、吸收和运用其他成熟方式。具体来说，这些可选方式主要包括母国行动方式、国际协作方式和国际组织方式。

第一，母国行动方式。母国行动方式是指由国籍国直接出动安全力量为海外项目和人员提供安全保障。当然，根据《联合国宪章》的宗旨和公认的国际法原则，母国行动方式的安全保障需要得到当事国同意或经由联合国安理会授权。当前，母国行动方式已经成为中国维护自身海外安全的政策选项之一。例如，2013年4月16日，中国政府在其发布的国防白皮书中首次提出，开展海外行动是人民解放军维护国家利益和履行国际义务的重要方式。[1] 具体来说，中国采取的母国安保行动主要有护航[2]、撤侨（动用军事力量）[3] 和国际救援[4]。相应地，中国以及其他相关国家可以通过采取这种方式为自身的"一带一路"项目提供安全保障。

第二，国际协作方式。在经济全球化的今天，国际项目的安全保障往往还与第三国相关。一方面，对相关项目和人员的安全保障可能需要第三国协助，例如，2011年利比亚内战爆发后，中国政府在希腊政府的协助下，首次采用了"将人员摆渡到第三国再撤回国"的方式进行撤侨。[5] 另一方面，在对相关项目和人员的安全保障过程中也可能需要协助第三国。例如，在亚丁湾索马里海域执行任务的中外海军护航编队经常互相接收对方转交的高危船只进入己方编队。[6] 当前，"一带一路"的第三方市场合作正在蓬

---

[1] 中华人民共和国国务院新闻办公室：《中国武装力量的多样化运用》，人民出版社，2013，第23页。
[2] 中国海军常态部署3~4艘舰艇在亚丁湾索马里海域执行护航任务。中华人民共和国国务院新闻办公室：《新时代的中国国防》，人民出版社，2019，第51页。
[3] 2011年，中国首次动用军事力量参与撤侨。2015年，中国首次派遣军舰直接靠泊外国港口撤离中国公民。《中国军舰首次靠泊外国港口直接撤侨 首批中国公民撤离也门》，澎湃网，2015年3月30日，https://www.thepaper.cn/newsDetail_forward_1316231。
[4] 中国拥有两支获得联合国认证的重型救援队。《中国救援队和中国国际救援队顺利通过联合国国际重型救援队测评复测》，联合国官网，2019年10月23日，https://news.un.org/zh/story/2019/10/1044061。
[5] 《李克强：利比亚紧急撤侨希腊政府雪中送炭》，新华网，2014年6月21日，http://www.xinhuanet.com/world/2014-06/21/c_1111252353.htm；《希腊前安全高官首次披露2011年利比亚撤侨内情 "我们当年没有先例可循"》，《南方周末》2018年7月5日。
[6] 刘竞进、邱采真：《护航：我海军军事外交的重要平台》，《海军工程大学学报》（综合版）2011年第4期，第72页。

勃兴起。[①] 在此背景下,"一带一路"安全保障的参与主体和服务对象也应包括第三方、涵盖各相关方。

第三,国际组织方式。国际组织是国际治理的重要参与主体。在安全议题上,相关国际组织发挥着体现自身优势和特色的重要作用。截至2023年6月,中国已同152个国家和32个国际组织签署了200余份"一带一路"合作文件,[②] 其中包括国际刑警组织、国际海事组织等全球性、专业性国际组织以及东盟、阿盟和非盟等地区性、综合性国际组织。就此而言,相关国际组织也可以为"一带一路"提供安全保障。例如,可以在非洲常备军和非洲危机应对快速反应部队与非洲地区"一带一路"建设的安全保障之间寻求相应的合作安排。

综上所述,目前"一带一路"的安全保障已经形成了市场化、东道国和工作组三种主要方式,并有母国行动、国际协作和国际组织三种方式可供选取和搭配使用。一方面,这些安全保障方式因其实践内涵而各有专长(包括正项的安全能力和合法性,负项的敏感度、政治门槛和经济成本);另一方面,这些安全保障方式之间并不是相互排斥或择一而取的,而是相互补充和相互促进的。就此而言,需要根据实际需求并结合不同安全保障方式的适用性,采择和运用相应的安保方式,以实现最大化和最优化的安保效能。

在此基础上,为了实现对于"一带一路"更为全面、充分和可靠的安全保障,需要加强"一带一路"安全保障的机制建设,建立、发展和完善"一带一路"的安全保障体系,打造共商、共建、共享的平安丝路。

第三节 建立、发展和完善"一带一路"的安全保障体系

构建"一带一路"的安全保障体系是"一带一路"高质量发展和机制化建设的重要内容。对此,有必要认识和理解"一带一路"安全保障体系

[①] 截至2019年6月,中国已与14个国家建立了第三方市场合作机制。中华人民共和国国家发展和改革委员会:《第三方市场合作指南和案例》,中华人民共和国国家发展和改革委员会官网,2019年8月20日,https://www.ndrc.gov.cn/xxgk/zcfb/tz/201909/W020190905514523737249.pdf,第4~5页。

[②] 《已同中国签订共建"一带一路"合作文件的国家一览》,中国一带一路网,https://www.yidaiyilu.gov.cn/xwzx/roll/77298.htm。

构建的基本内涵以及中国的作用。

一 "一带一路"安全保障体系的基本内涵

综合来说，构建"一带一路"的安全保障体系需要做到政府与企业、回应与预防、常态与应急、陆上与海上、双边与多边并重，以及成本和边界约束。在此，五个并重分别从参与主体、行为模式、工作状态、地理区位和合作路径五个方面回答了谁来保障、怎么保障、何种保障、在哪保障以及如何合作的问题，而两个约束则回应了安全保障的可持续性问题，从而共同构成"一带一路"安全保障体系的基本内涵。

第一，政府与企业并重。政府和企业两类主体在"一带一路"的安全保障机制建设中发挥着各具特色又相互促进的重要作用。首先，政府主体为"一带一路"的安全保障提供坚实支撑。比起企业，政府显然拥有垄断性的安全资源和压倒性的安全优势，因而可以为包括"一带一路"在内的各项经济安排提供有力的安全保障。同时，对于"一带一路"这样的区域经济合作来说，政府出面的安保协调也更具政治优势。因此，相关国家政府之间、政府不同部门之间、中央与地方政府之间的合作与协作在"一带一路"的安全保障机制建设中发挥着至关重要的基础作用。其次，企业主体为"一带一路"的安全保障提供有益补充。比起政府，企业显然拥有更为敏锐的市场嗅觉和更少的政治色彩。一方面，一线工程项目人员和运营管理人员是"一带一路"安保工作最基层的信息员和需求方，他们能够使"一带一路"的安保机制建设更加有的放矢。另一方面，企业自身的安保力量或购买的安保服务和保险服务在本质上属于市场行为，因而不仅可以保证较高的安保收益率而且还具有较低的政治敏感性。同时，安保市场主体的行业内和行业间合作也有利于向其服务企业提供复合安全保障。[①] 此外，强化

[①] 例如，2020年7月28日，中国"一带一路"再保险共同体在北京正式成立，标志着保险业高质量服务"一带一路"迈出坚实一步。2021年4月，中国"一带一路"再保险共同体首次以首席再保人身份为智利5号公路塔尔卡—奇廉段第二期特许经营项目提供政治暴力再保险保障，标志着"一带一路"共同体在核心承保能力建设方面再上新台阶。《中国"一带一路"再保险共同体在京成立》，新华网，http://www.xinhuanet.com/money/2020-07/28/c_1210724693.htm；《中国"一带一路"再保险共同体为智利5号公路提供保险保障》，新华网，http://www.xinhuanet.com/money/2021-04/29/c_1127392492.htm。又如，中再集团与中国安保共同体于2017年5月12日在北京签署战略合作协议，提出共同建立以"中国保险+中国安保"为特色的海外急难救助服务体系。《中再集团推动成（转下页注）

企业的社会责任也有助于避免或减少当地针对性的群体性事件。因此,"一带一路"的安全保障机制建设也要关注和纳入企业主体,并充分发挥市场逻辑在"一带一路"安全保障中的重要作用。除此之外,"一带一路"的安全保障体系还可以广泛纳入商会协会、海外侨团等社会主体以及国际组织等各方力量。

第二,回应与预防并重。传统上,安全保障一般聚焦于威慑、反击与止损。但是,如果将对安全保障的理解从"姿态"转换为目标,那么安全保障则兼具预防与回应的双重意涵。同时,在预防与回应之间分布着评估、管控、处置三种循次递进的安全保障模式,以及监测和合作两种非线性的安全保障模式。其一,安全风险评估。安全风险评估是最为直接的避险方式,它有助于规避绝对安全风险以及降低相对安全风险。其二,安全风险管控。在安全风险评估完成后和安全风险处置开始前,安全风险管控可以迟滞、减弱甚至化解即将到来的安全危机。其三,安全风险处置。安全风险处置是指以及时有效的安保行动来应对威胁挑战。与此同时,安全风险监测和安全保障合作是这三种递进的安全保障模式的辅助行为模式。其中,安全风险监测是有助于促进对于安全风险的动态评估、分级预警以及管控处置的成效反馈,而安全保障合作则有助于推动对于安全风险的集体评估、情报共享和联合行动。

第三,常态与应急并重。根据不同情势状态所对应的安全风险环境,可以将安全保障分为常态化安全保障和应急性安全保障。其中,前者对应日常的、例行的、一般化的安全保障,包括安保方案设计、安保机制运行、安保力量司职以及"三防"(人防、物防、技防)体系建设;后者则对应例外的、特殊的、超常规的安全保障,包括启动应急预案(企业)、进行应急响应(政府)和开展应急协调(政企间、政府间)。同时,这两种安全保障状态也是可以相互转化的:当安全事态激化时,常态化的安全保障便升级为应急性的安全保障;当安全事态和缓时,应急性的安全保障则降级为常态化的安全保障。

第四,陆上与海上并重。"一带一路"是陆海统筹、陆海联动的国际倡议。就此而言,陆上安保与海上安保是"一带一路"安全保障的两个基本

(接上页注①)立中国安保共同体并与中国安保共同体签署战略合作协议》,新华网,http://www.xinhuanet.com/money/2017-05/12/c_1120963616.htm。

方面。其中,陆上安保的主要内容包括项目以及人员安全、国际班列安全、跨国油气管道安全等;海上安保的主要内容包括船舶以及人员安全、海上通道安全、海上设施安全等;陆海联动安保则主要包括港口安全、陆海快线安全等。鉴于大陆与海洋不同的地理条件和空间环境,陆上安保与海上安保的具体实践有所不同。[①] 在此,"一带一路"的安全保障需要做到陆海并重:一方面,根据陆海区位的实际情况,因地制宜地开展安全保障;另一方面,立足项目建设的实际需求,做好陆海安保的衔接与配合。

第五,双边与多边并重。双边合作和多边合作是国际合作的两种基本形式。对于"一带一路"的安全保障而言,可以根据不同项目的建设背景有针对性地开展相应的双边、多边安保合作,并在此基础上积极构建"一带一路"安全保障合作网络。其中,对于参与成员单一、威胁相对孤立、集中于一国境内的"一带一路"建设项目,可以优先考虑双边安保合作;对于参与成员多元、威胁复合联动、跨国跨地区的"一带一路"建设项目,可以优先考虑多边安保合作。同时,还应积极推动双边、多边安保合作之间的相互补充和相互促进。一方面,双边安保合作可以为多边安保合作发挥示范、引领和推动作用;另一方面,多边安保合作也可为双边安保合作发挥筹议、协调和带动作用。

同时,在对"一带一路"进行安全保障的过程中不能不计成本、没有边界地追求绝对安全。事实上,绝对安全既不可取也不存在,并且会导致以此为目标的安全保障难以为继。因此,为了确保"一带一路"安全保障的可持续性,应做好"一带一路"安全保障的成本约束和边界约束。其一,成本约束。安全保障的本意是为经济发展营造良好的安全环境,但如果安全保障的成本高到反噬经济发展则无疑是本末倒置。因此,"一带一路"的安全保障应进行成本约束,确保合理投入并提高行为效能。其二,边界约束。一般来说,安全保障的行为选项往往不止一种,且安保强度也具有一定的弹性。"一带一路"这样具有高关注度、广涉及面和多相关方的国际合作,尤其需要控制安全保障的行为边界,防止过度的安保行为诱发新的安全问题。

[①] 2017 年 6 月 20 日,国家发展和改革委员会、国家海洋局联合发布了《"一带一路"建设海上合作设想》,倡议各方加强海洋公共服务、海事管理、海上搜救、海洋防灾减灾、海上执法等领域的海上安全保障合作。国家发展和改革委员会、国家海洋局:《"一带一路"建设海上合作设想》,《中国海洋法学评论》2017 年第 1 期,第 286 页。

当然，以上五个并重和两个约束只是从整体层面讨论"一带一路"安全保障的体系构建。考虑到"一带一路"横跨不同地区，具体层面的安全保障机制和措施应立足地区实际而具有一定的灵活性、适应性和差异性。

二 "一带一路"安全保障体系构建的中国实践

自发起"丝绸之路经济带"和"21世纪海上丝绸之路"国际倡议以来，中国政府就高度重视"一带一路"的安全保障。具体来说，中国政府参与构建"一带一路"安全保障体系的主要内容可以分为政治支持、理念贡献和机制建设三个方面。

第一，政治支持。中国领导人在多个场合强调要加强"一带一路"的安全保障工作。2016年8月17日，习近平总书记在推进"一带一路"建设工作座谈会上强调，要切实推进安全保障，完善安全风险评估、监测预警、应急处置，建立健全工作机制，细化工作方案，确保有关部署和举措落实到每个部门、每个项目执行单位和企业。① 2018年8月27日，习近平在推进"一带一路"建设工作5周年座谈会上再次强调，要高度重视境外风险防范，完善安全风险防范体系，全面提高境外安全保障和应对风险能力。② 2019年1月21日，习近平总书记在省部级主要领导干部坚持底线思维着力防范化解重大风险专题研讨班的开班式上进一步强调，要加强海外利益保护，确保海外重大项目和人员机构安全。要完善共建"一带一路"安全保障体系，坚决维护主权、安全、发展利益，为我国改革发展稳定营造良好外部环境。③ 此外，中国政府在《中华人民共和国国民经济和社会发展第十四个五年规划和2035年远景目标纲要》中（第四十一章推动共建"一带一路"高质量发展）也明确提出，深化务实合作，加强安全保障，促进共同发展。④ 由此可见，中国政府为"一带一路"的安全保障体系构建提供着坚实的政治支持。

第二，理念贡献。安全理念与安全实践是安全互动的一体两面。对于

---

① 习近平：《习近平谈治国理政》（第二卷），外文出版社，2017，第505页。
② 习近平：《习近平谈治国理政》（第三卷），外文出版社，2020，第488页。
③ 《习近平：提高防控能力着力防范化解重大风险 保持经济持续健康发展社会大局稳定》，新华网，http://www.xinhuanet.com/politics/leaders/2019-01/21/c_1124021712.htm。
④ 《中华人民共和国国民经济和社会发展第十四个五年规划和2035年远景目标纲要》，人民出版社，2021，第125页。

第十章 "一带一路"建设中的安全保障

"一带一路"的安全保障来说，中国贡献的安全理念主要包括发展安全、合作安全和普遍安全。其一，发展安全。贫困、落后和愚昧是各类安全问题滋生蔓延的天然土壤。中国认为，发展是最大的安全，不发展是最大的安全隐患。[①] 因此，"一带一路"以发展为底色，力促实现发展与安全之间的良性循环。就此而言，发展才是最根本的安全保障。相应地，各方在共建"一带一路"过程中，既要为共同发展提供安全保障，也应以共同发展实现安全保障。其二，合作安全。中国认为，当代世界安全问题的联动性、跨国性、多样性更加突出，各国应该树立合作应对安全挑战的意识。[②] 因此，"一带一路"的安全保障以合作为基调，倡导政府、企业、社会团体和国际组织等相关各方的广泛参与和积极合作。其三，普遍安全。中国主张，一国安全不能建立在别国不安全之上；要谋求自身安全，必须也让别人安全。[③] 因此，"一带一路"安全保障的价值旨向不是封闭、排他的对立安全，而是开放、包容的普遍安全。

第三，机制建设。为了切实推进"一带一路"安全保障工作，中国政府各部门积极推动建立了一系列交流合作机制。其一，对话机制。2017年5月4日，中国国家安全部与20多个国家的安全部门共同参与的"一带一路"安全合作对话会在北京举行，与会各方表示，愿同中方加强安全合作，同心协力为"一带一路"建设提供安全保障。[④] 其二，论坛机制。2015年9月22日，中国公安部创办了新亚欧大陆桥安全走廊国际执法合作论坛（简称连云港论坛），并在此框架下成立了"一带一路"国际执法安全培训和研究中心。[⑤] 其三，工作机制。2019年7月25~26日，中欧班列（重庆）沿线国家运输安全联合打击行动会商会在重庆举行。会议期间，与会代表共同倡议建立中欧班列运输安全保障执法合作联络机制，并由中国警方常设联

[①] 《外交部副部长乐玉成接受英国〈金融时报〉专访实录》，新华网，http://www.xinhuanet.com/silkroad/2018-09/26/c_129960861_2.htm。
[②] 《习近平出席国际刑警组织第86届全体大会开幕式并发表主旨演讲》，新华网，http://www.xinhuanet.com//politics/2017-09/26/c_1121726036.htm。
[③] 习近平：《携手建设更加美好的世界——在中国共产党与世界政党高层对话会上的主旨讲话》，《人民日报》2017年12月2日，第2版；习近平：《携手合作 共同维护世界和平与安全——在"世界和平论坛"开幕式上的致辞》，《人民日报》2012年7月8日，第2版。
[④] 《"一带一路"安全合作对话会在京举行 孟建柱会见代表团团长》，新华网，http://www.xinhuanet.com/politics/2017-05/04/c_1120919833.htm。
[⑤] 《新亚欧大陆桥安全走廊国际执法合作论坛圆满闭幕》，新华网，http://www.xinhuanet.com/politics/2015-09/24/c_128264118.htm。

络机构对接各方联络人员。①

打造平安丝路是"一带一路"高质量发展的重要内容和必然要求。为此,有关各方需携手加强"一带一路"安全保障并构建相应的合作体系。其中,"一带一路"的安全保障体系至少包括价值体系和工作体系两个有机组成部分,二者分别从理念和行动角度为"一带一路"安全保障提供有力支撑。

第四节 结语

作为社会活动的两大基本目标,安全和发展之间应是相辅相成、相得益彰的互动关系。相应地,对于发展导向的"一带一路"来说,安全元素也是其重要内容。就此而言,推动"一带一路"的高质量发展需要相关各方在"一带一路"建设过程中携手实现经济发展与安全保障的共进并举。在此背景下,"一带一路"的安全保障也应秉持共商、共建、共享原则,充分发挥国家、市场和社会等不同主体的比较优势,并在此基础上建立、发展和完善"一带一路"安全保障体系,共同将"一带一路"打造成为以发展促安全、以安全护发展的繁荣之路、和平之路。

---

① 崔庚:《中欧班列沿线国家共同倡议建立执法合作联络机制》,《现代世界警察》2019年第8期,第15页。

图书在版编目(CIP)数据

共建"一带一路"高质量发展的路径选择/李向阳等著.--北京：社会科学文献出版社，2025.2
ISBN 978-7-5228-3235-7

Ⅰ.①共… Ⅱ.①李… Ⅲ.①"一带一路"-国际合作-研究 Ⅳ.①F125

中国国家版本馆CIP数据核字（2024）第029468号

共建"一带一路"高质量发展的路径选择

著　　者／李向阳 等

出 版 人／冀祥德
组稿编辑／高明秀
责任编辑／许玉燕
责任印制／王京美

出　　版／社会科学文献出版社·区域国别学分社(010)59367078
　　　　　地址：北京市北三环中路甲29号院华龙大厦　邮编：100029
　　　　　网址：www.ssap.com.cn
发　　行／社会科学文献出版社（010）59367028
印　　装／三河市龙林印务有限公司

规　　格／开　本：787mm×1092mm　1/16
　　　　　印　张：16.25　字　数：275千字
版　　次／2025年2月第1版　2025年2月第1次印刷
书　　号／ISBN 978-7-5228-3235-7
定　　价／128.00元

读者服务电话：4008918866

▲ 版权所有 翻印必究